中国矿业大学国别与区域研究丛书

国际政治与国别文化

主编 翟石磊 徐剑

中国矿业大学出版社
·徐州·

图书在版编目(CIP)数据

国际政治与国别文化 / 翟石磊，徐剑主编. —徐州：
中国矿业大学出版社，2022.12
（中国矿业大学国别与区域研究丛书）
ISBN 978-7-5646-5508-2

Ⅰ. ①国… Ⅱ. ①翟… ②徐… Ⅲ. ①国际政治—研究②文化哲学—研究—世界 Ⅳ. ①D5②G02

中国版本图书馆 CIP 数据核字(2022)第 138283 号

书　　名　国际政治与国别文化
主　　编　翟石磊　徐　剑
责任编辑　万士才
责任校对　张梦瑶
出版发行　中国矿业大学出版社有限责任公司
（江苏省徐州市解放南路　邮编 221008）
营销热线　(0516)83885370　83884103
出版服务　(0516)83995789　83884920
网　　址　http://www.cumtp.com　**E-mail**:cumtpvip@cumtp.com
印　　刷　徐州中矿大印发科技有限公司
开　　本　787 mm×1092 mm　1/16　**印张** 10.5　**字数** 209 千字
版次印次　2022 年 12 月第 1 版　2022 年 12 月第 1 次印刷
定　　价　38.00 元

序　言

从全球史角度看，早期的“国别与区域研究”产生于殖民宗主国对殖民地人文、地理、社会的认知兴趣与需要，历史上的英国、法国等国家先后将国别与区域研究推向纵深领域，形成了以“东方学”“埃及学”等为标识的国别与区域研究。现代意义上的国别与区域研究始于第二次世界大战以后。彼时美国开展了大规模、体系化、建制化的国别与区域研究，奠定了现代国别与区域研究的基础。“冷战”结束后，国际格局的巨变和东西方关系调整引起越来越多的非西方国家对国别与区域研究的重视。在“全球化”的历史背景下，各区域间政治、经济、文化交往的加深，使推进对外部区域的认知成为人们基本的知识需求，“区域国别研究”由此便顺理成章地出现了。①

国别与区域研究并非简单意义上的关于某个国家或区域知识的研究，同时也是一种反向自我研究；我们如何认识域外国家或区域，其实质是关于“自我”与“外部世界”关系的世界观研究。从广义上来讲，国别与区域研究并非新生事物，也不是舶来之学，回望中国历史，国别与区域研究已经在中华大地上实践数千年。先秦时期就有《山海经》《禹贡》等典籍。它们记录着先人对某个特定地区或文化群体的想象与认知，留下了关于那个时期人们世界观的知识体系。虽然这些“研究”与今日西方所舶来的学术 international and regional studies 存在很大的不同，前者是在“天下体系”之下、在周天子的统治下所进行的诸侯国之间的研究，不等同于今日的“国际性”和“世界性”，但其学术机理和方法却是相通的。

秦汉以降，中原王朝与四夷之间的联系日益密切，更是催生了对周边国家和区域的探究之风。汉武帝时期，以张骞为代表的一批探险家

① 任晓，孙志强．区域国别研究的发展历程、趋势和方向——任晓教授访谈[J]．国际政治研究，2020，41(1)：134-160．

走出“天朝”，走入辽阔未知的西域，开启“凿空之旅”。他历经磨难，带回来关于西域的地理、农业、人口、军事、政治等知识。这些信息深化了当时的中原王朝对遥远西域的认识，充实了关于天下的知识，为联通中原与西域、推动古丝绸之路的开通提供了知识准备。

隋唐时期的中国，国力兴盛，与周边国家和地区的联系更加广泛和深入。东部的朝鲜半岛和日本遣使者前来留学，留下千古佳话。中原王朝派遣使者向周边国家交流，与北部的游牧民族、西域各国、南亚和东南亚诸国之间建立了一定的联系，也形成了关于周边地区、国家更为全面的知识体系。特别是至唐宋时期，随着造船技术的发展，海上贸易日益活跃，最终促成了海上丝绸之路的打通。经贸联系的加深也带来全面的文化交流局面，中原王朝对贸易国和地区的认知和了解也得以拓展。盛唐时期，在丝绸之路的驱动下，当时的长安成为世界上国际化程度最高的大都会，多元文化在此交会，文明在此交融。

至明代，郑和指挥宝船七下西洋，与沿线各国建立了更加广泛的联系，深化了朝廷对南亚、东南亚甚至东非地区的认识，拓展了“天下”认识。郑和下西洋不仅留下了《郑和航海图》，同时还有多位航海的参与者所撰写的“下西洋”见闻录，其中就有马欢的《瀛涯胜览》、费信的《星槎胜览》、巩珍的《西洋番国志》等。

清朝是一个中外交流激荡的时代。彼时的欧洲正逐渐走出中世纪，环球大航海时代开启了。从麦哲伦到达伽马，再到哥伦布，欧洲人主导的海外探险与殖民征服的时代既深化了人类对世界空间和多元文明的认识，也密切了世界各地的联系，突破了千百年来人类的世界观甚至宇宙观，但与此同时随之而来的残酷的殖民掠夺也给广大亚非拉地区的人们带来灾难，对有些族群甚至是毁灭性的打击。大清王朝依然没有走出“天朝”的视野，对外部世界缺乏认识，也没有强烈的兴趣去了解。伴随着两次鸦片战争的炮火，清朝内部开始出现了一批希望认识和了解外部世界的“先行者”。先有林则徐组织翻译的《四洲志》，后有魏源的《海国图志》、徐继畬的《瀛寰志略》，这些书籍的出版对于“开眼看世界”起到了启蒙的作用。此后，一些官员和学者先后出走“西洋”、“东洋”和北美等地，足迹遍及全球。所到之处，无不震撼，没想到大清之外的世界，竟然如此不同。由钟叔河先生主编的十卷本

《走向世界丛书》向我们展示了当时清朝权贵们在走进西方发达国家的所见所闻、所思所想。世界已然不同，可谓“天外有天”。了解了自我与外部世界之间的差异与差距，一批先知先觉的改革者和探索者发起了变革维新运动，但最终归于失败。

民国时期，中外思潮在中国大地激荡，越来越多的学子赴海外留学，并将对世界各国的认识和相关知识带回中国。有学者统计，民国时期出版的关于外部世界的图书中，仅游记就有219种之多，以欧洲(80本)、日本(37本)、南洋(14本)和东南亚最为集中。他们反思中国的发展道路，其中就有梁启超的《欧游心影录》、邹鲁的《环游二十九国记》、郑振铎的《欧行日记》、徐志摩的《巴黎的鳞爪》、巴金的《海行》、刘海粟的《欧游随笔》等。[①]

我国现代意义上的国别与区域研究起步于20世纪五六十年代，最初用于培养国际关系人才。改革开放以来，随着对外交流日益频繁，国家间关系日益密切，中国社会科学院成立了多个国际问题研究机构，致力于开展国际关系和区域国别研究以更好地服务国家发展的需要。此后，高校和研究院所纷纷设立国别与区域研究机构，形成了我国早期的研究阵营。

2012年，教育部开始在全国布点设立首批国别和区域研究培育基地，并就如何培育和发展国别与区域研究人才、提高国别与区域研究力量进行部署。2017年，教育部又在全国布点建设300多个国别与区域研究备案中心，国别与区域研究进入新的繁荣发展时期。[②]2018年，《普通高等学校本科专业类教学质量国家标准》颁布，国别与区域研究正式成为外国语言文学类二级学科之一。2021年12月，国务院学位委员会发布《博士、硕士学位授予和人才培养学科专业目录(征求意见稿)》及其管理办法，拟在“交叉学科”门类下增设“区域国别学”一级学科。此举意味着国别与区域研究学科化建设进入实质化推进阶段。将国别与区域研究置于一级学科地位，符合学科建设规律，顺应时代对人才培养工作的要求，具有里程碑意义。

---

① 贾鸿雁.民国时期游记图书的出版[J].广西社会科学，2006(1):106-108.

② 陈平.进一步加强区域国别研究[N].中国社会科学报，2021-1-14.

中国矿业大学外国语言文化学院在国别与区域研究领域的探索已持续十余年。2011年,“跨文化交流研究中心”在学院设立,开启我校国际文化与交流研究的学术平台建设的序幕。2011年4月,澳大利亚格里菲斯大学旅游孔子学院(中国矿业大学旅游孔子学院)在昆士兰州揭牌,中共中央政治局常委、全国政协主席贾庆林亲赴现场,出席揭牌仪式并致辞。同年,校级科研平台“国际煤炭能源政策研究中心”,将学校特色融入国际研究之中。2016年10月,在国际煤炭能源政策研究中心下设立澳大利亚研究所。这是中国矿业大学国别与区域研究平台建设的开端。2017年3月,中国矿业大学澳大利亚研究中心成立,并于当年成功入选教育部首批“国别与区域研究中心”备案单位。2020年,经国务院学位委员会批准中国矿业大学外国语言文化学院增设国别与区域研究二级学科硕士点,并于2022年招收第一届硕士研究生。

为更好地总结学科发展和中心建设经验,加强与校内外、国内外学者之间的联系,探索如何在行业类高校和外语学院办好国别与区域研究学科和学术平台,特启动本文集的征稿和编写、出版工作。本文集所收录的论文主要包括历史研究、国际关系、文化教育以及国际治理等,涉及澳大利亚、日本、印度、越南以及非洲等国家和地区。主题多元、区域广泛,但其共同特点是立足中国,观察世界,研究中既有学术的客观性和系统性,也蕴含着作者的家国情怀和学术担当。征稿期间,我们收到了来自国内多所高校学者的投稿和咨询,更有一些老师为文集的编写工作提供了富有见地的指导意见,在此深表感谢。感谢中国矿业大学外国语言文化学院、国际合作交流处、澳大利亚研究中心对本文集出版工作的大力支持。

我们希望通过文集的出版为国别与区域研究学科构建、人才培养和社会服务等方面的工作发展尽绵薄之力,作出中国矿业大学的贡献。同时,我们还有一个小小的心愿,那就是在各界的指导和支持下,文集的出版能够成系列化持续,形成具有一定特色和影响力的学术集刊。

是为序。

翟石磊

2022年10月于中国矿业大学

目　　录

殖民前的澳洲并非“无主地” …………………………………… 汪诗明(1)
20 世纪 90 年代末澳大利亚与中国香港跨境人口迁移潮流的转折
及其对澳-亚关系的影响——地区史视角 …………… 颜　廷(15)
中美战略竞争：澳大利亚的认知与应对 ……… 许善品　汪　敏(31)
澳大利亚“基于规则的国际秩序”外交政策探析 ………… 赵　昌(50)
现代非对称同盟的演化过程
——基于冷战期间日美同盟案例研究 ……………… 董一兵(63)
略论近年来越南与非洲的经贸关系 …………… 甘振军　阮庆如(79)
埃塞俄比亚近年来引进外资与对外经济设计初探 ……… 张　歌(88)
21 世纪以来印度与埃塞俄比亚经贸关系新特点
……………………………………………… 杜　英　甘振军(101)
德国社会对无条件基本收入的讨论 ……………………… 陈　猛(113)
面向澳大利亚的“一带一路”倡议传播现状分析 ……… 潘荣成(120)
日本国立大学“文科裁撤”改革的社会影响及启示 …… 柳　玲(132)
试论殖民时期非洲的法语教学 …………………………… 吕玉冬(138)
毛里塔尼亚女性教育问题初探 …………………………… 李炜婷(145)
A. G. 斯蒂芬斯文学批评思想研究 …………… 张加生　彭青龙(149)

殖民前的澳洲并非“无主地”

汪诗明

摘　要：1788 年英国基于“发现原则”并以“无主地”名义占领澳洲，澳洲土著因此失去了土地所有权，逐渐沦为白人社会的“边民”。不过，这一被奉为殖民法则的“无主地”论调却因托雷斯海峡岛民埃迪·马宝等人于 1982 年发起的确权诉讼而备受质疑，又因 1992 年“马宝裁定”的落槌而被推翻。所谓的“无主地”是殖民者精心炮制的一则神话，是一块用来掩盖其殖民罪行的遮丑布。田野考察、人类学知识、史实文献以及与土地权有关的法律等材料均证明，澳洲土著是这块土地最初的主人，英国殖民入侵前澳洲并不是无主地，而是有主之地。

关键词：詹姆斯·库克；墨累岛民；马宝裁定；无主地

1768 年 8 月，詹姆斯·库克(James Cook)[①]开启远航之旅，意在寻找“未知的南方大陆”(Terra Australis Incognita)。1788 年 1 月，阿瑟·菲利普(Arthur Phillip)率领的“第一舰队”在今天的澳大利亚植物湾(Botany Bay)登陆，并在此建立了殖民国家。此后，来自英国本土的大量囚犯、白人自由移民以及有色人种移民相继涌入这片广袤之地。殖民时代，占有土地、攫取财富以及杀害原住民成为不变的主题，以致原住民人口大幅减少，且被圈定在“保留地”内生活。1901 年，6 个殖民区依照美国建制组建澳大利亚联邦。联邦的成立是梦想实现种族单一的澳大利亚的重要里程碑。[②] 在这种政治语境之下，不仅土著在联邦国家中毫无地位可言，就连早期移民至此的有色人种及其后裔也受尽歧视。这就是“白澳政策”的实质及其后果。20 世纪 70 年代初，“白澳政策”寿终正寝，“多元文化主义”取而代之。“多元文化主义”意味着所有种族及其文化都是广义的澳

---

① 詹姆斯·库克于 1768—1779 年间先后三次(1768—1771 年、1772—1775 年、1776—1779 年)率队对太平洋进行远洋探险。参见 Adrienne L K. James Cook and the Exploration of the Pacific[M]. London: Thames & Hudson Ltd., 2009.

② 凯恩·柯林斯. 金黄种族之畅想[M]//大卫·沃克，阿格涅什卡·索伯辛斯卡. 澳大利亚的亚洲观. 李建军，等译. 北京：社会科学文献出版社，2017：71.

大利亚人及其文化的组成部分，其地位是平等的，那么由此带来的一个潜在问题是：作为这块土地上的原住民，土著是否拥有澳大利亚土地的所有权？此前，土著的反殖民化运动也曾涉及土地所有权问题[①]，但在根本反映白人利益至上的政治环境下，土著的土地权运动虽有收获，比如争取到部分属于自己的土地，或保留地的土地归属土著，但并未触碰土地权的核心问题，即殖民前澳洲是不是无主之地？如果是无主之地，那么作为第一批拓殖者，白人就有权利占领和拥有它；如果不是无主之地，那么毫无疑问，白人殖民之前的澳洲土著就是这块大陆土地的所有权人。真正让这一问题进入政治论争和法律辩论层面是在20世纪八九十年代。1982年5月，托雷斯海峡岛民埃迪·马宝（Eddy Mabo）等人一纸诉状将昆士兰州政府告上法庭，要求法院确认墨累岛民[②]（Murray Islanders）对其传统土地的所有权。1992年6月3日，联邦高等法院以6：1的绝对多数支持埃迪·马宝等人的诉讼主张，确认了墨累岛民拥有托雷斯海峡岛屿土地的所有权。这就是著名的"马宝裁定"（Mabo Decision）。"马宝裁定"首次在法律层面承认了土著土地权，从而彻底否定了自殖民以来就被白人社会奉为至宝的"无主地"（terra nullius）论调。[③] "马宝裁定"引发了学界对土著及其相关问题的关注，尤其是该裁定可能产生的历史影响成为一个研究热点或焦点[④]，但是，很少有人对"无主地"论调为何破产去做史学上的系统剖析。本文以马宝等人诉讼过程中所暴露的与殖民有关的问题为探讨对象，并以历史事实为理据，辅之以逻辑推理，来揭示英国殖民澳洲的本质，以此来证实英国殖民前的澳洲并非"无主地"。

一、事件的源起

埃迪·马宝于1936年出生在托雷斯海峡的梅尔岛。年轻时的马宝就外出闯荡，一边工作一边参加当地一些反种族歧视的政治组织，并开始显露其政治天

---

① 汪诗明，王艳芬. 1920～1960年代澳大利亚土著争取公民权的运动[J]. 史学月刊，2013(10)：86-95.

② 自远古以来，梅尔（Mer）、达瓦尔（Dawar）和韦耶尔（Wajer）等托雷斯海峡岛屿及其周围海洋、海床、边缘暗礁和毗邻小岛一直为梅里阿姆人（Meriam）所居住和拥有，梅里阿姆人一般亦被叫作"墨累岛民"。

③ 汪诗明."马宝裁定"与澳大利亚土著土地权立法[J]. 历史研究，2019(2)：160-176，192.

④ 比如有人探讨"马宝裁定"对于土著反殖民化运动的影响，参见 Peter H. Russell. Recognizing Aboriginal Title：The Mabo Case and Indigenous Resistance to English-Settler Colonialism[M]. Toronto：University of Toronto Press Incorporated，2005. 有人肯定了"马宝裁定"对于建构澳大利亚新的国家或民族认同的积极作用，参见 Nonie Sharp. No Ordinary Judgment：Mabo，The Murray Islanders' Land Case[M]. Canberra：Aboriginal Studies Press，1996. 还有人聚焦"马宝裁定"之于土著传统的影响，参见 Tim Rowse. After Mabo：Interpreting Indigenous Traditions[M]. Melbourne：Melbourne University Press，1993.

分。1973 年，为做口述史研究，他计划去墨累岛访问，但遭到地方当局的拒绝。造访梅尔岛受挫，成全了他与著名学者亨利·雷诺兹(Henry Reynolds)①的一次促膝长谈。埃迪·马宝心中的一个疑问是：我在墨累岛拥有土地，我的兄弟姐妹都在那里，为何我不能回到故里？雷诺兹用他一贯的学者口吻说：你怎么能证明你在那里拥有土地？根据澳大利亚有关法律，当王权取得那里的统治权时，那里的土地所有权就归属王权了，他人无权染指。这次谈话似乎点燃了埃迪·马宝的一个信念：选择法律途径去寻求对土地持续所有权的承认。②

1981 年 8 月 28—30 日，一个主题为“土地权与澳大利亚种族关系未来”的研讨会在汤斯维尔(Townsville)举行。③ 此次会议一个显著目标就是抵制昆士兰州对土著权利的矢口否认以及推动公众对重构土著澳大利亚人与澳大利亚国家关系的支持。

马宝应邀在本次会议上做主旨演讲。从演讲主题的视角来看，马宝俨然成了一位表达岛民权利的代言人。他发言时指出，在托雷斯海峡，土地所有权一直是延续不变的，它与大陆土著土地所有权是有区别的。虽然我们是部落地区，但我们进一步把它分成氏族区域，再细分为个人或家庭所有。这种制度存在的时间与我们的记忆等长。当第一批白人抵达我们群岛时，他们发现了村民，这些人居住在永久性房屋和秩序井然的村庄，他们还发现我们是专业的园丁和狩猎者。埃迪·马宝还谈到了墨累岛的土地继承制度。他说，土地一贯是按照男性族系来继承的，就像白人社会的男孩永远保留家族的名字一样。女孩继承土地仅发

① 亨利·雷诺兹，澳大利亚著名历史学家，主要从事殖民时期澳洲白人与土著之间的边疆冲突研究。

② Peter H. Russell. Recognizing Aboriginal Title: The Mabo Case and Indigenous Resistance to English-Settler Colonialism[M]. Toronto: University of Toronto Press Incorporated, 2005: 59.

③ 参加本次会议的代表包括“土著条约委员会”成员 H. C. 库姆斯(H. C. Coombs)和朱迪思·怀特(Judith Wright)；一些地方的土著领导人，如来自堪培拉的“澳大利亚土著研究院”(Australian Institute of Aboriginal Studies)的玛西娅·兰顿(Marcia Langton)、“昆士兰北部土地委员会”(North Queensland Land Council)的莱斯·科林斯(Les Collins)、托雷斯海峡星期四岛(Thursday Island)的弗洛·肯尼迪(Flo Kennedy)和本·米尔斯(Ben Mills)。在土地权运动中曾起到领导作用的一些政治家和知识分子也成了本次会议的代表。政治家全部来自工党，包括曾任戈夫·威特拉姆(Gough Whitlam)政府移民部长的阿尔·格拉斯比(Al Grassby)、昆士兰州联邦参议员以及澳大利亚前工党领袖吉姆·基夫(Jim Keefe)和北领地区反对党领袖鲍勃·科林斯(Bob Collins)。在学者中，有埃迪·马宝的指导老师诺埃尔·卢斯(Noel Loos)和亨利·雷诺兹、对托雷斯海峡进行大量研究的社会人类学家诺尼埃·夏普(Nonie Sharp)、研究与土著有关的法律方面的著名学者加思·内特海姆(Garth Nettheim)。还有两位律师，他们是巴巴拉·霍金(Barbara Hocking)和格雷格·麦金太尔(Greg McIntyre)。出席本次会议的还有马宝诉讼中的一位焦点人物埃迪·马宝。参见 Peter H. Russell. Recognizing Aboriginal Title: The Mabo Case and Indigenous Resistance to English-Settler Colonialism[M]. Toronto: University of Toronto Press Incorporated, 2005: 191.

生在夫妇没有男孩的情况下。在某些情况下，女儿被给予土地作为结婚之礼。在父亲临终前或生前，他往往让他的家庭和友人知道，他让其一子成为他的土地继承人的愿望。他也坚持他的土地继承人一定不要剥夺他的其他子女对土地的使用。在绝大多数情况下，有关使用他们父亲土地的决定仍然是继承者的善意。这就是我的父亲允许我的姐妹耕种我现在继承的土地的原因。[①] 埃迪·马宝的娓娓道来反映出他所在的部落有着严格的和受人尊重的土地继承制度。这种制度不仅是氏族部落自然分布与管理的产物，而且为部落内家庭生活提供了基本保障，因为不是所有人都可以成为土地的所有者，而耕种土地并不违反也不能违反继承惯例或原则。由此可见，原住民的土地所有或使用原则是清晰可辨的，具有明显的排他属性，即部落外成员无权继承或使用属于部落或个体家庭所有的土地。这就是埃迪·马宝虽然在外漂泊多年，却执着地认为他是其名下那块土地真正的主人或所有者的原因。

此时，对岛民土地所有权构成最直接的威胁是昆士兰州政府计划取消1971年的《托雷斯海峡岛民条例》(*Torres Strait Islander Act*)以及岛屿保留地的地位，包括贝耶克-彼得森(Bjelke-Petersen)[②]政府决定把岛屿视为完全置于昆士兰政府管控下的土地。至多，他的政府愿意就岛民社区拥有55年租约的可能性与岛民进行磋商。对马宝来说，这种态度令人如鲠在喉。马宝在会上详细阐释了岛民的土地家庭所有制，并把它与英格兰、威尔士和苏格兰的土地所有制进行了比较。他对与会代表说：我们实际所需要的是真正的帮助，而不再是去保护殖民规则。本·米尔斯在会上声援说：岛民们一致同意，他们拥有对土地不可分离的自由保有权，也应该被给予管理自己事务的权利。弗洛·肯尼迪以及其他与会者强烈地意识到，岛民将政府诉至法庭以及挑战理查德·布莱克布恩(Richard Blackburn)法官曾经做出的有关土著土地权裁定的适用性的时机已经到来。[③]

巴巴拉·霍金和格雷格·麦金太尔为通过法律诉讼来推翻"无主地"的顽固论调提供了知识的火花。巴巴拉·霍金是澳大利亚第一位探讨有关欧洲殖民国家承认土著土地权的学者。她曾在著名的法学杂志《联邦法学评论》(*Federal*

---

① Eddie Koiki Mabo. Land Rights in the Torres Strait[Z]. Talk Delivered at a Seminar, Townsville, 1981-8-28; Bain Attwood and Andrew Markus. The Struggle for Aboriginal Rights: A Documentary History[M]. Sydney: Allen & Unwin, 1999: 295.

② 贝耶克·彼得森，1968—1987年任昆士兰州总理，是该州历史上任职时间最长的总理。

③ 1969年，北领地区戈夫半岛(Gove Peninsula)的约隆古人(Yolngu)开启了司法诉讼之先河，他们反对北领地区政府不经磋商就做出在原住民土地上开矿的决定，要求联邦高等法院确认原住民对其祖传之地的所有权。但主审此案件的理查德·布莱克布恩法官却以约隆古人与土地的联系是精神上而非经济上的为由，拒绝了原告的诉讼主张。

Law Review)上发表了一篇题为"土著法现在仍在澳大利亚运转吗?"的文章。在文章中,她揭示了加拿大、美国和英国的高等法院所做出的主要决定是如何承认土著民族最初的财产权,尽管这种权利隶属于帝国和殖民国家至高无上的主权。她说,现在到了澳大利亚高等法院对这种法律体系做出妥协的时候了。格雷格·麦金太尔是与会的另一位律师。戈夫半岛约隆古人的诉讼失利让他感到震惊,驱使他申请奖学金去澳大利亚国立大学深造,并把研习土著土地权法视为己任。他在发言时强调了土著土地权源于习惯法的观点。本次会议达成的一项重要共识,就是诉诸法律途径去主张土著土地权。

岛民传统文化的熏陶使得马宝与养育他的故土之间有着浓浓不舍的情缘,与雷诺兹有关岛屿土地所有权状况的交流在让他感到不解、失望甚至痛苦的同时,也促使他为维护自己及其同胞的土地权利益去做出不懈的努力,并视之为一生的追求。而让这种努力与追求一步步接近现实的正是汤斯维尔会议。这次会议不仅充分肯定了墨累岛民对其祖传之地拥有无可争辩的所有权,而且坚定了马宝等人诉诸法律手段维权的信念。这便有了本文前言中所述及的马宝及其同胞发起的土地权诉讼以及高等法院的"马宝裁定"。

二、殖民者以"无主地"名义占领澳洲大陆

在西方海外殖民活动的初期,英国虽然落后于葡萄牙、西班牙和荷兰等国,但它对于"发现原则"(Doctrine of Discovery)①并不陌生。早在 12 世纪中叶,英国在试图控制和统治爱尔兰时就曾利用过自己的法律制度以及宗教权威。在对爱尔兰进行"发现原则"的尝试后,英国就成了"发现原则"的鼓吹者和实践者。这样一来,偷走别人的土地就借助"发现原则"而被给予了合法的证据。

随着新航路的开辟,越来越多的国家纷纷挤进海外领土的探查与争夺行列中,"发现原则"也就顺理成章地被纳入由欧洲人所建构的国际法体系中,用来管控他们自己的行为以及非欧洲国家在探查、贸易以及殖民化过程中可能出现的潜在冲突,也可以视为对非基督教国家、非欧洲民族的土地及其权利予以剥夺的依据。到了 17 世纪,约翰·洛克(John Locke,1632—1704)进一步发展了与"无主地"概念有关的财产所有权理论。这一理论为英国肆无忌惮地对外扩张提供了重要的舆论甚至是法理上的支持。在《政府论》(*Two Treatises of Government*)(1690 年)一书中,洛克阐述了其对财产权的独特见解:虽然土地和一切低等生物归全人类共有,但是每个人对他自己的身体享有所有权,除了他本人以外,其他任何人都没有这种权利。我们可以说,人的身体所从事的劳动和人的双手所做的工作,应该属于

① 有人译为"发现论"或"发现学说"。

他自己。所以，只要他使什么东西摆脱了其自然的存在状态，他就把他的劳动渗入其中，就在它上面注入他自己的某种东西，因此，也就使它成为自己的财产。既然是他使这个东西摆脱自然所安排的公有状态，就说明他通过劳动为它添加了某些东西，因此也就排除了其他人的共有权。因为，劳动是劳动者的毋庸置疑的财产，所以只有他本人有权享有渗透着他的劳动的那个东西，起码在还有足够的、同样好的东西留给其他人共同享用的情况下，更是如此。①

洛克对财产权的解释实际上是在阐明他对财产使用与占有关系的理解，并由此演绎出土地的财产权源于对土地的增值使用的结论。至于在劳动中使土地"添加了某些东西"，没有人能够说得清楚"某些东西"是什么，或者呈现何种样态，更不知晓是通过什么样的方法来使土地增值的。不过在欧洲人那里，这些都不是解决不了的问题，因为"无主地"的含义是可以随他们的需要而不断变更的。于是我们看到，"无主地"的含义就由原初的没有被任何人或任何国家所占有的土地，扩大到实际上已被他人占有但未按照欧洲法律制度所认可的方式去使用的土地，或者欧洲人认为那些土地所有者"不处在文明社会或不拥有有组织的习惯和法律"，因而根本不配拥有土地。② 这种对"无主地"的含义及其适用范围的随意界定实际上是欧洲种族主义的一种反应或产物，是替殖民者强占他人土地而狡辩的一种说辞。到了 18 世纪，基于这种所谓的法律原则，"无主地"论调就在开拓海外殖民地时大行其道。

1768 年 8 月，詹姆斯·库克奉命远航。临行前即 7 月 30 日英国官方在给库克的信中说，如果发现有人居住的土地，就"尽力使用所有合适的手段与对方建立友谊并缔结同盟"；"在征得土著的同意下，以大不列颠国王的名义去占领这个国家的有利位置"；③"如果你发现无人居住的地方，就树立适当标记和刻下题词作为首个发现者和拥有者的证据，并以国王陛下的名义占有它"④。由此可见，不论采用何种方法或手段，取得那里所"发现的"土地并以国王陛下的名义占有是库克此行的主要使命。

1770 年 4 月 29 日，库克一行在距今悉尼市约 30 千米一个名叫植物湾的地方竖起了一面英国旗帜，并在树上刻下了到达此地的信息。库克的行为——竖

---

① 约翰·洛克. 政府论[M]. 杨思派，译. 南昌：江西教育出版社，2014：335.

② Crispin Hull. Changing Rules for the Land Title[N]. The Canberra Times，1993-4-7：13；Simon Young. The Trouble with Tradition：Native Title and Cultural Change[M]. Sydney：The Federation Press，2008：286.

③ Stuart Banner. Possessing the Pacific：Land，Settlers，and Indigenous People from Australia to Alaska[M]. Massachusetts：Harvard University Press，2007：14，16.

④ Vanesa Collingridge. Documents of Australian History[M]. Victoria：Five Mile Press，2008：16-17.

立旗帜以及在树上刻字而不是从事任何旨在取得土著同意的行为,意味着他选择了声称占有而不是其他形式的占有,比如征服占有。在占领植物湾后,库克一行继续向北航行。8 月 22 日,在到达托雷斯海峡的占领岛(Possession Island)时,他又一次宣称英国对他以为的无人居住的土地拥有管理权。通过这些行动,库克以英国王权的名义宣布占领整个澳大利亚东海岸。[①] 回国后,他在报告中说:土著看上去人数不多,他们似乎不是大队人马生活在一起,而是小股人群沿着水边生活。陪同库克一同航行的博物学家约瑟夫·班克斯(Joseph Banks)[②]不无惊讶地说:“这块比整个欧洲还要大很多的无边无垠的土地,人口稀少,甚至到了令人钦羡的程度。”不过,班克斯也承认,他目睹的只是沿海的一块蕞尔之地,没有看到内地。[③] 1779 年,基于 9 年的航海经历,班克斯向英国政府力荐植物湾作为囚犯流放点。詹姆斯·马特勒也极力推荐植物湾来安置忠于不列颠、离开了革命爆发地的美洲白人。1784 年,英国议会通过议案授权政府选择“大洋彼岸的某地”作为大不列颠的囚犯接收地。[④] 1786 年 8 月,英国政府决定在新南威尔士建立罪犯殖民地。[⑤]

1787 年 5 月,作为第一任殖民地总督,阿瑟·菲利普(Arthur Philip)准备前往新南威尔士。他得到的是与 19 年前库克不一样的训示。他被告知在登陆后,务必采取必要的措施来保护他本人及其随行人员的安全,并尽可能地防范土著的袭扰,努力地开疆拓土。这清楚地说明,此时的英国已把孤僻的澳洲视为流放犯人的理想之所,而且视这片人烟稀少的土地为自己的海外领土。

1788 年 1 月 20 日,经过 36 个星期的海上航行,一支由 11 艘军舰组成的“第一舰队”[⑥]终于在植物湾抛锚泊定。为寻找适宜的定居点,菲利普等人乘坐

---

① Robert Tickner. Taking a Stand-Land Rights to Reconciliation[M]. Sydney: Allen & Unwin, 2001:2.

② 约瑟夫·班克斯(1743—1820),英国科学家,曾随詹姆斯·库克第一次远航。后来成为英国皇家植物园园长、英国皇家学会会长、枢密院院士和新南威尔士殖民地的出资人。由于在殖民开拓方面的贡献,班克斯有“澳大利亚之父”之称。

③ Stuart Banner. Possessing the Pacific: Land, Settlers, and Indigenous People from Australia to Alaska[M]. Massachusetts: Harvard University Press, 2007:14,16.

④ 罗伯特·莫瑞. 澳大利亚简史[M]. 廖文静,译. 武汉:华中科技大学出版社,2017:18-19.

⑤ Ged Martin. The Founding of Australia[M]//Gillian Whitlock and Gail Reekie. Uncertain Beginnings: Debates in Australian Studies. St Lucia: University of Queensland Press, 1993:7.

⑥ 关于“第一舰队”所载人员情况,历来说法不一,仅举两例说明。罗伯特·莫瑞认为,舰队上约有 760 名罪犯、443 名船员和商贸人员、211 名海军队员和约 20 名行政管理人员。参见罗伯特·莫瑞. 澳大利亚简史[M]. 廖文静,译. 武汉:华中科技大学出版社,2017:21. 阿兰·弗罗斯特认为,舰队上有 750 名犯人、200 名海员和一些文职管理人员。参见 Alan Frost. Botany Bay and the First Fleet: The Real Story [M]. Carlton: Schwartz Publishing Pty Ltd., 2019:2.

一叶小艇沿植物湾的小河上溯前行。随行的海军陆战队上尉沃特金·坦奇(Watkin Tench)写道:沿河上溯的时候,我们发现土人的数量不算少,就是在港口我们也发现这里的人口比库克先生所说的要多。在'供给'号于1月18日抵达的时候,聚集在南岸的土著人接近40人,喊着叫着,做着许多粗野的手势和动作。这种景象极大地刺激了船上人的好奇心,但小艇上的人太少,出于审慎考虑,还是未敢冒险恣意闯入那么多土著人当中。当发现北岸的土著人只有6个的时候,总督立刻靠向北岸,准备去接管他的新领土,并且和那些土著人交谈。①

1月26日,菲利普一行在植物湾登陆,随后升起一面米字旗,宣布这块神秘的"南方大陆"归大英帝国所有。2月7日,在这块新开拓的土地上举行了一次阅兵式。在仪式上,菲利普大声宣读了他就任新南威尔士总督兼驻军司令官的委任状,一道宣读的还有《议会条例》(*Act of Parliament*)和《专利证》(*Letters Patent*)。这也是对英国统治权威、主权以及司法权的一次自我宣誓。在声称拥有澳大利亚主权的初期,英国人的立场就毫不含糊:他们的法律制度将被移植到新取得的殖民地,他们既不认可当地人的法律与习惯,也不承认土著对土地的利益和权利。此后,英国殖民者以类似手法占领了澳洲其他地方,并于1822年正式将"无主地"概念纳入澳大利亚法律体系之中。

三、澳洲并非无主之地

当白人还在茫茫大海中苦苦寻觅"未知的南方大陆"时,土著已在澳洲生活了4万~6万年,有自己独特的生活方式。这种生活方式是由周遭环境以及其独特的土地所有权观念和制度所决定的。殖民时期,英国殖民者曾以不同方式承认过土著对土地的权利,而墨累岛民对于土地的所有权更是不容置疑,他们不仅持续地拥有其祖先使用过的土地,而且在土地上进行了较为复杂的劳动。

1. 土著有自己独特的土地所有权观念和制度

土著是澳洲大陆及其周边岛屿最古老的民族,也是这个世界上最古老的民族之一。虽然部落众多,族系复杂,语言各异,但有一个共享的"梦幻时代"(Dreamtime)。② 在这样一个万物萌生的年代,人们与土地的关系是相同的:土著拥有成片的土地,从事狩猎和饲养活动;他们崇拜土地,相信万事万物皆有神灵;他们与土地之间的关系是亲密无间的,唱歌、舞蹈以及绘画等是他们表达对土地情感的方式。人们"传承"故事、歌曲和艺术,并用这种方式将祖先之地递传给下一代。知识让土著产生了保护土地、尊重过去以及不去剥削土地资源的责

---

① 沃特金·坦奇.澳洲拓殖记[M].刘秉仁,译.北京:商务印务馆,2008:29.

② "梦幻时代"即土著创世纪。参见 Bruno David. Landscapes, Rock-Art and the Dreaming: An Archaeology of Preunderstanding[M]. New York: Leicester University Press, 2002.

任。在这种环境和传统之下,其他人的土地对一个陌生人毫无意义,所以,土著部落以及个人之间很少因争夺土地而发生冲突。

土著视“梦幻”世界是一个有着根本意义的现实,而“梦幻时代”对土著的传统、法律和社会属性起到了构建基础的作用。虽然殖民政府和联邦政府无视土著社会的存在,但学术界却有着自己的专业认知。20 世纪 20 年代,悉尼大学的人类学研究逐渐从哲学学科中剥离出来,成为一门独立的学科,并且有了自己的专业性学术杂志《大洋洲》(*Oceania*)。[①] 从长远来看,人类学知识在挑战白人社会有关土著的主流观点方面起着主导作用。到了 20 世纪五六十年代,得益于田野考察和到土著社区走访,学术界对土著社会的认知又向前迈了一大步。阿尔弗雷德·拉德克里夫-布朗(Alfred Radcliffe-Brown)[②]、威廉姆·斯坦内(William Stanner)[③]等人不仅同情土著的命运,而且着力探讨土著的经济和社会活动与土地所有权之间的关系。他们的研究活动为土著日后争取土地权提供了学理上的支持。与通常认为非资本主义社会没有政治或社会规则这一观点相对立的是,人类学家和社会学家们则试图去证明原住民社会制度(特别是亲属关系和婚姻制度)以及宗教制度(常常表现为各种仪式、巫术和图腾)是如何规制个人和组织之于土地和其他事务的权利和责任的,其研究结论是:土著的经济活动是由时令变化来规范的,他们的土地所有权和社会习惯是由被称为“梦幻时代”复杂的哲学概念来建构的。[④] 而土著的“梦幻时代”是不能在西方线性时间的框架内来理解,土著人的时间概念是循环的,而非线性的。正是在这个意义上,每一代土著都能够经历“梦幻”的现实。威廉姆·斯坦内试图用“时常地”(everywhen)来表达这种概念。[⑤] 在土著那里,土地根本不是一件可以买卖或交换的商品;土地意味着生命,是他们的精神家园和灵魂栖息之所。这与处于殖民开拓时期的白人社会视土地为财富、地位与身份象征的土地权观点有霄壤之别。

---

① 1930 年创刊,主要刊发有关大洋洲包括澳大利亚、美拉尼西亚、波利尼西亚和密克罗尼西亚以及东南亚地区民族的社会和文化人类学方面的研究成果。

② 阿尔弗雷德·拉德克里夫-布朗(1881—1955),悉尼大学著名人类学教授。

③ 威廉姆·斯坦内(1905—1981),澳大利亚人类学家,对非洲被殖民化的民族、南太平洋地区以及澳大利亚北领地区有过深入研究。

④ Elizabeth A. Povinelli. Labor's Lot: The Power, History, and Culture of Aboriginal Action[M]. Chicago: The University of Chicago Press, 1994: 9; Fabienne Bayet-Charlton. Overturning the Doctrine: Indigenous People and Wilderness—Being Aboriginal in the Environmental Movement[M]//Michele Gross. Blacklines: Contemporary Critical Writing by Indigenous Australians. Carlton: Melbourne University Press, 2003: 173.

⑤ Bill Edwards. Living the Dreaming[M]//Colin Bourke, Eleanor Bourke and Bill Edwards. Aboriginal Australia: An Introductory Reader in Aboriginal Studies. St Lucia: University of Queensland Press, 2001: 79.

2. 殖民者内部对“无主地”概念及其相关政策也持异议

尽管英帝国政府不断重申“无主地”论调的正当性与合理性，但诸多证据表明，一些殖民地官员曾对“无主地”论调的合法性以及土著对其生养之地不拥有任何权益感到不安和自责。比如，拉克伦·麦考瑞(Lachlan Macquarie)总督[①]于1814年在帕拉马塔(Parramatta)为土著人孩子建立一所学校，而学校附近更多的土地就由土著成年人占有和耕种。在发布这一公告时，他说：之所以把土地给予土著，是因为“作为原住民，他们先前从这块土地上获取的动物以及其他物产的很多天然的优势，现在被剥夺了”[②]。麦考瑞对土著现在的处境表示怜悯和同情。在他看来，土著是有权就他们失去的土地而求得某些补偿的；在被英国占有的土地上，土著是拥有某些财产权的。无独有偶，作为一名殖民官员，詹姆斯·德雷奇(James Dredge)的做法则更有反讽意味。为表达对土著所受到的不公正对待的不满，他毅然辞去了“土著保护官”(Protector of Aborigines)[③]助理之职。德雷奇说：“他们受到了不公正对待，失去了自己的国家，一同失去的还有他们生存的手段——没有任何可以替代的手段。”[④]

19世纪30年代，伦敦的殖民局(Colonial Office)就曾放弃了“无主地”的概念。1830年，殖民局给“南澳大利亚殖民化委员会”(South Australian Colonisation Commission)[⑤]下达了如下指示：通过直接购买土地或对没有谈判就被剥夺的土地提供赔偿的形式“来保证土著权利”。这一指示清晰地表明土著是这块土地的所有者；白人若想得到土地，就必须从土著手中购买。如果是“无主地”，那白人还有购买或给予相应赔偿的必要吗？另一个例子也能佐证上述观点。1834年黑人与白人在平贾拉(Pinjarra)发生激战后，英国第63军团上尉F.C.欧文(F.C.Irwin)就曾提出过如下建议：“作为一种治愈与讲和的手段”，应在两个种族之间缔结“一个正式条约”。虽然欧文在某些方面是一个不可信之人，但他还是对土著表示了一些尊重。他曾给那些他称之为“土地的真正所有者”以

---

① 拉克伦·麦考瑞(1761—1824)，出生于苏格兰，1810—1821年任新南威尔士总督。任职期间，对刑释人员与自由民采取一视同仁的政策，兴建公共工程，进行城市规划，发行殖民地货币，建立银行，鼓励扩大定居地范围等。

② Stuart Banner. Possessing the Pacific: Land, Settlers, and Indigenous People from Australia to Alaska[J]. Historian: 31, 33.

③ 19世纪30年代末，在英国人道主义者的呼吁下，殖民地政府不得不设置“土著保护官”，其职责就是保护土著权利，反对剥夺土著财产等。参见杨洪贵.澳大利亚土著保护政策评述[J].苏州科技学院学报(社会科学版)，2013，30(3)：73-80.

④ Stuart Banner. Possessing the Pacific: Land, Settlers, and Indigenous People from Australia to Alaska[J]. Historian: 31, 33.

⑤ 这是一个推进新殖民的私人企业家组织。

一些小饰品，来交换 60 万英亩土地，并且许诺给对方以年贡。但该条约很快就被证明是空洞无效的，因为它违背了英国王权的利益。其结果是，这种对土著权利给予某种承认的努力就不得不被弃之一旁。①

1835 年，当约翰·巴特曼(John Batman)②试图从维多利亚土著手中购买土地时，对土著土地权的潜在承认已是不言自明。虽然巴特曼打算购买的土地标的微不足道，但对土著土地权承认的原则无疑是对殖民地总督的诅咒，土著土地权的保留无疑是对王权和总督权威的挑战。事实上，巴特曼的购买计划不仅与总督或王室利益发生冲突，而且与当时意在占据澳洲内地草地、东南部的林地以及河道的私人利益相抵牾。对土著来说，英国的法律——其权利和责任——被限制在和平的状态下，或者被限定在被批准的定居地内。英国的定居者在这些限定的范围内可以占据土著的土地，其含义是能够剥夺土著的资源，以及在这些限定范围内能够买卖土地或者作为奖励接受土地。③ 除此之外，英国定居者是不拥有任何权利的。至此可以得出这样的结论：到了 1836 年，“无主地”概念并没有被殖民局认真地考虑过，土著拥有足以被法律承认的可靠的土地权，而“南澳大利亚殖民化委员会”以及其他类似机构或组织却有意并且成功地回避了殖民局下达的购买土著土地的清晰指示。④

即便远离澳洲的英国，也有不少人站出来反对“无主地”的说法，并为土著所遭受的不公正待遇鸣不平。1837 年，英国众议院一特别委员会发现，在这些殖民地形成过程中，原住民的领土权利似乎并没有被考虑到，土地是从他们手中拿来的，除了超强的实力权利外，并没有声称拥有任何其他权利。1836—1855 年，殖民局在拟定殖民政策时试图去应对这些困境。殖民地国务大臣格勒尼里爵士(Lord Glenely)给特伦斯上尉(Colonel Torrens)的建议是：“委员们⑤应该准备一个保护原住民权利的方案。该方案应包括任命土著保护官，以及做出从土著

---

① John Molony. History of Australia—The Story of 200 Years[M]. Ringwood: Penguin Books Australia Ltd.,1987:72.

② 约翰·巴特曼(1801—1839)，澳大利亚牧场主、企业家和探险家。19 世纪 20 年代，巴特曼定居在范迪门斯地(Van Diemen's Land)，亦即今天的塔斯马尼亚州。巴特曼一生最大的贡献就是在亚拉河(the Yarra River)建立定居点，并因与范迪门斯地和维多利亚的土著之间的土地交易而成为一个争议性人物。1835 年，为取得菲利普港地区的土地，巴特曼与当地土著谈判，希望签订土地购买条约，但新南威尔士总督不承认这样的条约，因而土地交易行为告吹。

③ Noel G. Butlin. Economics and the Dreamtime: A Hypothetical History[M]. Cambridge: The University of Cambridge Press,1993:204.

④ Henry Reynolds. Why Were't We Told?: A Personal Search for the Truth about Our History[M]. Ringwood: Penguin Books Australia Ltd.,1999:201.

⑤ 此处是指“南澳大利亚殖民化委员会”成员。

手中购买土地的种种安排。"由于土著不愿出卖土地，随后的方案易为"保护原住民拥有对这些土地充分的和不受干扰的占有或享有，并为他们提供应对掠夺和侵犯的法律补救措施"[①]。由此可见，一方面，将澳洲变成殖民地是英国海外领土拓展的一项既定战略，不会因为土著的不满和抵抗而停止其推进的步伐；另一方面，考虑到伴随这一战略而来的种种野蛮和不人道的做法，英国殖民当局也在考虑采取某些步骤去保护土著的一些基本权益，避免因土著人道主义危机而生发的政治压力。但在强势的殖民语境下，无论是土著社会的反抗还是殖民当局内部一些人的自责与同情，都改变不了大量土地被白人强占的局面。

3. 墨累岛民对土地的所有权不容置疑

确立土著土地权的主要因素是在英国王权声称主权时，土著居民与其土地之间是一种什么样的关系。就澳大利亚大陆或者至少就澳大利亚大陆东部而言，重要的时间是1788年。就在那一年，英国声称在澳大利亚大陆建立殖民地。而墨累群岛是在1879年被合并到昆士兰殖民地的，殖民者与土著居民的关系就是在那一时期建立的，而不是一个世纪或更早时间之前。[②] 仅由此观之，墨累群岛就不是"无主地"。至于王权在合并原住民领土时就取得了土地的所有权利，这是一个有缺陷的观点。因为在1913年，昆士兰州政府曾从岛民手中购买土地用来建立警察站，并且建立了裁决岛民土地权诉讼的土地法庭。这两个事件心照不宣地承认了土著土地权。[③]

很多欧洲人对英国哲学家所贡献的土地权思想深信不疑，即被文明化因而成为完完全全的人的根本标志是耕种土地。据此标准，"游牧的"或"野蛮的"土著就没有资格被承认为拥有权利的人类。但墨累岛民无此困惑，因为他们居住在秩序井然的村庄里，有界限分明的地理区域，有自己经营的花园地块，有得到大家公认的土地所有权和继承制度。

在土地使用方面，墨累岛民并非仅仅停留在简单的狩猎和采集层面，而是有

① The Commonwealth of Australia. Parliamentry Debates(House of Representatives), No. 191, 1993[R]. [1993-11-24]: 3524; Department of the Parliamentary Library. Aboriginality and Aboriginal Rights in Australia[M]. Canberra: Parliament of the Commonwealth of Australia, 1992: 2.

② Michael Crommelin. The Mabo Decision[N]. The Australian Economic Review, 3rd Quarter, 1993: 22.

③ Richard Broome. Aboriginal Australians: A History Since 1788[M]. Sydney: Allen & Unwin, 2010: 284.

着较为复杂的劳动。[①] 一些法官认为，应把保持与土地的持续联系作为土著是否拥有所有权的依据，梅里阿姆人对此也并不反对，因为这在他们那儿也不是问题。尽管墨累群岛在 19 世纪 70 年代末被合并到昆士兰，但托雷斯海峡岛民对其土地的传统所有权并没有被消灭。"根据《1962 年(昆士兰)土地法》[Land Act 1962(Qld)]以及之前的王权土地立法的含义，墨累群岛现在不是也从来不是'王权之地'，昆士兰州没有权利消除梅里阿姆人的土地权。"[②]况且，自 1879 年至 1992 年的一百多年间，昆士兰地方政府不曾采取任何举措去消灭土著土地所有权；今天的梅里阿姆人与其祖先以及早期时代的社会与文化仍然有着牢固的黏附关系。他们强烈认同自己的岛屿，其土地纠纷多年来是由岛屿法庭依照梅里阿姆人的习惯法来裁断的[③]，所以，梅里阿姆人对墨累岛的土地和水域的所有权是不易之论。审理马宝诉讼的法官之一杰拉德·布伦南(Gerard Brennan)对此表示首肯。他说：主权等同于王权所有权(也就是排除了土著土地所有权)的理论得到了一些权力的支持，但是，这样的理论是不能被接受的，因为它"严重地违反了公正和人权价值观，而这些是当代澳大利亚法律的抱负"。[④]

四、结语

"18 世纪的国际法主要包括主导欧洲国家间关系和往来的规则。在国际法下，一个国家将其主权扩展至新领土的三个主要理论路径是割让(cession)、征服(conquest)和殖民(settlement)。殖民起初仅适用于无人占有的土地。然而，通过'殖民'来合并领土逐渐被承认为适用于新'发现的'领土，而这些领土上居住的是不受另一个欧洲国家司法管辖的土著民族。"[⑤]就英国殖民澳洲的情形来看，他们所"发现的"是一块已有人居住和占有的土地。而当他们决定占领这块新"发现的"土地时，既没有得到土著居民的允许，也未与其进行过任何形式的谈判，就以"无主地"的名义将对方的土地攫为己有，并给这一地区移植了英国的法律体系，包括所有权理论。这是一种被亨利·雷诺兹称为"自私自利的欧洲中心

---

① Department of the Parliamentary Library. The Mabo Case—Native Title Ousts Terra Nullius [M]. Canberra: Parliament of the Commonwealth of Australia, 1992: 3; Pamela Angus-Leppan and Peter Angus-Leppan. The Mabo Decision and Security of Title[J]. The Australian Surveyor, 1993, 38(4): 311.

② The Commonwealth of Australia. Parliamentry Debates(House of Representatives), No. 191, 1993[R]. [1993-11-24]: 3525.

③ Mabo and Others v. The State of Queensland(no. 2)("Mabo Case"). 1992: 36, 45-46.

④ Department of the Parliamentary Library. The Mabo Case—Native Title Ousts Terra Nullius [M]. Canberra: Parliament of the Commonwealth of Australia, 1992: 3.

⑤ Mabo and Others v. The State of Queensland (No. 2)("Mabo Case"). 1992: 36, 45-46.

主义法律”[①]。而审理马宝诉讼案件的威廉姆·迪恩(William Deane)和玛丽·考德朗(Mary Qaudron)两位法官均认为,凭借“无主地”的谬论去剥夺土著的土地是“这个国家历史上最黑暗的一面”[②]。

通过对18世纪中后期欧洲殖民状况的考察发现,“无主地”概念的问世是有着较为复杂的历史背景的。种族主义是这一概念滋生的思想或观念基础;资本主义对外扩张是这一概念问世的时代语境;对殖民地领土及其他资源的贪欲则是这一概念备受推崇的主要动机或目的。然而,土著已在澳洲生活了几万年之久,有自己较为独特的土地所有权观念和制度,并与传统土地保持多方面尤其是精神上的持续联系,这就决定了他们既不会由于外来者的入侵而丧失对其土地的传统所有权,也不会因为殖民者所强加的“无主地”论调而放弃对土地权的声索。“马宝裁定”的多数法官们本着对历史事实的尊重,并恰逢其时地使用了法律赋予他们的裁量权,将殖民前澳洲大陆属“无主地”的真相予以揭露,从而在司法层面证实:殖民前的澳洲并非无人占有,土著或原住民就是这块大陆的最初居民,理应拥有这块大陆的土地所有权。

作者简介

汪诗明　安徽舒城人,华东师范大学国际关系与地区发展研究院教授、博士生导师,历史学博士。

本文原载于《安徽史学》2020年第2期,收录本书时略有改动。

① Henry Reynolds. Aboriginal Sovereignty: Three Nations, One Australia? [M]. St Leonards: Allen & Unwin,1996:12.

② The Hon Robert Tickner MP. The Mabo Case[N]. Media Release,1992-6-3:1.

20 世纪 90 年代末澳大利亚与中国香港跨境人口迁移潮流的转折及其对澳-亚关系的影响[①]

——地区史视角

颜　廷

摘　要：澳大利亚与中国香港之间跨境人口迁移历史较为悠久，且长期以中国香港对澳移民为主。但 20 世纪末澳对港移民人口超越港对澳移民人口，奠定了当代澳-港之间跨境人口迁移基本格局。澳-港跨境人口迁移潮流出现转折性变化，主要因为 20 世纪 90 年代澳大利亚与中国香港经济发展状况对比出现巨大反差，中国香港整体经济发展水平已经赶超澳大利亚；与澳大利亚相比，中国香港拥有更加得天独厚的创业与职业发展环境；中国香港地区反腐、反黑成效卓著，令法治环境、营商环境有了根本性的改善等。20 世纪 90 年代末以来形成的这种新的澳-港跨境人口迁移格局，对澳大利亚与亚洲关系带来了诸多影响：促进了澳-亚地区人口交流与互动；深化了澳大利亚与亚洲之间的人才交流与融通；加强了澳大利亚与亚洲的经济联系。总之，20 世纪 90 年代末以来澳大利亚与中国香港之间跨境人口迁移潮流的深刻转折，拉近了澳大利亚与亚洲之间的关系，进一步推动了不以任何人意志为转移的澳大利亚“融入亚洲”的客观历史进程。

关键词：澳大利亚；中国香港；跨境人口迁移；澳-亚关系

作为南太平洋最重要的西方发达国家，澳大利亚毗邻亚洲，同东亚、东南亚、南亚各国皆有着长期经贸交往和社会联系，尤其是随着 20 世纪 90 年代初基廷总理提出“全面融入亚洲”战略之后，澳大利亚与亚洲之间经贸、科技、教育合作与交流越来越频繁，从而使得当代澳大利亚与亚洲关系的历史，很大程度上已经成为一段澳大利亚逐渐融入亚洲的地区经济、社会发展与交融史，并构成了全球化时代以来世界区域经济一体化进程的重要组成部分。对此，学界的相关研究

---

①　本文为国家社会科学基金一般项目“国际人才竞争视角下的海外华人新移民回流研究”(项目编号：16BRK006)的阶段性研究成果。

成果已比较丰富，然这些成果多集中于考察和研究澳大利亚“融入亚洲”历史进程本身，且尤其注重从澳大利亚政府“融入亚洲”政策的变化及澳-亚经贸关系的发展与变迁的角度展开研究，而缺乏对这一进程中人口要素及其作用与影响的考量与评估，这是一个缺陷。事实上，客观而言，澳大利亚是否会“融入”亚洲，将在多大程度上“融入”亚洲，以及如何“融入”亚洲，本质上属于人的主观认知倾向问题，体现的是一种群体文化价值观与心理认同的变迁，而其最为直观的表现便是其居民在多大程度上愿意与亚洲国家和地区发生直接或间接的工作与生活联系。因之，系统考察澳大利亚与亚洲经济、社会交融发展过程中人口要素变化情况及其究竟发挥了怎样的影响、扮演着何种角色，便十分关键了。而作为 20 世纪八九十年代最为发达的亚洲经济体之一，中国香港与澳大利亚之间的跨境人口迁移[①]历史久远、规模较大，影响亦较深远，有着很强的代表性，故而探讨二者之间跨境人口迁移历史与发展变迁，对于深入研究和把握澳大利亚与亚洲地区关系的交融与发展进程，很有必要。而当前学界对于相关问题的研究较少，故这一课题研究的学术价值和现实意义不言而喻。

一、人口迁移历史

澳大利亚与中国香港之间人口迁移历史较悠久，其人口联系经历了一个由弱到强的缓慢变化过程。

（一）19 世纪中叶至第二次世界大战时期

早在 1851 年，澳大利亚墨尔本地区发现金矿，便有大批华人由中国香港经海路赴澳。只是当时香港开埠未久，人口甚少，1841 年英军占领香港时，当地仅有 7 450 人左右，多为靠海谋生的渔民，[②]故而淘金热时期赴澳者并不多。直至 1901 年澳大利亚第一次人口普查时来自中国香港的亦仅有 167 人。[③] 中国香港赴澳人口减少，由澳赴港者更为鲜见。当时澳大利亚尚处于经济大开发阶段，人手稀缺，故而也几乎无人离澳赴港，致使这一时期澳大利亚与中国香港之间跨境人口迁移流动规模极小。1901 年澳建国后奉行种族主义国策，又进一步限制了两地人口迁移流动，直至 1947 年，居澳香港移民亦仅增至 762 人。[④] 由此可见，长期以来澳大利亚与中国香港之间的人口联系非常弱。但这种情况在 20 世纪

---

① 这里指的是移民，而非临时迁移人口。

② 卢受采，卢冬青. 香港经济史：公元前约 4000—公元 2000 年[M]北京：人民出版社，2004：74.

③ Department of Immigration and Multicultural Affairs. Immigration，Federation to Century's End 1901—2000[N]. Commonwealth of Australia，2001：18.

④ Department of Immigration and Multicultural Affairs. Immigration，Federation to Century's End 1901—2000[N]. Commonwealth of Australia，2001：19.

50 年代以后逐渐发生了变化。

（二）20 世纪 50 年代至 70 年代

由于二战的影响，20 世纪 50 年代中期以来澳移民政策中的种族主义逐渐淡化，[①]这为澳大利亚与中国香港两地人口交流开启了希望的曙光，使得香港地区对澳移民人口逐步增长，由每年数十人增至 20 世纪 70 年代初的三四百人。[②] 1973 年工党惠特拉姆政府以多元文化主义为指导，启动了移民政策去种族化进程，更为亚洲人移民澳洲打开了方便之门，使得香港地区对澳移民人口逐年攀升，从 1973—1974 年度的 664 人，直线上升至 1977—1978 年度 1 489 人的历史最高峰。[③] 但由于 20 世纪 70 年代澳移民政策实践对多元文化原则贯彻不够彻底，导致当时澳每年平均 6 万～7 万左右的移民规模中，香港地区的移民数量实乃无足轻重。而与此同时，因澳-港之间经济与社会发展水平尚存在较大差距，[④]澳大利亚人仍极少去往香港工作、生活。可见，与以往相比，20 世纪 50 年代以来澳-港之间跨境人口迁移流动有了较大变化，却仍不够活跃。直至 20 世纪 80 年代以后，这种情况才有了彻底改变。

（三）20 世纪 80 年代至 90 年代初

在历经多年的高速经济增长之后，20 世纪 80 年代澳大利亚经济陷入深度衰退，迫使政府努力改变传统那种以矿产、能源等资源性行业为支柱的产业结构，重点发展高科技产业和服务业，这便迫切需要大量专业技术人才。而长期以来澳移民主要是来自欧洲的亲属移民，无法满足这一需求。为此，从 20 世纪 70 年代末以来澳政府便不得不极力推动移民来源的多元化，确保移民质量的提升，乃至于将是否能大量引进中国香港、中国台湾和韩国等新兴亚洲国家和地区那些年轻、有良好教育背景和事业有成的人视为澳大利亚经济是否转型成功的重要标志。而恰在此时，以专业技术人员、行政管理人员、社会工作者、医生、律师

---

① 澳政府 1956 年规定，凡已居住在澳大利亚的非欧洲人皆有资格取得国籍；澳公民的非欧洲人直系亲属亦可获得永久居留的入境许可。1957 年规定，获临时入境许可者凡在澳居住达 15 年即可取得公民权，1966 年又减为 5 年。1958 年，移民法又取消了移民英语听写能力测试。见颜廷，张秋生. 20 世纪末以来澳大利亚移民政策的转型及其对华人新移民的影响[J]. 华侨华人历史研究，2014(3)：20-33.

② Department of Immigration and Border Protection. Historical Migration Statistics[N]. Commonwealth of Australia，2015. 参见其中的“1. 2 Settler arrivals，January 1959 to June 1975”数据模块。

③ Department of Immigration and Border Protection. Historical Immigration Statistics [N]. Commonwealth of Australia，2015. 参见其中的“Settler arrivals，January 1959 to June 1975”数据模块和“Settler arrivals，1975-76 to 1994-95”数据模块。

④ 以 1978 年为例，当年澳大利亚人均 GDP(现价美元)为 8 240 美元，香港仅为 3 924 美元。参见世界银行各国人均 GDP(现价美元)数据，见 http://data. worldbank. org. cn/indicator/NY. GDP. PCAP. CD。

等职业人士为代表的香港中产阶级兴起，并于 20 世纪 80 年代进入黄金发展时期，这些人大都拥有较广阔的全球视野、良好的职业素养和教育背景，且有着强烈的对外移民冲动。澳政府在移民政策方面的改革与调整，便为其移民澳大利亚提供了巨大便利。加之当时香港回归问题已纳入中国与英国的外交谈判议程，触发了香港社会关于回归后香港经济与政治前景的广泛忧虑，大量港人外流欧美发达国家，亦使得香港地区对澳移民人口短期内迅速走高：1981—1982 年度香港地区对澳移民人口为 1 295 人，至 1984—1985 年度已达 3 289 人；1989—1990 年度达 8 054 人；1990—1991 年度则增至其历史最高水平，为 13 541 人(参见表 1)。实际上，亦正因 20 世纪 80 年代以来香港地区对澳移民几呈井喷之势，使得居澳香港总人口从 1981 年的 15 717 人猛增至 1991 年的 57 510 人，十年间增长了约 3.7 倍。尤其重要的是，这些来自中国香港的移民整体素质比较高。以 1990—1991 年度为例，当年度中国香港对澳技术移民 12 053 人，占所有中国香港对澳移民人口比例高达 89%。而同一年度澳大利亚海外移民人口为 112 300 人，其中技术移民为 49 800 人，技术移民所占比例仅为 44.3%。况且在当年度澳大利亚海外技术移民中，中国香港技术移民所占比例竟高达 24.2%。可见，一定程度上，20 世纪 80 年代以来中国香港已成为澳经济与社会发展的重要人才供应基地。

表 1　中国香港至澳大利亚移民情况　（单位：人）

年度	移民人数	年度	移民人数	年度	移民人数	年度	移民人数
1975—1976	897	1985—1986	3 118	1995—1996	4 361	2005—2006	2 162
1976—1977	1 102	1986—1987	3 403	1996—1997	4 191	2006—2007	2 101
1977—1978	1 489	1987—1988	5 571	1997—1998	3 445	2007—2008	1 784
1978—1979	1 180	1988—1989	7 307	1998—1999	2 251	2008—2009	1 480
1979—1980	799	1989—1990	8 054	1999—2000	1 729	2009—2010	1 337
1980—1981	775	1990—1991	13 541	2000—2001	1 893	2010—2011	1 482
1981—1982	1 295	1991—1992	12 913	2001—2002	1 511	2011—2012	1 422
1982—1983	1 369	1992—1993	6 520	2002—2003	1 741	2012—2013	1 596
1983—1984	2 017	1993—1994	3 333	2003—2004	2 070	2013—2014	1 482
1984—1985	3 289	1994—1995	4 135	2004—2005	2 534		

资料来源：有关中国香港对澳移民人口数据，见 Department of Immigration and Border Protection. Historical Immigration Statistics[N]. Commonwealth of Australia，2015. 表中相关数据乃由其“Settler arrivals，January 1959 to June 1975”“Settler arrivals，1975-76 to 1994-95”“Settler arrivals，1995-96”“Settler arrivals，1995-96”“Permanent additions，1996-97 to 2007-08”“Permanent additions，2008-09 to 2013-14”等几个数据模块中相关数据集合而成。

而在20世纪80年代以来中国香港对澳移民人口疯狂攀升之时，澳大利亚对中国香港移民人口亦有增长，然数量仍有限。由于统计资料的缺乏，无法直接获知在20世纪80年代至20世纪90年代初这段时间内澳大利亚移民至香港的人口数量，但据1991年香港人口普查报告，当年全部居港人口中，日本人列第一位，为10 850人，[①]而澳大利亚籍人口可能因数量太少(最多不会超过1万人)，甚至未能在调查报告中单独列出。即便这不足一万人的居港澳籍人口皆为20世纪80年代以来由澳大利亚移民而来，则从1981—1991年这十年间平均每年澳大利亚对港移民人口亦不超过千人，这与20世纪80年代中后期至20世纪90年代早期动辄上万的香港对澳移民相比，实在不可同日而语。然而，无论如何，与以往相比，主要由于20世纪80年代以来香港对澳移民数量增长相当激进，使得这段时期两地之间跨境人口迁移行为活跃程度一定程度上达到了历史顶峰。

由上可见，20世纪七八十年代以来澳大利亚与中国香港之间跨境人口迁移越来越频繁，人口联系亦越来越紧密。只是这种人口联系，仍然主要是建立在香港对澳移民基础上的，故而更多体现的是香港居民对澳大利亚社会生活的认同与向往，从而使之呈现了强烈的单向性特征。而由于澳大利亚对港年度移民人口数量过于稀少，亦在一定程度上能够反映出，直至20世纪80年代，澳大利亚公众对香港社会认同度不太高。但这种情况在进入20世纪90年代后发生了重大逆转。

二、跨境人口迁移潮流的转折

20世纪80年代至90年代初中国香港对澳移民增长极为强劲，形成了一股移民潮。然而，进入20世纪90年代，澳-港跨境人口迁移格局发生了重大变化：香港对澳移民人口迅速缩减，澳对港移民则稳步增长，最终导致澳对港移民人口逐渐超越港对澳移民人口。

为挽救澳大利亚经济，保障经济结构转型对专业技术人才的需求，1983年澳政府开始执行大规模移民政策，极力提升技术移民份额，使之从1983—1984年度仅9 800人直增至1989—1990年度的52 700人，平均年增幅高达73%。[②]在引进技术移民的同时，亲属移民政策仍十分宽松，每年度此类移民始终维持在6万～7万之间，远超技术移民，导致澳年度移民总量从1983—1984年的52 600

---

① 香港政府统计处. 1991年人口普查：主要统计表[N]. 66-67.

② Department of Immigration and Border Protection. Historical Migration Statistics [N]. Commonwealth of Australia, 2016. 根据其中的“Migration Programme outcome by stream 1983-84 to 2014-15”数据模块相关数据计算得出。

人，迅速增至1987—1988年度的122 100人，之后几年亦未有较大变化。[①] 大量移民，尤其非技术移民，给就业市场造成了极大压力。1989年澳失业率为6%左右，1992年破10%，直至1994年仍高达10.5%。国内经济乏力，失业率高，令公众对政府移民政策产生了怀疑。人们普遍认为，大量移民涌入澳大利亚，会抢走本地人的工作、削弱工资水平和降低生活水平。他们甚至反对引进技术移民，认为这会使政府和企业雇主不再愿意花钱培训企业员工，从而影响本地技术人才成长。在公众的强烈反对下，1991年年底上台执政的基廷政府迅速收缩移民规模，1991—1992年度移民数量降至9.9万人，1992—1993年度降至6.8万人，此后数年澳移民数量始终控制在6万～8万，[②]这与霍克政府时期相比，减少了40%以上。以基廷政府移民政策调整为起点，20世纪90年代香港对澳移民人口迅速进入下行通道。1991—1992年度香港对澳移民12 913人；1992—1993年度骤降50%，仅为6 520人；1993—1994年度再降近50%，仅为3 333人。两年之内，香港年度移民人口减少近万人，呈现了极为罕见的断崖式下滑现象。1999—2000年度已降至1 729人，为20世纪80年代中期以来的历史最低水平。

在20世纪90年代中后期香港对澳移民人口急速下滑的同时，由澳大利亚移民香港的人口却越来越多，从而形成了澳-港之间跨境迁移人口一消一长的局面。1995—1996年度澳对港移民为1 575人，至1999—2000年度已达3 346人，对港移民人口年增幅高达22.5%。不仅如此，澳对港移民人口还逐渐超越了港对澳移民人口。1998—1999年度澳对港移民人口便已超过港对澳移民人口，只是当时二者差额尚小，仅为594人，1999—2000年度便扩大为1 617人。这在一定程度上意味着，20世纪90年代末以来澳-港之间跨境人口迁移格局正在发生着具有深远意义的转折性变化。之后新千年初以来澳-港跨境人口迁移发展趋势也更切实地证明了这一点（参见表2）。

为了解决因经济繁荣而带来的澳洲劳动力市场技术人才短缺问题，在工商企业界的推动下，新千年来澳政府重启大规模移民计划，使海外移民人口从2000—2001年度的80 597人迅速增至2005—2006年度的142 933人，至2012—2013年

---

① Department of Immigration and Border Protection. Historical Immigration Statistics [N]. Commonwealth of Australia, 2015. 参见其中的“Migration Programme outcome by stream, 1983-84 to 2013-14”模块。

② Department of Immigration and Border Protection. Historical Immigration Statistics [N]. Commonwealth of Australia, 2015. 参见其中的“Migration Programme Outcome by Stream, 1983-84 to 2013-14”模块。

表2 澳大利亚-香港跨境迁移人口 （单位：人）

年度	澳大利亚至香港移民人口									香港至澳大利亚移民人口
	总人数	澳大利亚出生		海外出生						
		人口总数	占比	人口总数	占比	香港出生	占比	他国或地区出生	占比	
1995—1996	1 575	426	27.0%	1 149	73.0%	687	43.6%	462	29.3%	4 361
1996—1997	1 781	449	25.2%	1 332	74.8%	854	48.0%	478	26.8%	4 191
1997—1998	1 882	496	26.4%	1 386	73.6%	903	48.0%	483	25.7%	3 445
1998—1999	2 845	882	31.0%	2 023	71.1%	1 205	42.4%	818	28.8%	2 251
1999—2000	3 346	988	29.5%	2 358	70.5%	1 353	40.4%	1 005	30.0%	1 729
2000—2001	3 942	1 230	31.2%	2 712	68.8%	1 476	37.4%	1 236	31.4%	1 893
2001—2002	3 828	1 320	34.5%	2 508	65.5%	1 473	38.5%	1 035	27.0%	1 511
2002—2003	4 234	1 652	39.0%	2 582	61.0%	1 467	34.6%	1 115	26.3%	1 741
2003—2004	4 420	1 538	34.8%	2 882	65.2%	*	*	*	*	2 070
2004—2005	4 850	1 684	34.7%	3 166	65.3%	*	*	*	*	2 534
2005—2006	5 379	1 925	35.8%	3 454	64.2%	1 869	34.7%	1 585	29.5%	2 162
2006—2007	5 435	2 048	37.7%	3 387	62.3%	1 718	31.6%	1 669	30.7%	2 101
2007—2008	5 543	2 069	37.3%	3 474	62.7%	1 714	30.9%	1 760	31.8%	1 784
2008—2009	5 898	2 218	37.6%	3 680	62.4%	1 747	29.6%	1 933	32.8%	1 480
2009—2010	6 120	2 197	35.9%	3 923	64.1%	1 886	30.8%	2 037	33.3%	1 337
2010—2011	6 635	2 546	38.4%	4 089	61.6%	2 027	30.6%	2 062	31.1%	1 482

注：他国或地区出生数据乃根据海外出生移民香港的人口数减去香港出生移民香港的人口数得来。

数据来源：Emigration 2005-06（Department of Immigration and Citizenship, Commonwealth of Australia, 2007.）, p. 35; Emigration 2010-11（Department of Immigration and Citizenship, Commonwealth of Australia, 2011.）, p. 35; Historical Migration Statistics（Department of Immigration and Citizenship, Commonwealth of Australia, 2015.）中的"Permanent additions, 1996-97 to 2007-08"和"Permanent additions, 2008-09 to 2013-14"两个数据模块。

度已达190 000人的历史最高水平。① 十年内澳年度移民人口增幅高达1.36倍。而在这大量的海外移民人口中，香港移民数量始终较少，尤其是2007—2008年度以来每年仅为1 300～1 500名。与此同时，澳洲对港移民人口却继续保持增长：2000—2001年度澳洲对港移民为3 942人，2004—2005年度增至4 850人，2010—2011年度已达6 635人。由于新千年以来港对澳移民人口几无增长，甚至略有下滑，这便使得澳对港移民人口与港对澳移民人口之间的差额呈持续拉大的趋势，从2000—2001年度的2 049人扩大至2010—2011年度的5 153人。由

① Department of Immigration and Border Protection. Historical Migration Statistics [N]. Commonwealth of Australia, 2018. 参见其中的"Australia's permanent migration outcome by stream, 1984-85 to 2016-17"。

此可见，20 世纪 90 年代末以来澳-港两地跨境人口迁移潮流的转折性变化，并非短期性历史现象，本质上它标志了近十余年来两地跨境人口迁移新格局的形成。从国际人力资源竞争的角度来看，这表明香港的竞争优势已全面超越澳大利亚。事实上，香港对澳竞争优势的全面超越并不仅仅体现在澳-港跨境迁移人口数量变化上，亦体现在双方跨境迁移人口结构的变化上：

（1）香港对澳技术移民比例不断下降，整体移民素质有所降低。在香港对澳移民人口数量大幅下滑的同时，其移民人口中的技术移民比重亦有较大幅度下降，从 1990—1991 年度的 95.6%，直降至 1995—1996 年度的 70.3%，之后稍有增长，但 1999—2000 年度再降至 72.7%。而进入新千年后，总体趋势更呈下滑态势，至 2011—2012 年之后更低至 45.3%，之后虽又有增长，却已难达 2000 年以前的水平了(参见表 3)。这表明，香港对澳移民人口不仅总量在大幅持续下滑，且移民人口质量亦大不如以前，已经有越来越多的香港居民，主要是通过亲属移民方式获得澳大利亚居留权，却往往缺乏澳大利亚经济、社会发展所必需的专业技能，亦无较好的教育背景或英语语言能力。

表 3　中国香港对澳大利亚技术移民人口比例　　（单位：人）

年度	技术移民	家庭移民	移民总数	技术移民比例	年度	技术移民	家庭移民	移民总数	技术移民比例
1990—1991	12 503	561	12 613	95.6%	2003—2004	1 532	713	2 249	68.1%
1991—1992	9 028	706	9 732	92.8%	2004—2005	1 904	569	2 477	76.9%
1992—1993	2 809	881	3 689	76.1%	2005—2006	1 939	585	2 528	76.7%
1993—1994	2 612	733	3 341	78.2%	2006—2007	1 515	673	2 188	69.2%
1994—1995	2 597	829	3 424	75.8%	2007—2008	1 314	604	1 922	68.4%
1995—1996	2 294	972	3 263	70.3%	2008—2009	918	785	1 707	53.8%
1996—1997	2 589	599	3 188	81.2%	2009—2010	499	547	1 050	47.5%
1997—1998	2 332	427	2 759	84.5%	2010—2011	631	530	1 165	54.2%
1998—1999	1 015	225	1 240	81.9%	2011—2012	471	564	1 039	45.3%
1999—2000	722	271	993	72.7%	2012—2013	674	660	1 338	50.4%
2000—2001	1 106	404	1 516	73.0%	2013—2014	797	642	1 439	55.4%
2001—2002	916	435	1 359	67.4%	2014—2015	869	709	1 578	55.1%
2002—2003	1 364	523	1 894	72.0%	2015—2016	1 085	763	1 852	58.6%

资料来源：Department of Immigration & Multicultural and Indigenous. Consolidated Immigration 1999-2000, Commonwealth of Australia, 2002, p. 30, p. 32; Department of Home Affairs. Historical Migration Statistics, Commonwealth of Australia, 2018. 参见其中的“The permanent migration program outcome by stream and citizenship, 1996-97 to 206-17”数据模块。

（2）澳对港移民中，与香港较少或无渊源的移民人口比重越来越大。一直以来，澳大利亚对香港移民大致可分三类人群：澳大利亚出生者、香港出生者、世界其他国家或地区出生者。从 20 世纪 90 年代中期至新千年初，各类人群对港移民人口数量皆呈直线上升趋势，但就其各自所占澳对港移民人口比例而言，则变化各有不同。20 世纪 90 年代中后期，在每年度澳对港移民人口中，香港出生者人口数量优势比较明显，[①]接近澳全部对港移民人口的一半，[②]而澳大利亚出生的移民及世界其他国家或地区出生的移民分别占澳对港全部移民人口比例在大多数年份皆不超过 30%。然而从 20 世纪 90 年代末至新千年初，情况有了较大变化：澳全部对港移民中，香港出生者比例从 1997—1998 年的 48%持续下滑至 2006—2007 年度的 31.6%，之后一直在 30%上下浮动；澳大利亚出生者人口比例则从 1996—1997 年 25.2%的历史低位，增至 2002—2003 年度的 39%，之后多年在 37%上下浮动；世界其他国家或地区出生者人口比例增长不甚明显，仅从 20 世纪 90 年代末约为 28%的平均比例，增至新千年初的 31%左右。可见，新千年以来，在澳大利亚全部对港移民中，澳大利亚出生人群、香港出生人群、世界其他国家或地区出生人群所占比例已从香港出生人口占明显优势，转变为三者大致比例相当、澳大利亚出生人口稍占优势的基本格局。而由于澳大利亚出生移民、世界其他国家或地区出生的移民与香港之间的关联度远不及香港出生者，却占澳对港移民人口总量的三分之二，这充分说明，新千年初以来香港的国际人力资源竞争力已越发强劲，已非澳大利亚可比肩。

综上言之，20 世纪 90 年代中后期以来，澳大利亚-香港之间跨境人口迁移潮流发生了深刻的转折性变化，改变了以往那种以港对澳移民为主的单向性人口联系，而变成了以澳对港移民为主的双向性人口联系，从而使得澳-港之间有了真正意义上的人口互动与交流。

三、澳-港跨境迁移人口潮流转折的主要原因

20 世纪 90 年代末以来澳大利亚与中国香港两地跨境人口迁移潮流之所以发生如此深刻的转折性变化，笔者认为主要因素如下：

（1）20 世纪 90 年代澳大利亚、香港经济发展状况出现巨大反差。20 世纪 80 年代，澳大利亚与香港之间经济发展差距十分明显。依靠得天独厚的资源优势，1982 年澳大利亚人均 GDP 高达 12 758.7 美元；当时香港经济刚刚进入腾飞时期，人均 GDP 仅为 6 133.8 美元，二者相差一倍。然而，受 20 世纪 70 年代欧洲经济危机影响，澳大利亚经济长期陷入低迷，导致 20 世纪 80 年代澳大利亚

① 本质上，这批人实际上是由澳大利亚回流中国香港的群体。

② 在 20 世纪 90 年代之前，此类群体占澳对港移民人口比例更高。

GDP年增长率平均仅为3.4%。而政府长期谋求的经济转型,则主要由于亚洲新兴经济体的产业竞争亦归于失败,这进一步导致经济走向低迷,使得1991年澳大利亚GDP甚至为负增长,1992年亦仅为0.4%,直至次年才回升至4.1%。在这样的经济表现下,澳大利亚就业市场失业率表现糟糕也在情理之中了。与此同时,香港经济发展则尤为辉煌。依托中国内地改革开放契机,20世纪90年代香港经济成功转型为"中国内地特别是华南地区的贸易转口港和服务中心",[①]并在金融、黄金及外汇买卖方面与伦敦、纽约及东京并驾齐驱。

香港也是全球最繁忙的港口之一,拥有全球最高之货柜吞吐量,多年来服务业的急速增长,已令香港在服务业出口方面位列全球第十。产业结构转型成功,带来了经济持续高速增长。按现价美元计算,1988年香港人均GDP为10 609.7美元,至1993年已达20 395.5美元,一举超过澳大利亚、加拿大等国家,且在不断缩小与美国的差距。而至1997年香港回归前夕,已增至27 330美元。在整个20世纪80年代,香港GDP增速一度高达10%以上,年均GDP增速亦达7.4%。至20世纪90年代,香港GDP增速虽有放缓,但仍超过澳大利亚。经济高速增长,与西方发达国家差距不断缩小,大大削弱了香港居民对外移民的动力。20世纪90年代初,香港对外移民人口历史最高峰时约为每年6万人,至1996年时已降至40 300人,1997年时仅为30 900人,至2000年则仅为11 900人。与20世纪80年代末90年代初相比,新千年初香港居民的移民热情已大为衰减,且香港对外来移民的吸引力与日俱增,使得越来越多的已移居澳大利亚的香港华人,乃至澳大利亚其他族裔人士来到香港寻找发展机会。

(2)与澳大利亚相比,中国香港拥有更加得天独厚的创业与职业发展环境。19世纪中期以来,香港便一直实行全方位开放的自由港政策,主要包括贸易自由、投资自由、企业经营自由、融资与汇兑自由、人员流动自由等,且实行企业低税率政策[②]。只是由于港英政府长期将之定位为国际贸易转口港,使得自由港政策利好并不能在塑造民众创业与职业发展环境方面充分发挥其制度优势。20世纪五六十年代,香港逐渐转向发展轻纺、成衣、电子、洗化、塑胶等轻工业之后,这种自由港政策与企业低税率政策对于激发人们的创新创业热情,从而促进香港实现从国际转口贸易港向全球制造业中心的转变发挥了关键性的作用。尤其是20世纪八九十年代以来,由于香港商业竞争透明度越来越高、融资渠道更加广泛、绝大部分进出口商品免税,加之企业经营税费低廉,大幅度降低了企业经

① 冯邦彦.香港产业结构研究[M].北京:经济管理出版社,2002:25.

② 以1982年为例,当年香港公司税率为16.5%;而澳大利亚则高达46%。见郑德良.现代香港经济[M].3版.广州:中山大学出版社,1993:95.

营成本，更使得香港成为全球少见的中小企业创业天堂和国际资本投资宝地。不仅如此，由于自由度十分高，香港经济长期排名世界首位，被视为全球最开放的外向型经济体，加之其背靠中国内地，有着宏阔的市场纵深，发展前景十分可期，非但中小企业创业热情高涨，全球各类资本巨头亦十分看好香港的发展前景，诸多跨国集团公司纷纷在港设立各类地区总部或分公司，1996 年时此类公司总数已达 700 多家。全球最大的 100 家银行，亦有 85 家在香港设立分行。香港的全球经济地位十分重要。

（3）香港地区反腐、反黑成效卓著，令法治环境、营商环境有了根本性的改善。由于历史原因，20 世纪七八十年代香港经济虽飞速发展，然贪腐之风与黑社会犯罪却一直是香港社会的痼疾。为打击腐败，香港地区于 1974 年成立廉政公署，先后解决了以香港警察部队为代表的政府机构腐败问题，以及以商业贿赂为主要表现形式的私营部门腐败问题，从而使得香港社会逐渐成长为一个拥有广泛民意且能够持续支持政府反腐败的公民社会。20 世纪 80 年代以来，香港地区加强反黑立法，增拨反黑经费，加强警察部队反黑力量，并谋求国际合作、在群众中展开反黑群防群治。这一系列工作最终取得了较大成效，使得 20 世纪 90 年代以来的香港逐渐成为世界上治安最为良好的地区之一，其罪案率始终比东京、伦敦、纽约、多伦多、巴黎等城市低得多，从而为海外投资与高端人才创业提供了一个越来越文明、高效、廉洁的营商环境。

四、跨境人口迁移潮流变化对澳-亚关系的影响

作为一种国际人口现象，20 世纪 90 年代末以来澳-港两地跨境人口迁移潮流发生转折性变化，形成了以澳对港移民为主的真正双向互动的跨境人口迁移新格局，这本身便切实地表明澳大利亚融入亚洲的客观历史进程一直在持续、稳步推进。不仅如此，这一变化还直接或间接地影响到了澳大利亚与整个亚洲之间的人口交流与互动、人才竞争与合作，以及地区经贸关系的发展，从而在更广泛的经济社会层面促进了澳大利亚融入亚洲的历史进程。

（1）很大程度上影响了亚洲地区对澳跨境人口迁移趋势，促进了澳-亚地区人口交流与互动。这主要表现在两方面：其一，中国内地迅速取代香港成为澳大利亚最大的亚洲移民来源地。20 世纪 90 年代以来中国内地改革开放不断深入，经济持续腾飞，对外移民随之增多。1991—1992 年度，香港移民占澳大利亚全部亚洲移民总数比例高达 23.7%，当时中国内地移民所占比例尚仅为 6.2%；而随后香港居民对澳移民热情迅速退却，这便为中国内地人口移民澳大利亚减少了诸多竞争压力，使得在澳对港移民人口刚刚超过港对澳移民人口的 1998—1999 年度，中国内地对澳移民人口已占澳大利亚全部亚洲移民人口总数的 21.8%，超过对澳移民人口第二位的菲律宾 11.8%约 10 个百分点，而此时香港

移民比例已降至6.7%。事实上,从1995—1996年度以来,中国内地对澳移民人口占澳全部亚洲移民人口总数比例很少低于20%。而反观香港,从1999—2000年度以来,其对澳移民人口占澳全部亚洲移民数量比例已不足5%,且仍持续走低。其二,改变了亚洲对澳人口流失的整体局面,令澳大利亚对亚洲局部地区形成了人口逆流格局。由于经济与社会发展的巨大差距,长期以来澳大利亚与亚洲之间的跨境人口迁移流动主要以亚洲对澳大利亚移民为主,且数量越来越大,从1975—1976年度不足万人直增至1990—1991年度的6万余人,2007—2008年度已超9万人,2012—2013年度更逼近13万人。① 而在亚洲对澳大利亚汹涌的移民洪流中,作为20世纪80年代"亚洲四小龙"的重要成员,中国香港与新加坡一起,率先扭转了对澳人口流失的局面。由于澳-港、澳-新之间跨境人口迁移格局的重大变化,很大程度上已经改变了多年来亚洲地区对澳移民呈现单一人口流失的局面,从而形成了相对复杂多样的跨境人口迁移格局,进而促进了澳大利亚与亚洲地区的人口交融、互动与相互了解。

(2) 客观上造成了澳-港双方的国际人才竞争,加剧了以中国内地和印度为代表的亚洲国家的人才外流局面,亦深化了澳大利亚与亚洲国家之间的人才交流与融通。如前述,20世纪80年代以来香港一直是澳大利亚重要的国际人才供应基地,更是其主要的亚洲专业技术人才来源地。然而,20世纪90年代末以来香港已成为澳大利亚在亚洲地区国际人才竞争的强有力对手,这便导致在20世纪90年代后期澳大利亚政府进行移民政策改革以吸引海外专业技术来澳定居之时,不得不将人才引进视角转向亚洲其他国家和地区。实际上,从20世纪90年代中后期以来,这些移民政策或人才政策的实施,越来越多地吸引了主要来自印度与中国内地的亚洲人才大量流向澳大利亚。1996—1997年度中国内地对澳人才流失尚仅为2 065人,至2003—2004年度便已增至8 741人,2010—2011年度更高达20 441人;与此同时,印度对澳人才流失亦逐年大幅增加,从1996—1997年度的2 098人,至2001—2002年度已增至6 056人,至2012—2013年度甚至高达33 515人。② 从20世纪90年代中后期以来,印度与中国内地十余年间对澳年度流失人才皆增加了十倍左右,速度之快,令人咂舌。而

① Department of Immigration and Border Protection. Historical Migration Statistics [N]. Commonwealth of Australia,2016. 根据其中"Settler arrivals,1975-76 to 1994-95""Settler arrivals,1995-96""Permanent additions, 1996-97 to 2007-08""Permanent additions-revised overseas arrivals and departure statistics, 2008-09 to 2014-15"等数据模块中数据计算得出。

② Department of Immigration and Border Protection. Historical Migration Statistics [N]. Commonwealth of Australia,2016. 参见其中的"Migration Programme outcome by stream and citizenship, 1996-97 to 2014-15"数据模块。

这些来自印度和中国内地的专业技术人才所占澳全部海外专业技术移民总数比例亦几乎呈直线上升态势：1996年仅为12%，2003—2004年增至25%，2012—2013年则达39%的历史高峰。[①] 可见，从20世纪90年代中后期以来，以印度和中国内地为代表的亚洲国家对澳大利亚人才需求的重要性，加剧了亚洲其他国家和地区的对外人才流失。但是，从另一个侧面来说，由于外流人才与祖籍国之间仍然有着千丝万缕的经济社会联系和血脉亲情，并不会完全切断其与祖籍国社会的联系，反而往往会通过国际合作与交流、技术顾问咨询、人才培训、参加学术研讨等各种方式继续服务祖籍国或地区经济与社会发展，使得这种人才流失转化为某种意义上的国家或地区之间的人才交流与合作，从而在一定程度上拓展、深化澳大利亚与亚洲国家之间的文化、科技与社会联系。

（3）进一步推动了澳-港之间经贸关系的发展，从而加强了澳大利亚与亚洲之间的经济互通与交融。人口的跨境迁移，始终伴随着资本、商品、科技、服务的跨境流动与合作。究其本质在于，人口的跨境迁移必然会带来资讯、信息的传播与流动，从而扩大、加深国家或地区之间的相互了解与认知，进而构建开展进一步经济、科技合作与交流的信任基础。事实上，20世纪90年代末以来澳大利亚对香港移民人口迅速增长，亦切实地推进了澳-港之间经贸关系的迅速发展：其一，澳对港转口贸易额大幅增长。从20世纪90年代至新千年初这十余年间，澳大利亚及大洋洲对港整体转口贸易额一直徘徊在200亿美元左右，鲜有突破，但新千年初便大幅上扬，从2003年的248亿美元直升至2007年的377亿美元左右，到2011年更上涨至467亿美元（参见表4）。而这些转口贸易商品，主要是针对亚洲市场，尤其是中国市场。其二，澳-港之间双边服务贸易额持续、有效增长。1998年前后数年澳大利亚及大洋洲对港服务输出额一直维持在100亿美元上下，新千年初之后呈直线上涨态势，至2010年已高达220亿美元。而同一时期香港对澳大利亚及大洋洲服务输出额度亦呈迅速上升态势，且增幅、贸易额亦与澳大利亚及大洋洲对港服务输出额大致相若（参见表5）。其三，澳-港相互直接投资皆迅猛增长。20世纪90年代中前期，澳-港之间相互直接投资额有限，且增长相对乏力。从1992—1993年度至1999—2000年度港对澳年均直接投资仅141.7亿美元，区间年增幅仅7.5%；从1992—1993年度至1999—2000

---

① Department of Immigration and Border Protection. Historical Migration Statistics [N]. Commonwealth of Australia, 2016. 根据其中的"Migration Programme outcome by stream and citizenship, 1996-97 to 2014-15"数据模块中的数据计算得出。计算方法为：将每一年度印度和中国内地的对澳技术移民人口相加，除以当年度澳大利亚全部海外技术移民人口总数。

年度澳对港年均投资仅 65.2 亿,区间年增幅仅 3.3%。从 20 世纪 90 年代末始,情况剧变。从 1998—1999 年度至 2007—2008 年度,港对澳年均直接投资已达 337.7 亿美元,区间年增幅高达 22.3%;而从 1999—2000 年度至 2008—2009 年度,澳对港年均直接投资则高达 155.6 亿美元,区间年增幅更高达 29%(参见表 6)。此后,随着澳对港移民人口持续保持高位,双边直接投资仍保持了整体上升的态势。可见,20 世纪 90 年代末以来,澳-港经贸关系发展的成就可谓巨大。但需要特别指出的是,澳大利亚对香港经贸投资关系之所以能够发展如此迅速,本质上是由于香港地处亚洲腹地,是世界第三大国际金融中心、贸易转口港及服务中心,澳大利亚需要以香港为桥头堡推进对亚洲(尤其是中国内地)的转口贸易、投资及服务出口。事实上,亦正由于近十余年来经济持续繁荣与发展的亚洲对澳大利亚经济的重要性持续提升,澳各大跨国公司越来越重视香港对于拓展其亚洲国际业务的重要价值和意义,纷纷提升其驻港办事处规格,而成为地区办事处或地区总部。澳跨国公司驻港地区办事处数量从 1996 年的仅 26 家增至 2000 年的 42 家,至 2005 年便已达 69 家的历史最高水平;驻香港地区总部数量从 1993 年的仅 8 家,增至 2003 年 22 家,至 2015 年已达 40 家。

表 4　澳大利亚及大洋洲转口贸易数额[①]　(单位:百万美元)

年份	数量	年份	数量	年份	数量	年份	数量
1978	387	1988	5 826	1998	20 787	2008	42 240
1979	510	1989	7 536	1999	21 166	2009	38 811
1980	634	1990	7 821	2000	23 447	2010	41 799
1981	891	1991	9 635	2001	20 566	2011	46 704
1982	1 010	1992	12 551	2002	21 946	2012	44 563
1983	1 299	1993	14 079	2003	24 824	2013	41 917
1984	1 952	1994	17 083	2004	28 518	2014	39 515
1985	1 859	1995	19 470	2005	29 667	2015	41 123
1986	2 464	1996	20 477	2006	30 840		
1987	3 888	1997	21 635	2007	37 730		

资料来源:香港统计年刊。

① 虽然上述数据为大洋洲整体转口贸易数据,但作为大洋洲地区经济最发达、经济规模最大的经济体,澳大利亚的贡献为大洋洲对港转口贸易额中的大部分,因而上述数据的分析仍然有较大的参考意义。

表 5　中国香港与澳大利亚、大洋洲之间服务贸易年度总额

（单位：百万美元）

澳大利亚及大洋洲对港服务输出				香港对澳大利亚及大洋洲服务输出			
年份	数量	年份	数量	年份	数量	年份	数量
1995	7 777	2005	17 731	1995	6 247	2005	13 433
1996	9 538	2006	17 970	1996	6 303	2006	16 632
1997	9 974	2007	18 977	1997	7 228	2007	18 268
1998	11 295	2008	19 787	1998	7 672	2008	21 733
1999	10 767	2009	18 470	1999	6 015	2009	19 953
2000	11 461	2010	22 033	2000	6 257	2010	20 941
2001	12 219	2011	23 994	2001	6 504	2011	23 119
2002	13 118	2012	23 779	2002	5 049	2012	24 562
2003	14 090	2013	24 125	2003	6 163	2013	23 070
2004	16 616	2014	24 548	2004	10 016	2014	22 690

表 6　澳大利亚-香港双边直接投资金额　（单位：百万美元）

年度	港对澳直接投资	澳对港直接投资	年度	港对澳直接投资	澳对港直接投资	年度	港对澳直接投资	澳对港直接投资
1992—1993	12 388	6 842	2000—2001	31 974	12 534	2008—2009	42 692	30 302
1993—1994	15 402	7 011	2001—2002	35 568	12 988	2009—2010	42 041	30 609
1994—1995	16 150	7 479	2002—2003	27 833	13 624	2010—2011	44 377	22 330
1995—1996	17 289	8 659	2003—2004	29 282	12 680	2011—2012	53 179	26 638
1996—1997	19 735	8 842	2004—2005	31 571	10 398	2012—2013	63 567	31 857
1997—1998	18 180	9 755	2005—2006	38 873	16 492	2013—2014	74 125	46 252
1998—1999	17 996	8 177	2006—2007	45 933	17 451	2014—2015	86 337	48 472
1999—2000	24 584	8 400	2007—2008	54 172	20 773	2015—2016	102 196	50 906

资料来源：Australian Bureau of Statistics. International Investment Position, Australia: Supplementary Statistics, 2017, Commonwealth of Australia, 2018. 见其中的“Australian Investment Abroad: Level of Investment by Country and Country Groups by type of investment and year ($ million)”数据模块。

此外，20 世纪 90 年代末以来澳-港之间跨境人口迁移潮流发生了如此重要的深刻变化，使得以往那种主要以香港对澳大利亚移民为主的单向人口联系变成了以澳大利亚对香港移民为主的双向人口联系，还在一定程度上推动了澳大利亚与亚洲其他国家和地区之间在政治、法律、科技、宗教、文化、艺术、教育、大众传媒、体育等众多领域的相互学习、沟通与了解。

五、结语

自从20世纪70年代澳大利亚政府将战略重心由欧洲转移到了亚太地区以来，从地区史的视角来看，一部当代澳大利亚史，一定程度上便是一部澳大利亚融入亚洲的历史。① 而在区域融入的过程中，人的因素始终是最为核心的要素。没有人口的跨境、跨区域流动，也便谈不上澳大利亚与亚洲国家、地区之间在文化心理和历史传统上的相互了解和把握，以及在意识形态和制度模式上的相互理解和包容，从而无法真正推动其经济与社会发展的互为融通与良性互动。而20世纪90年代中后期以来澳大利亚与中国香港之间跨境人口迁移潮流的深刻转折，即是澳大利亚融入亚洲进程的一次标志性事件。多年来，香港对澳大利亚移民人口迅速下滑，而澳大利亚对香港移民人口持续、稳定上升，首次使得澳大利亚对香港移民人口超越港对澳移民人口，一定程度上表明，澳大利亚人对香港的公众认知与社会评价越来越积极，认同度越来越高，这才使得越来越多的澳大利亚人愿意移民、定居香港，主动接触亚洲、了解亚洲。本质上，这意味着澳大利亚社会对香港及其所代表的亚洲地区的看法在发生渐变，已经从以往的不认同，乃至于排斥，逐渐走向接纳、认同，从而开启了不以任何人意志为转移的澳大利亚"融入亚洲"的客观历史进程。而因澳-港跨境人口迁移潮流转折性变化所引发的澳大利亚与亚洲之间的进一步人口交流与互动、人才竞争与合作，以及地区经贸关系的发展等，无疑又从另一个层面强化了澳大利亚融入亚洲的历史进程，使之无法脱离这一总的发展方向。

作者简介

颜　廷　江苏师范大学澳大利亚研究中心（华侨华人研究中心）副教授，历史学博士，主要研究方向为澳大利亚史、华侨华人研究。

① 许善品. 论澳大利亚融入亚洲的进程(1972—2012年)[D]. 上海：华东师范大学，2014.

中美战略竞争:澳大利亚的认知与应对①

许善品　汪　敏

摘　要:在中美战略竞争日益激烈的背景下,澳大利亚摒弃了以往的平衡外交立场,逐渐滑向危险的“选边站队”。在中美亚太主导权竞争方面,澳大利亚认为中国试图破坏美国主导下的亚太秩序,中美亚太主导权竞争扰乱了亚太地区环境,对此,澳大利亚积极提升美日澳印四边合作机制,规锁中国地缘政治空间;在中美“规则战”方面,澳大利亚认为中国意欲挑战美国主导的国际规则,对此,澳大利亚选择性忽视美国对国际规则的破坏,并试图主导部分国际规则的制定,尤其力促国际贸易机制改革;在中美网络主导权竞争方面,澳大利亚担心中国冲击西方的网络霸权,对此,澳大利亚从外部联合美国限制中国,内部加强网络能力建设,并提升澳美网络安全战略联动。为了向美国表示战略忠诚,澳大利亚愈发从后方走向前沿,逐渐充当美国的反华急先锋。澳大利亚决策者对中美战略竞争存在“错误知觉”,选择性地夸大了中国的敌意而忽视了美国的责任。如果澳方的错误知觉不断自我强化,可能导致中澳关系持续交恶。

关键词:澳大利亚;中美战略竞争;网络安全;国际规则

美国2017年《国家安全战略报告》和2018年《核态势评估报告》中明确将中国定位为“战略竞争对手”。以中美贸易战为序曲,美国不断升级与中国的战略竞争,“竞争”取代“接触”成为中美关系基调。中美两国目前已然形成多领域、高强度的战略竞争,作为美国亚太战略“南锚”的澳大利亚,对中美战略竞争持何种认知和立场值得研究和关注。

冷战结束后,中澳关系稳步向好,2009年起中国就长期成为澳大利亚最大的贸易伙伴。然而,自2016年以来,由于澳大利亚肆意“污名化”中国,两国关系中的负面事件增多,双边关系出现下滑或停滞态势。澳大利亚对华战略转向的

① 本文是国家社科基金项目“论澳大利亚融入亚洲的动因、障碍与前景”(项目编号:18FGJ009)、湖南省社科一般项目“东亚权力转移背景下中美澳三边关系研究”(项目编号:19YBA320)、湖南省教育厅优秀青年项目“澳大利亚对华战略疑惧的由来”(项目编号:18B055)的阶段性成果。

时间节点是2016年，当时中美战略竞争态势尚未明晰。中澳关系的恶化早于中美关系，这说明澳大利亚对华政策具有一定的独立性，并非完全受美国操纵。在中美战略竞争不断加剧、美国相对衰弱的背景下，美国对澳大利亚的战略需求不断增加，而澳大利亚仍无法摆脱对美国的安全依赖，澳美同盟呈明显的升级态势。与此同时，澳大利亚认为，19世纪末迅速发展为世界强国的日本足以与当下快速崛起的中国相提并论，他们对中国可能成为世界强国的预判或担忧由来已久。① 基于本国国家利益和战略考量，澳大利亚对中美战略竞争持何种认知？在具体领域将如何权衡利弊，并将做出怎样的战略选择？

目前国内外学术界对上述问题已进行了诸多启发性探讨。中美战略竞争伊始，澳大利亚尤为关注中美在亚太主导权、国际规则、网络主导权三个方面的竞争。在中美亚太主导权竞争方面，李泽认为澳大利亚面临着强大的结构压力，基于澳美共有秩序观，澳大利亚事实上已经选择站队美国，但澳大利亚并未对中国采取制衡战略。② 凌胜利认为随着中美主导权竞争加剧，美国亚太盟国面临着联盟困境与“选边站队”的双重困境，他们在应对上采取了“动态平衡”战略，想要尽可能地兼顾经济和安全利益。③ 何凯和李明江认为，一方面，作为美国的盟友，澳大利亚遵循美国FOIP④ 的战略；另一方面，澳大利亚打算利用其中等强国(middle power)的身份或发挥规范的领导角色(normative leadership role)，通过各种机制来调解中美竞争。然而，澳大利亚所说的和澳大利亚所做的之间是存在差异的，澳大利亚将面临在中美之间选边的战略困境。⑤ 在中美“规则战”方面，周方银和王婉认为澳大利亚存在自相矛盾之处，澳大利亚政府认为自身需要依靠以规则为基础的国际秩序来应对深刻变化的国际环境，但实际上澳大利亚对美国违背国际规则的做法视而不见、避而不谈。⑥ 许少民将澳大利亚国家利益分为四环，其中第四环则是维护“以规则为基础”的国际秩序，他分析，澳大利亚政策界普遍认为中国的战略意图发生改变，而且认定中国的一系列政策和

---

① 大卫·沃克，阿格涅什卡·索伯辛斯卡.澳大利亚的亚洲观[M].李建军，等译.北京：社会科学文献出版社 2017：3.

② 李泽.战略行为匹配程度与美国亚太联盟凝聚力[J].世界经济与政治，2019(1)：128-155，160.

③ 凌胜利.中美亚太主导权竞争：大国博弈与地区回应[M].香港：世界科技出版公司，2020：203-242.

④ FOIP一词是指美国在应对中国崛起方面的平衡甚至遏制战略。

⑤ Kai He and Mingjiang Li. Understanding the Dynamics of the Indo-Pacific：US-China Strategic Competition，Regional Actors，and Beyond[J]. International Affairs，2020，96(1)：1-7.

⑥ 周方银，王婉.澳大利亚视角下的印太战略及中国的应对[J].现代国际关系，2018(1)：29-36，52.

行动冲击了澳大利亚的四环国家利益。[①] 西蒙娜·范·尼乌文惠岑(Simone Van Nieuwenhuizen)通过对中澳两国2008—2018年的政策文件和官方声明进行定性比较分析,认为澳大利亚希冀的是“基于规则的国际秩序”,其自我概念是一个中等强国,因此强调对美国现有秩序的领导的重视和维护。同时,她认为中澳两国在贸易和经济问题上更有可能达成一致,在国际法和人权规范方面的共识可能较少。[②] 亚当·布鲁尔(Adam Breuer)和阿拉斯泰尔·伊恩·约翰斯顿(Alastair Iain Johnston)认为中美竞争中,美国有意描述中国为“挑战基于规则的国际秩序”(RBIO),而RBIO起源于澳大利亚政府内部。在2010年的墨尔本声明中,美澳就表明“加强地区和世界基于规则的国际秩序”是其共同利益。[③] 尼克·比斯利(Nick Bisley)和本杰明·施瑞尔(Benjamin Schreer)认为为了应对竞争更激烈的亚洲,澳大利亚已将“基于规则的国际秩序”置于其战略政策的核心,这表明澳大利亚将在亚太发挥更积极的战略作用。[④] 在中美网络主导权竞争方面,马骦认为作为“五眼联盟”[⑤]成员的澳大利亚面临的联盟压力较强,同时华为在澳大利亚的嵌入处于较低水平,较高的联盟压力经过较低的跨国公司嵌入水平传导时反而得到了强化,这进一步促使澳大利亚追随美国禁用华为。[⑥] 许善品和汪书丞认为网络空间无政府状态下中美权力的竞争态势正在加剧,澳大利亚的网络安全战略会带有一定的干预主义性质,并向“前沿防御”方向发展。[⑦] 布兰登·托马斯-诺恩(Brendan Thomas-Noone)认为中美技术竞争正在影响澳大利亚,在澳大利亚决策者看来,科学技术进步、国家经济实力和国家安全之间的联系越来越紧密。[⑧]

综上所述,国内外学术界关于澳大利亚对中美亚太主导权竞争、国际规则竞争、网络主导权竞争的认知与应对已经形成了一系列高质量研究成果,但既有研

---

① 许少民.国家利益、威胁认知与澳大利亚对华政策的重置[J].外交评论(外交学院学报),2020,37(5):52-86,6.

② Simone Van Nieuwenhuizen. Australian and People's Republic of China Government Conceptions of the International Order[J]. International Affairs,2017,73(2):181-197.

③ Adam Breuer and Alastair Iain Johnston. Memes, Narratives and the Emergent US-China Security Dilemma[J]. Cambridge Review of International Affairs,2019,32(4):429-455.

④ Nick Bisley and Benjamin Schreer. Australia and the Rules-Based Order in Asia:Of Principles and Pragmatism[J]. Asian Survey,2018,58(2):302-319.

⑤ “五眼联盟”国家包括美国、英国、澳大利亚、加拿大和新西兰。

⑥ 马骦.中美竞争背景下华为5G国际拓展的政治风险分析[J].当代亚太,2020(1):4-29,158.

⑦ 许善品,汪书丞.澳大利亚网络安全战略的新内涵与新动向[J].国际安全研究,2019,37(6):104-128,155-156.

⑧ Brendan Thomas-Noone. Tech Wars:US-China Technology Competition and What It Means for Australia[J]. United States Studies Centre at the University of Sydney,2020.

究或仅限于对某个领域进行探讨，或仅在分析中美战略竞争、澳大利亚对华政策、澳美同盟时的部分章节中有所涉及。并且随着中美战略竞争程度加深、美国拜登政府上台、新冠肺炎疫情等多种形势变化及新因素的出现，澳大利亚对中美战略竞争的认知与应对也出现动态变化。既有研究就澳大利亚对中美战略竞争的认知与应对的分析并不充分，缺乏从多领域视角和整体性格局出发进行认知与对策分析。澳大利亚对中美战略竞争具体领域的认知与应对既存在差异性也存在相通性，差异性体现在澳大利亚对中美战略竞争的各领域有不同的认知与应对措施，相通性体现在澳大利亚的应对方式都是基于自身的整体战略布局和国家利益考量。本文将多领域视角与整体性格局相结合，以期微观上了解澳大利亚在各领域的国家需求，宏观上剖析澳大利亚战略心理，从而为找出中澳双边关系矛盾点、突破点提供思路，为中澳破解双边关系困局、重塑双边关系提供参考。

一、澳大利亚对中美亚太主导权竞争的认知与应对

在澳大利亚的战略布局中，亚太地区事关其诸多核心利益。澳大利亚在亚太地区的经济利益表现在追求亚太经贸自由化、一体化，经贸自由繁荣依赖于稳定的亚太地区秩序，然而中美亚太主导权竞争却导致地区秩序稳定被破坏。作为中等强国，澳大利亚想要追求次区域霸权，在亚太地区掌握更多的话语权、主导权，拥有更高的外交地位，然而这一期望依靠澳大利亚自身无法实现，并且澳大利亚认为中国单方面改变现有亚太秩序，因此澳大利亚需要借助美国的力量。由于存在切实且重大的利益关联，澳大利亚最终选择支持美国的亚太安全战略，在升级澳美同盟的基础上，深化与日本的准同盟关系，并积极打造美日澳印四边合作机制，挤压中国的地缘政治空间。

（一）澳大利亚对中美亚太主导权竞争的认知

首先，澳大利亚认为中国试图破坏美国主导的亚太秩序。“共同构成世界地缘政治外表的政治单元以各种各样的形式和规模呈现出来……它们真正共有的一个特征就是其领土。它们都存在——或已经存在于空间中，其共同的缘由在于它们表现出对世界表面某种秩序形式的渴望。为了实现这一渴望，它们常常临时聚合在一起，以期在特定的区域内确立有限的秩序形式。它们构成了世界的建筑群，任何规模高于它们自身的秩序形式的出现都必须得到它们集体的认同。”[①]中国提出“一带一路”倡议、实施“中国制造 2025 计划”、增加对外援助等使中国影响力不断扩大。随着中国在亚太地区快速崛起，美国担心中国将挑战

① 杰弗里·帕克.地缘政治学：过去、现在和未来[M].刘从德，译.北京：新华出版社，2003：200.

其霸权地位,认为中国崛起对美国正构成地缘政治挑战,挤压美国的地缘政治空间。而澳大利亚最担心的是中国通过强制力单方面改变现有国际秩序,成为所谓的“修正主义”国家,因为澳大利亚受益于现有国际秩序,可以说美国在多大程度上拥护现有国际秩序,澳大利亚就在多大程度上拥护现有国际秩序。① 澳大利亚维护且获益于美国主导下的亚太秩序,因此当澳大利亚误以为中国可能单方面改变亚太秩序时,遂倾向于维持美国领导下的既有国际秩序,削弱中国的地缘政治影响。

其次,澳大利亚认为中美亚太主导权竞争扰乱亚太地区环境。2019 年,陆克文在悉尼发表演讲时讲道:“澳大利亚生活在困难和危险的时代”,中美在欧洲、日本、印度和东南亚的部分地区进行的战略博弈使澳大利亚面临更加不确定性的国际环境。② 2020 年,澳大利亚急于更新国防战略的直接原因正是澳大利亚认为其现在面临着一个日益激烈的战略竞争环境。③ 中美从最初经济层面的“贸易战”逐渐升级到政治层面,直至上升为全面战略竞争,其中亚太主导权的竞争尤为激烈。澳大利亚地处南太平洋地区,作为美国亚太战略的“南锚”,一直以来渴望融入亚洲,经贸关系也主要与亚洲国家展开。但随着中美对亚太主导权的竞争不断加剧,地区秩序动荡不安,地区国家在中美之间“二元选择”的困境也日益突出。面临一个动荡的地区环境,澳大利亚与亚太地区主要经贸合作伙伴之间的贸易往来也受到一定限制。

伴随“印太战略”的提出,澳大利亚的地缘地位得到提升。在印太概念中,澳大利亚俨然处于印太的地缘中心。澳大利亚虽然忌惮中国的崛起,但不愿看到中美展开全方位的战略竞争。21 世纪之初,在经济上依赖中国、安全上依赖美国、拥有得天独厚地理位置的澳大利亚妥善采取“平衡外交”政策,促使澳大利亚获得显著发展。然而,中美亚太主导权竞争使得亚太地区环境迅速转向不利于澳大利亚国家发展的方向。因此,澳大利亚的“不安全感”迅速上升,地缘政治威胁感知亦进一步加深。

(二)澳大利亚对中美亚太主导权竞争的应对

1. 大力提升美日澳印四边合作机制

为应对中美亚太主导权竞争,澳大利亚在升级澳美同盟的基础上,同日本加强双边关系,共同促进美日澳印四边合作机制的发展。受联盟困境影响,面对中

① 李泽.战略行为匹配程度与美国亚太联盟凝聚力[J].世界经济与政治,2019(1):128-155,160.

② Kevin Rudd. The Trade War, Economic Decoupling and Future Chinese Strategy Towards America[J]. Lowy Institute,2019.

③ 2020 Defence Strategic Update and 2020 Force Structure Plan[J]. Australian Government Department of Defence,2020.

美亚太主导权竞争，澳大利亚担心被美国战略“抛弃”，因此澳大利亚积极提升本国在美国战略布局中的战略地位。夯实美日澳印四边合作机制，不仅有助于提升澳大利亚在美国战略布局中的地位，更有利于澳大利亚拓展更广阔的战略自主空间。由此，澳大利亚率先发展与日本的双边关系。2007 年 3 月 13 日，日澳签署《安全合作联合宣言》，强调其与美国的共同战略利益与同盟关系，提出双边安全合作框架，确立“2＋2”(外长＋防长)定期会晤机制。① 两国于 2013 年商定共享军事物资，并于 2017 年扩大了交易，日本放宽武器装备转让限制。② 2020 年 11 月，澳日安全防务合作进入新阶段，澳日达成《互惠准入协定》，双边关系取得更进一步的发展。

与此同时，随着“印太”构想的提出，澳大利亚再次联合美国、日本，并积极拉拢印度，推动美日澳印四边合作机制不断深化，以制约中国在亚太地区的影响力。2017 年 11 月，美日澳印四国官员在菲律宾马尼拉东盟峰会期间举行首次正式官方会晤，恢复了中断 10 年之久的四边安全合作机制。③ 2020 年，澳大利亚与印度签署了新的“全面战略伙伴关系”，澳印双边关系迈上新台阶。同年，印度宣布澳大利亚将重返马拉巴尔军事演习。美国借推动澳大利亚参加马拉巴尔 2020 军演强化四边安全对话以对抗中国。④ 2021 年 3 月 12 日，美日澳印举行了线上首脑峰会，此次会议是“四边机制”首次举行的领导人级别会晤。在四边合作框架下，四国的防长与外长“2＋2”双边对话机制逐渐完善，首脑会议也首次开展，定期会晤与对话促使美日澳印四边合作机制不断深化，“防范中国”成为四国对话的核心议题。在中美亚太主导权竞争背景下，澳大利亚依靠美日澳印四边合作机制抱团打压、地缘围堵中国。澳大利亚认为积极推动美日澳印四边合作机制不仅将缓减澳大利亚被美国“抛弃”的困境，亦能显著拓展澳大利亚在印太地区的外交空间和提升地区影响力，但同时这释放的外交信号也将持续恶化中澳关系。

2. 规锁中国在亚太的地缘政治空间

鉴于中国在南海地区维护主权的坚定决心和在南太平洋地区影响力的日益

---

① 屈彩云. 中国崛起背景下“日美澳印民主同盟”的构建[J]. 国际展望，2015，7(3)：123-141，165-166.

② Mari Yamaguchi. Australia，Japan to Bolster Defense Ties Amid China's Rise[N]. AP News，2020-11-17.

③ 张东冬. 印太战略视域下的美印日澳四边安全合作——兼论中国的战略选择[J]. 南亚东南亚研究，2020(5)：1-15，153.

④ 兰江，姜文玉. 拜登政府的美日印澳四方安全合作构想述评[J]. 南亚东南亚研究，2021(2)：16-36，152-153.

扩大,澳大利亚对中国的战略疑惧日益加剧。在亚太地区,南海问题作为地区热点问题,受到域外国家的干预,且对澳大利亚而言,南海地区事关澳大利亚的国际贸易、“海上生命线”;而南太岛国一直以来被澳大利亚视为“后院”(backyard)。因此当中美在亚太展开主导权竞争时,澳大利亚对南太与南海的关注力度显著增加。

首先,澳大利亚联手美国挤压中国在南太地区的活动空间。澳大利亚宣布“太平洋进阶”(Pacific Step-Up),几乎将所有对外援助集中在南太平洋。堪培拉还宣布了一系列安全举措,旨在将太平洋国家的安全框架与自身的安全框架紧密结合起来。时任美国国防部助理部长薛瑞福(Randall Schriver)曾强调,有必要以“有别于中国的方式”强化与南太平洋国家的关系。[①] 可见,美澳通过扩大对外援助来强化与南太岛国的国家关系,并试图将中国排除在南太平洋之外。外交方面,美澳在太平洋岛国设立新使馆,增加雇员人数,同时加强同岛国领导人的交往,以应对中国在南太平洋地区增加的影响力。2018 年 11 月,澳大利亚总理莫里森(Morrison)宣布在太平洋岛国新增外交岗位,以突显南太地区的重要性,并计划与巴布亚新几内亚共建位于马努斯岛的海军基地,加强两国的军事合作和海军部署。2018 年亚太经合组织领导人非正式会议期间,美国副总统迈克·彭斯(Mike Pence)表示,美国将参与马努斯岛的海军基地建设,与澳大利亚和巴布亚新几内亚一道保护太平洋岛国的国家主权和海洋权利。[②] 美国和澳大利亚的政府都没有足够的财政能力与中国的“一带一路”倡议(BRI)相提并论,[③] 美澳除了强化与南太岛国的对外交往与军事合作外,还联合日本建立蓝点网络(Blue Dot Network)。[④] 蓝点网络[⑤]表明,美澳计划以南太为试点,在基础设施

---

① 李伶.日媒:美澳慌了,联手在南太排挤中企,因为中国有优势抗衡[N].文汇报,2018-10-19.

② 秦升.“印太”战略的南太平洋攻势:现状、动力与前景[J].亚太安全与海洋研究,2019(6):79-94,3-4.

③ Jeffrey Wilson. The Geopolitics of Energy Infrastructure Development in the Indo-Pacific[EB/OL]. The National Bureau of Asian Research. [2020-7-23]. https://www.nbr.org/publication/the-geopolitics-of-energy-infrastructure-development-in-the-indo-pacific-a-perspective-from-australia/.

④ Clara Gillispie. U. S.-Australia Energy Cooperation in the Indo-Pacific[EB/OL]. The National Bureau of Asian Research [2020-1-10]. https://www.nbr.org/publication/u-s-australia-energy-cooperation-in-the-indo-pacific/.

⑤ 美国学者对蓝点网络的表述为:蓝点网络与其伙伴政府的个别基础设施方案是分开和不同的。这是一种“认证计划”,由独立专家评估基础设施提案,并确定它们是否符合项目融资、治理和透明度以及社会和环境可持续性方面的国际最佳做法。其意图是,这将作为批准的封条,鼓励其他金融支持方——如国家项目、多边开发银行和私营部门——支持已获批准的项目。原则上,蓝点网络可能会对没有美国、澳大利亚或日本参与的项目进行审查和认证;但预计该网络最初将重点关注这些国家的项目。参见 https://www.nbr.org/publication/the-geopolitics-of-energy-infrastructure-development-in-the-indo-pacific-a-perspective-from-australia/.

方面设立评估标准、管控项目执行，以对冲中国“一带一路”倡议在南太支线的推进。在“印太战略”背景下，美澳共同增强对南太的战略关注，在对外援助、外交、军事建设、基础设施建设方面对冲中国“一带一路”倡议在南太地区的推进，试图压缩中国在南太地区的活动空间，从而达到在地缘上遏制中国的目的。

其次，受海洋地缘政治竞争回归影响，澳大利亚加强对南海的关注力度，增加对南海的战略投入。美国认为中国修建“人工岛礁”“军事化”南海岛礁的目的是形成对南海的实际控制，改变南海地区现状。① 因此，美国在南海主张“航行自由”，与中国的南海主张相悖。美国鼓动包括澳大利亚在内的盟国与美国一道实施“航行自由”，加强与盟国的海上安全合作。中美竞争前期，澳美两国承诺在南海及印度洋“加强和规范海上合作”，但澳大利亚拒绝和美国共同实施“航行自由”行动，强调将依据国际法“过境航行”。② 然而随着中美竞争热化，澳大利亚对介入南海的意愿增强。2020 年 7 月，澳大利亚发布《2020 年国防战略更新》，该文件首页即是澳大利亚国防军区域和国内行动组合图，该图将澳大利亚对东南亚地区的行动表述为“闸门行动”(Operation GATEWAY)，加强在北印度洋和南海地区的海上监视与海上巡逻。2020 年 7 月 23 日，继美国 7 月中旬首次就南海主权争议公开表明反对中国立场之后，澳大利亚向联合国提交声明，不承认中国对南海宣称的主权，拒绝中国对岛礁和人工岛的领土主张。由此可见，澳大利亚介入南海的意图愈加凸显，在战略布局和行动上愈发紧跟美国脚步，意图联手美国进一步挤压中国地缘政治空间。

面对中美亚太主导权竞争，澳大利亚逐渐将地缘政治竞争摆在首位，其真正目的是想要在“亚太-印太”地区谋求显著的外交地位，获取更大的影响力和话语权。澳大利亚认为当前对其国家利益的主要威胁是国际体系中的不确定性，而不是对其安全和经济利益的某种具体威胁。③ 在中美亚太主导权竞争中，澳大利亚不仅担心中美亚太主导权竞争导致的地区环境恶化，更将中国在亚太地区的快速崛起视为地缘政治威胁，对中国崛起的威胁感知强烈。所以澳大利亚才会选择与美国合作，增加在南太的基础设施建设投入，承诺与美国在南海“加强和规范海上合作”。总之，面对中美亚太主导权竞争，澳大利亚选择重拾地缘政治、站队美国，不仅是源于维持既有亚太秩序、追求本国地区话语权、寻求次区域霸权，以及澳大利亚在南太、南海拥有的切身利益，也是为了防范中国，以减轻由

① 李泽.中美战略竞争背景下澳大利亚的“基准战略”[J].东南亚研究，2020(2)：100-120，156-157.

② 方晓志，杨琦.美澳深化军事合作“同步不同调”[N].解放军报，2020-8-20.

③ 周方银.体系转型背景下的威胁认知与澳大利亚对华政策变化[J].世界经济与政治，2020(1)：22-59，155-156.

于中国崛起给澳大利亚造成的恐惧感。

二、澳大利亚对中美“规则战”的认知与应对

据统计,在澳大利亚2013年发布的《国防白皮书》中,“基于规则的国际秩序”的说法共出现11次,而在2016年的《国防白皮书》中,“基于规则的国际秩序”的出现次数显著上升,达到56次。[①]2017年,澳大利亚发布《2017年外交政策白皮书》,白皮书中表明:澳大利亚的安全主要是通过自己的力量、与美国的联盟以及与其他国家的伙伴关系来维持的。然而,在一个只受权力支配的世界里,澳大利亚的安全和繁荣将受到损害。国际规则和行为准则来之不易,能促进全球安全发展,寻求国际规则和行为准则不受侵蚀对澳大利亚非常有利。[②] 澳大利亚受益于全球化的发展,从澳大利亚发布的国防白皮书和外交政策白皮书中可以看出,澳大利亚历来注重维护既有的国际规则和行为准则。

(一)澳大利亚对中美“规则战”的认知

澳大利亚认为中国试图破坏美国主导的国际规则。澳大利亚的愿景是在印太地区建立一个独立、包容的自由贸易区,一个在一套共同的规则和规范下的一体化区域。澳大利亚期待与包括美国、日本和中国在内的所有国家合作,开展符合透明性、公平性、问责制和市场需求标准的基础设施项目。[③] 由此可见,澳大利亚安于美国所构建的基于民主、自由、规范的国际秩序,而中美战略竞争对国际规则的破坏使澳大利亚的威胁感知愈加强烈,焦虑感日渐加深。面对中美战略竞争,澳大利亚有学者指出:这种新兴的大国竞争已经导致大国对国际规范、规则和机构的支持减少。他认为中国和美国都在破坏已有的国际规范、规则,中美战略竞争将导致中等国家所适应的国际规则被颠覆。[④] 中美战略竞争正在导致“规则本位”向“权力本位”转变,澳大利亚认为颠覆规则的国家不仅是中国,也包括美国。通过表1可知,澳大利亚对中国、美国以及中美战略竞争破坏国际规则的感知程度不一。澳大利亚认为美国对国际规则的破坏更多是体现在经贸层面,中美战略竞争对国际规则的破坏是中美双方竞争的被动产物,而中国对国际规则的破坏则是主动选择。因此,多重比较之下,澳大利亚对“中国破坏国际规则”的威胁感知最为强烈。

---

① 周方银.体系转型背景下的威胁认知与澳大利亚对华政策变化[J].世界经济与政治,2020(1):22-59,155-156.

② Australian Government. 2017 Foreign Policy White Paper,Chapter Two:A Contested World.

③ Malcolm Turnbull. Keynote Address to the National Governor's Association Winter Meeting. 2018-2-25.

④ Hervé Lemahieu. Middle Powers Will Determine the Future of the Asian Order. Lowy Institute. 2020-2-29.

表 1　澳大利亚对中美战略竞争破坏国际规则的感知

来源	选择	表现	影响	威胁感知程度
美国	主动	贸易保护主义、单边主义、“美国优先”政策、各种“退群”行为	经济层面	一般
中国	主动	作为新兴大国快速崛起，不承认“南海仲裁案”结果，在南太地区的安全化援助，对现有国际秩序构成挑战，挑战全球经贸规则	经济层面、地缘政治层面	强烈
中美战略竞争	被动	“权力竞争”导致对国际规范、规则和机构的支持减少，“规则本位”转移至“权力本位”	战略层面	较强

资料来源：作者自制。

（二）澳大利亚对中美“规则战”的应对

1. 澳大利亚选择性忽视美国对国际规则的破坏

基于以上认知，澳大利亚愈发与美国保持行动一致，选择性地忽视美国对国际贸易规则的破坏，以此向美国表示战略忠诚，彰显战略价值，避免被美国“抛弃”。澳大利亚外交话语“包庇”美国，渴望与美国继续合作，以此维持既有的国际秩序和国际规则。特朗普是第一位公开质疑第二次世界大战后美国积极创立的国际制度体系的美国总统。他认为，美国被既有国际秩序安排“绑架”了，现有的同盟关系是一种负担，多边协议捆住了美国行动的手脚。① 他表示：“美国第一”意味着美国将像所有国家一样，把自己的公民、价值观和关切放在第一位。实力强大的主权国家是国际和平的关键。② 因此，特朗普上台后美国出现各种“退群”行为。然而即便如此，在外交话语方面，澳大利亚仍避重就轻，宣称对美国的“退群”行为表示理解。时任澳大利亚总理的特恩布尔在任期内表示：澳大利亚不想让国际法框架受到破坏，澳大利亚将致力于维护开放市场、经济自由和基于规则的贸易体系。但特恩布尔亦表示：澳大利亚完全理解并尊重特朗普履行其选举时承诺的退出“跨太平洋伙伴关系”的决定。③ 由此，随着中美战略竞争加剧，基于美国对澳大利亚的安全保障和共有秩序观，澳大利亚选择继续强化澳美同盟，以期维护基于美国主导下的自由、民主的国际规则和秩序。

---

① 周方银，何佩珊. 国际规则的弱化：特朗普政府如何改变国际规则[J]. 当代亚太，2020(2)：4-39，151.

② The White House. President Donald J. Trump at the United Nations General Assembly：Outlining an America First Foreign Policy. 2017-9-20.

③ Malcolm Turnbull. Keynote Address to the National Governor's Association Winter Meeting. 2018-2-25.

在联盟困境中,澳大利亚更担心被美国"抛弃"。一方面,澳大利亚考虑到美国会继续向本国提供安全保护;另一方面,基于与美国共有的价值观,澳大利亚仍相信美国会回归到由美国领导下的自由民主的、以规则为基础的国际秩序中。在2020年美国总统大选结束前,洛伊研究所执行主任迈克尔·富利洛夫(Michael Fullilove)指出:如果唐纳德·特朗普再次当选,美国将被推向崩溃的边缘,以美国为首的国际秩序将继续恶化;而拜登当选,常态将得到一定程度的恢复。① 澳大利亚表示期待拜登政府的参与,以帮助建立更有效、更及时、更有纪律的世界贸易组织(WTO),并以有效的模式管理和帮助推动以规则为基础的国际贸易。② 拜登上台后,其沿用上任政府贸易保护主义的思路比较明显。但与特朗普不同,拜登更强调通过多边主义机制来构建立体化的对华经贸竞争战略。③ 因此,澳大利亚急于通过实际行动来向美国表明自己的战略忠诚、战略意志,凸显澳大利亚在美国战略布局中的战略地位和价值。在新冠肺炎疫情、涉港、涉疆、涉台等问题上,澳大利亚甚至先于美国做出表态,先发制人,主动批判、挑衅中国。④ 在对国际贸易规则的破坏方面,澳大利亚更是话语急转,从支持中国改革WTO争端解决机制⑤转而在WTO攻击中国破坏全球贸易规则⑥,掩盖美国事实上对国际贸易规则的破坏。总体而言,在推进印太战略、美日澳印四边合作机制建设等符合美国战略布局方面,澳大利亚表现得越来越积极。澳大利亚发布的《2020国防战略》(*2020 Defence Strategic Update*)中,澳政府明确表明将继续加深与美国的联盟,加强澳美在整个印度太平洋的区域接触。⑦

2. 澳大利亚试图主导部分国际规则的制定

中美"规则战"致使国际秩序动荡不安,澳大利亚试图主导部分国际规则的

---

① Michael Fullilove. Australia Will Benefit if American Craziness Subsides. Lowy Institute. 2020-10-26.

② Simon Birmingham. Trade, Investment and the US-China Relationship. Minister for Trade, Tourism and Investment, Minister for Finance. 2020-11-10.

③ 佟家栋,鞠欣.拜登时期中美战略竞争态势、挑战与应对——基于双边经贸关系视角[J].国际经济评论,2021(3):102-120,6.

④ 新华网.外交部发言人就新冠病毒溯源、中澳关系、中英关系等问题答记者问[EB/OL].[2020-11-17].http://www.xinhuanet.com/world/2020-11/17/c_1126752128.htm;达乔,赵觉珵,李晴晴.澳前总理竟鼓动台湾"准备战斗"[N].环球时报,2021-10-12.

⑤ CCG全球化智库环球网.澳大利亚贸易部长伯明翰:澳大利亚能为缓解贸易紧张局势"做出贡献"[EB/OL].[2019-8-2].http://www.ccg.org.cn/archives/54381.

⑥ South China Morning Post. Australian PM Morrison Calls for WTO Reform to Punish 'Economic Coercion', in Veiled Reference to China Trade Dispute. 2021-6-9;达乔,倪浩.澳美在WTO攻击中国政策[N].环球时报,2021-10-22.

⑦ Australian Government Department of Defence. 2020 Defence Strategic Update.

制定，建立符合自己利益的国际规则，以期在“亚太-印太”地区提升国家话语权、影响力。在国际经贸规则的制定与创新方面，即使美国无意参与，澳大利亚也并未放弃，转而与日本加强战略联动。安倍政府以跨太平洋伙伴关系协定（TPP）、全面与进步跨太平洋伙伴关系协定（CPTPP）为龙头，以日本与欧盟经济伙伴协定（EPA）、日美贸易协定与区域全面经济伙伴关系协定（RCEP）、中日韩自由贸易协定（FTA）等谈判为抓手，达到其主导国际经贸规则制定先机的战略目的。[①] 澳大利亚在 CPTPP 的签署与生效、RCEP 的谈判与签署方面积极响应日本，并从经贸关系的小多边入手，力促在太平洋区域重构基于自由、公平的国际贸易规则。澳大利亚在经贸规则的制定方面不仅加强与日本的战略联动，很大程度上也借鉴了日本模式。2019 年 12 月，澳大利亚议员马克·库尔顿（Mark Coulton）在自由贸易研讨会上表明，澳大利亚与 18 个国家签订了 11 项自由贸易协定，除了 RCEP 与 CPTPP，澳大利亚还努力与欧盟进行一项自由贸易协定的谈判。[②] 澳大利亚呈现出积极的全球主义，除了参与亚太地区经贸规则制定，还将自由贸易协定的谈判目标放到欧洲。同日本一样，面对中美战略竞争，澳大利亚在国际规则的制定与重构方面愈发显示出战略主动性，将国际秩序的动荡期转化为国际规则制定的机遇期，以构建符合自身利益的国际规则。

澳大利亚意识到，国际社会面临权力转移，拜登上台后，“竞争”仍是中美关系的常态。世界秩序逐渐“强权化”，国际规范、规则和机构遭到破坏，澳大利亚作为中等权力国家，自然也面临着巨大的风险，因此澳大利亚声称要维护国际规则。然而澳大利亚对待中美两国的差异性、区别性特征显著，以高期待值对待美国，在多个领域都选择支持美国，无视美国对国际贸易规则的破坏，反而夸大中国对国际规则的破坏，这种“选边站队”、不顾全局的做法或将引发其他国家质疑澳方所宣扬的“基于规则的国际秩序”（这种质疑为：澳大利亚宣称要维护的“基于规则的国际秩序”，其中规则的制定是否是只能由美国制定？），并将继续制约澳大利亚的国家发展。

三、澳大利亚对中美网络主导权竞争的认知与应对

网络和政治的结合正在从“低级政治”（low politics）向“高级政治”（high politics）发展，高级政治与国家安全、核心制度、决策系统、国家利益以及隐含价值等相关，随着网络在政治生活中的重要性上升，网络已经成为国家安全和国家

---

① 孙丽．日本主导国际经贸规则制定的战略布局——兼谈日本在大阪峰会上的得与失[J]．日本学刊，2020(4)：59-84.

② Mark Coulton. Australia's Free Trade Agreements and Their Benefits for Businesses. Minister for Regional Services, Decentralisation and Local Government. 2019-12-6.

利益的核心之一。作为网络政治问题典型代表的网络安全问题迅速上升为国家安全的关键议题和大国间战略竞争的焦点问题。① 中国网络信息技术发展迅猛,美国加强立法和战略设计,加大对华技术封锁力度,实行"净网行动"②,中美网络主导权竞争逐渐白热化。澳大利亚作为"五眼联盟"国家,面对美国的施压,同时基于本国网络安全的考量,通过颁布法令限制中国通信技术在澳发展、内部增加投入提升战略自主性、加强与美国网络安全战略联动,以此共同打压中国拓展网络空间。

(一) 澳大利亚对中美网络主导权竞争的认知

澳大利亚认为,中美网络主导权的竞争对澳大利亚网络技术发展不利,中国冲击了以美国为代表的西方网络霸权。美国 2017 年的《国家安全战略》实施以来,美国政府高级官员一贯发表的演讲和评论,都将国家权力和经济繁荣的源泉建立在保持美国技术优势的基础上。③ 澳方认为 2018 年美国发动与中国贸易战的原因,包括中国正在通过合资企业(JV)盗窃外国高科技公司的核心技术,以及中国滥用其在 WTO 的发展中国家地位,来加速对诸如 5G 之类的高科技产品的全球领导。④ 澳大利亚意识到中美在科技领域"竞争"态势愈烈,两国将因互联网利益分歧引发冲突,且中美在网络技术等方面无法进行有效的利益协调,这将辐射澳大利亚,冲击澳大利亚的网络安全形势。美国对中国的技术打压未来将不仅局限于华为或中兴的 5G 建设单一领域,还会扩大到整个新兴与关键技术领域,从而形成监管壁垒、技术壁垒。⑤ 因此,澳大利亚在中美网络主导权竞争下,不仅面临选择与谁合作的困境,更面临由于监管和技术壁垒导致的在技术领域投资的不开放和不自由的局面。

澳大利亚的经济发展遵循"基于规则的国际秩序",然而由于技术投资的壁垒、中美监管制度的分歧等,既有贸易和技术合作规则遭到挑战。因此澳大利亚的网络技术发展不容乐观,同时,网络情报安全也受到影响。特恩布尔曾说:"澳美间的情报机构通过每天分享敏感信息,拯救美国和澳大利亚人的生命,这显示

① 蔡翠红. 中美关系中的网络政治研究[M]. 上海:复旦大学出版社,2019:6-7.

② 郎平. 数字时代美国对华科技竞争的特点[J]. 战略决策研究,2021,12(3):85-100,103-104.

③ Brendan Thomas-Noone. Tech Wars: US-China Technology Competition and What It Means for Australia[J]. United States Studies Centre at the University of Sydney,2020,6:6.

④ Australian Institute of International Affairs-Tasmania. US-China Trade War | Complexities and What Needs to be Done.

⑤ Brendan Thomas-Noone. Tech Wars: US-China Technology Competition and What It Means for Australia[J]. United States Studies Centre at the University of Sydney,2020,6:16.

出澳美对彼此的深刻承诺。”[①]全球四大5G供应商，爱立信来自瑞典，诺基亚来自芬兰，华为和中兴都来自中国，然而这四大5G供应商没有一个来自“五眼联盟”国家。澳美同盟既是军事同盟也是情报共享同盟。澳大利亚认为，中美网络空间、通信技术的利益协调困难将导致中美网络主导权竞争激烈，若中国网络主导权大于美国，将威胁到澳大利亚本国的网络情报安全。澳大利亚媒体、公众和政府都关注中国对澳大利亚校园的影响和干预，认为中国研究者过多地参与澳大利亚在科学、技术、工程和数学（STEM）领域的研究，将中国对澳大利亚高校的投资看作对澳大利亚国家安全的威胁，警惕疑似中国的网络黑客，防范将知识产权泄露给中国。[②] 因此，在中美网络主导权竞争中，澳大利亚日益增强对中国网络安全威胁的防范意识。

（二）澳大利亚对中美网络主导权竞争的应对

1. 外部联合美国限制中国、内部加强网络能力建设

澳大利亚不断将信息通信技术的投资与贸易同安全议题挂钩，通过颁布法令限制中国通信技术公司在澳大利亚发展，持续增加针对中国的网络安全投入。2018年7月，《关键基础设施安全法案》正式实施；2018年8月，《5G安全指导书》正式发布，澳大利亚随即宣布禁止华为和中兴参与澳大利亚5G技术和产品的提供。[③] 澳大利亚是首个事实上禁止华为和中兴参与本国5G网络建设的“五眼联盟”国家，澳方对中国的华为和中兴公司进行政治迫害，禁止使用这两家公司的技术和购买相关的通信设施设备。

特恩布尔政府时期，澳大利亚采取措施，从基础设施建设、反外国干涉到外商投资审查、网络安全维护，逐步提升澳大利亚网络情报安全治理的“硬件”和“软件”性能（参见表2）。莫里森政府时期，澳大利亚也通过立法打击外国的干预，并成立了一个专门关注大学部门的工作队。该工作组由联邦政府领导，大学与安全和情报官员进行协商，设计大学的网络安全和知识产权保护机制，以保护学术原则、研究人员及其数据。[④] 2020年7月1日，澳大利亚国防部发布《2020年部队结构计划》，明确信息与网络、海上、空中、太空和陆地5个国防建设重点

---

① Malcolm Turnbull. Keynote Address to the National Governor's Association Winter Meeting. 2018-2-25.

② Paul Evans. Techno-Nationalism in China-US Relations: Implications for Universities[J]. East Asian Policy, 2020, 12(2): 80-92.

③ 秦升.政策摇摆与认知分裂：转变中的澳大利亚对华外交[J].战略决策研究，2019，10(5)：18-34，101-102.

④ Paul Evans. Techno-Nationalism in China-US Relations: Implications for Universities[J]. East Asian Policy, 2020, 12(2): 80-92.

领域。在2700亿澳元的国防预算中,信息与网络领域投资约150亿澳元,主要投资联合指挥、控制和通信系统、联合电子战和防御性网络空间行动,部署部队的网络攻击和网络空间作战,以及集成情报、监视和侦察的计划与数据系统等。① 澳大利亚从法令上限制中国通信技术在澳发展,从内部建设出发增强应对中国网络安全威胁能力,内外结合,打压中国。

表2 特恩布尔政府时期系列立法和行政措施

反外国干涉	基础设施安全	外商投资审查	网络安全
通过《间谍和外国干涉法》《外国影响透明度计划法》	通过《关键基础设施安全法》、成立"关键基础设施中心"	安全情报局(ASIO)加大介入对外商投资审查、外国投资审查委员会主席具有国家安全工作背景	出台《澳大利亚网络安全战略》、建立全国性网络安全合作网络、在澳大利亚信号局(ASD)成立具备攻击性能的网络作战部门、加大对印太地区网络安全投入

2. 加强澳美网络安全战略联动

为了应对中国在网络安全领域的挑战,美国积极鼓动盟友合力阻止中国获得网络主导权竞争优势,劝说与施压并举。澳大利亚选择站队美国,加强与美国网络安全战略的联动。在太空和网络空间领域,美国在澳大利亚部署的地基C波段太空目标监视雷达已具备全面运行能力,大幅提升了对太空目标的监视能力,因此,澳大利亚计划与美国合作建设"太空监视望远镜",成立网络作战部门,升级电子战机队,增强军队太空战、电子战和网络战等能力。② 在美国2020年10月最新发布的《关键技术和新兴技术的国家战略》中,美国称该战略概述了美国及其盟国和伙伴将继续成为关键技术和新兴技术(Critical and Emerging Technologies,C&ET)的世界领导者的方式方法。为了确保领先地位,美国将加大在优先级最高的C&ET领域中的投入力度,与高优先级领域的盟友和合作伙伴一道作出贡献。作为C&ET的全球领导者,美国为盟友和合作伙伴的技术生态系统作出贡献并从中受益,维护美国的优势并维护基于民主价值观的安全、自由和开放的国际秩序。无论其位于何处,该联盟都将能够获得所需的C&ET,并将享有增加的市场份额,产生经济利益并避免技术意外。与盟国和伙伴的合作不仅会促进共同的技术优势,还将阻止战略竞争对手获得不公平的优势。美国和盟国政府一直在努力推动华为退出国际海底电缆项目,美国、澳大利

① 肖沐辰.澳大利亚大幅提高国防预算意欲何为[N].中国航天报,2020-7-11.

② 肖沐辰.澳大利亚大幅提高国防预算意欲何为[N].中国航天报,2020-7-11.

亚和日本试图撤销华为和巴布亚新几内亚之间的海底电缆交易，但该行动失败。[①] 由此可见，美国将持续鼓动澳大利亚加强在关键技术和新兴技术领域的合作，其中就包括作为新技术前沿的互联网科技。同时，此份战略报告再次显示，美国将不断采用“维护基于民主价值观的安全、自由和开放的国际秩序”这一说辞来拉拢自己的盟友，并将矛头直指所谓的“战略竞争对手”——中国。因此可以判断，澳大利亚网络安全战略与美国网络安全战略的联动将伴随两国国家安全战略的联动而不断增强。

综上，澳大利亚目前已经在网络安全方面开始防范中国，选择同美国一道遏制中国的通信技术。与此同时，澳大利亚面临来自美国的压力也将越来越大。美国要求其在关键的两用领域限制与中国的科技互动，以在某些新兴技术上与美国保持技术合作，甚至可能要求采取限制性出口管制政策。[②] 这对澳大利亚国内的新兴技术发展不利。华为目前的 5G 相关专利数量居世界第一，技术成熟度至少领先其他国家 12 个月，并在实际运行中具有速度快、多连接、低时延的三大技术优势。[③] 澳大利亚限制中国的通信技术进入国内市场，此举也将阻碍自身的通信技术发展。澳大利亚亦意识到，随着全球技术生态系统变得更加国有化、安全化并且难以为行业和政府所接受，澳大利亚应该实施一项国家研发战略，以建立自己的技术“砝码”。[④] 但是，技术研发难度高，时间跨度具有不确定性，且澳大利亚排斥与中国的通信技术公司合作，因此澳大利亚能否在短时间内获得国内“技术”加持仍存疑。

四、对华错误知觉致使澳大利亚联美制华

对中美战略竞争，澳大利亚为何会频频出现错误认知、做出错误的战略选择？罗伯特·杰维斯（Robert Jervis）提出了“为何在行为体双方均不希望冲突的情景中、在本来是可以合作的条件下，会发生冲突和争斗，会拒绝合作而走向冲突”的问题。杰维斯的回答是：在不确定的国际社会中，国家由于受认知能力的局限、信息的不充分等诸多因素的影响，很容易产生错误知觉，这些错误知觉导致其错误地判断，从而导致国家采取错误的行为。这些错误知觉大多为夸大

① Satoru Mori. Technological Competition with China: The Military, Industrial and Digital Network Dimensions[J]. Asia-Pacific Review, 2019, 26(1): 106.

② Brendan Thomas-Noone. Tech Wars: US-China Technology Competition and What It Means for Australia[J]. United States Studies Centre at the University of Sydney, 2020, 6: 2.

③ 杨俊峰. 中国智造的创新传奇[N]. 人民日报海外版, 2919-8-20(5).

④ Brendan Thomas-Noone. Tech Wars: US-China Technology Competition and What It Means for Australia[J]. United States Studies Centre at the University of Sydney, 2020, 6: 2.

对方的敌意,将国家看作其具有冲突意愿的对手。[①]错误知觉是常常发生的,将敌人误认为朋友,代价将是极端惨重的;而将朋友错当成敌人,代价则不会如此之高。在这种情况下,决策者宁肯犯后一种知觉错误也不能因犯前一种知觉错误而招致危险。杰维斯认为,过高估计对方敌意这一认知倾向本身的代价往往被低估了,决策者没有考虑到一个心存疑虑但又不具侵略性的国家要表现自己的扩张意图并非易事。[②] 在中美澳三边关系中,澳大利亚错误地将中美战略竞争导致的国际体系的不稳定归结于"中国崛起"。权衡利弊之后,澳大利亚认为即使将本无敌意的中国错当成敌人,也好过将本是敌人的中国错当成朋友,因此澳大利亚选择联美制华。

而事实表明,澳大利亚对中国的和平发展存在着严重的误读和曲解。首先,中国的和平发展与澳大利亚的对华威胁认知有重大出入。在华为5G遇阻后,中国政府主要是批评美国肆意炮制和散播华为5G的安全威胁,反对泛化国家安全概念而滥用国家力量打压特定中国企业。相关声明大多仅针对美国,并没有对追随美国的盟国过分指责或发出威胁的外交信号。[③] 中国法律对于保障公民和组织的合法权益,包括数据安全和个人信息等,都做出了明确规定。中国政府严格践行数据安全保护有关原则,没有也不会要求中方企业违反别国法律向中国政府提供境外数据。[④] 中国也多次以实际行动表明,中国从不对外输出意识形态,也从不干涉别国内政。作为世界上最大的发展中国家和安理会常任理事国,中国将继续坚定不移地走和平发展道路,坚定不移地奉行互利共赢的开放战略,持之以恒做世界和平的推动者、全球发展的贡献者、国际秩序的维护者。[⑤]中国文化具有很强的包容性,不排斥价值观不同的国家,不搞意识形态对立,遵守国际法和国际关系基本准则,强调以《联合国宪章》和国际法为基础的国际秩序符合国际社会的共同利益。

其次,中国的和平发展利好而不是威胁澳大利亚的国家发展。在中澳自贸协定的基础上,中国庞大的国内市场和强劲的购买力为澳大利亚提供了巨大的出口市场,中国已经连续十三年成为澳大利亚的第一大贸易伙伴、第一大出口市场。中澳在第三方市场合作、应对全球气候变化、维护公共卫生安全、维护自由

① 尹继武.战略心理与国际政治[M].北京:北京大学出版社,2016:9.

② 罗伯特·杰维斯.国际政治中的知觉与错误知觉[M].秦亚青,译.上海:上海人民出版社,2015:472.

③ 马骦.中美竞争背景下华为5G国际拓展的政治风险分析[J].当代亚太,2020(1):4-29,158.

④ 王毅.坚守多边主义 倡导公平正义 携手合作共赢——在全球数字治理研讨会上的主旨讲话[N].人民网,2020-9-8.

⑤ 新华社.王毅就当前中美关系接受新华社专访[N].解放军报,2020-8-6.

贸易等领域都有很大的合作空间。在贸易相互依赖关系中，除了中国，澳大利亚很难在短时间内找到同等规模的替代性市场。在后疫情时代，全球仍面临公共卫生安全威胁，新冠疫情对世界主要经济体构成重大冲击，而多家国际机构预测，中国经济在后疫情时代仍将保持正增长。若中澳政治关系持续交恶，给澳大利亚造成的损伤或许远大于澳大利亚的预判，澳大利亚民众是否愿意为了抽象的价值观念而付出惨重的经济代价仍未可知。

事实上，中澳交恶可能给澳大利亚国家发展造成超出预期的损失。澳大利亚前总理保罗·基廷也表示：莫里森政府对中国外交政策存在错读。"在莫里森及其政府看来，中国国内外姿态的改变，不是一个复兴大国的转变，而是'威胁'。但事实上，这种威胁从来不曾产生和实现过。'威胁'一词意味着军事入侵，但中国从未对澳大利亚进行过威胁，连暗示都没有。"[①]因此正如杰维斯所言，在决策者可能没有精确估计各种错误知觉的代价时，努力克服过度警惕的认知取向，无疑是决策者的明智之举。[②] 如何应对中美战略竞争以及妥善处理与中美两国关系，澳大利亚政府需要做出更为审慎的抉择。

五、结论

在中美战略竞争日益激烈的背景下，澳大利亚面临着前所未有的焦虑。为应对中美战略竞争，澳大利亚在总体战略布局方面呈现三种走向：首先，澳大利亚希望继续升级澳美同盟，巩固并提升澳美同盟关系，增强对澳美同盟的议程设置能力和讨价还价能力，把澳美同盟打造成符合并拓展本国利益的双边同盟；其次，澳大利亚外交战略正在出现重大转型，战略重心从适应地区环境转向提升本国的战略行动能力，尤其是增强本国的军事和政治能力；最后，在澳美同盟的基础上，澳大利亚试图通过发展双边、小多边联盟，拓展合作伙伴关系，扩大联盟体系。积极联美制华、提升自身战略能力、拓展外交空间的背后，是澳大利亚对在南太地区和东南亚地区"次区域霸权"的向往，以及对南太地区主导权和领导力的追求。作为美国亚太战略的大后方，澳大利亚正日渐从后方走向前沿，外交战略和国防战略愈加显示出主动性、积极性，甚至是进攻性。

本文从亚太主导权、国际规则、网络主导权三个领域，全面而深入地分析了澳大利亚对中美战略竞争的认知与应对。但囿于文章篇幅以及研究视角所限，研究仍存在未尽之处，如澳大利亚决策者对中国和平发展产生错误知觉的原因、

---

① 保罗·基廷. 澳媒：莫里森在制造"中国敌人"[N]. 陈俊安译. 环球时报，2021-9-23(6).

② 罗伯特·杰维斯. 国际政治中的知觉与错误知觉[M]. 秦亚青，译. 上海：上海人民出版社，2015：472.

澳大利亚联美制华对中美战略竞争的长远影响等问题未来有待学术界继续做深入探讨。

作者简介

许善品　湘潭大学马克思主义学院副教授,东亚研究中心研究员。
汪　敏　湘潭大学马克思主义学院国际关系专业2019级硕士研究生。

澳大利亚"基于规则的国际秩序"外交政策探析

赵　昌

摘　要:"基于规则的国际秩序"在澳大利亚的印太战略中占据核心地位,是澳大利亚外交政策的首要追求。通过推行"基于规则的国际秩序"政策,澳大利亚意图达到三个外交目标:一是坐实"中等强国"的国际地位,二是争夺地区事务的领导权,三是维护关乎其经济利益的国际航道畅通。"基于规则的国际秩序"过分依赖美国,受到诸多战略局限,首先它与美国外交政策之间存在现实矛盾;其次澳美经济利益上存在很大分歧;最后在法理上,"基于规则的国际秩序"的正义性也饱受质疑。洞悉澳大利亚的外交战略、寻求共同利益、拓展对话空间,对改善我国周边外交环境,应对印太地区国际格局变动的挑战,推动中国崛起具有重要战略意义。

关键词:"基于规则的国际秩序";中等强国;澳大利亚

自2013年澳大利亚官方正式使用"印太战略弧"概念后,澳大利亚日益聚焦印太地区的战略谋划,"基于规则的国际秩序"(rules-based international order)一词频繁见诸领导人发言、公告、报刊和学术刊物。虽然这种现象并非澳大利亚独有,但却没有哪一个国家像澳大利亚这样以"基于规则的国际秩序"为基础建构外交战略。

目前学界对澳大利亚推行"基于规则的国际秩序"的动机、战略目标以及前景问题进行了初步探索。国外学者往往把它放在多边外交的大框架中考量,如澳大利亚乐卓博大学的尼克·比斯利教授(Nick Bisley)就指出,由于实力限制以及地缘关系,澳大利亚在推行"基于规则的国际秩序"的战略主张时必须非常谨慎,否则可能会失信于中美和国际社会。①昆士兰大学的安德鲁·菲利普斯

① Nick Bisley and Benjamin Schreer. Australia and the Rules-Based Order in Asia:Of Principles and Pragmatism[J]. Asian Survey,2018,58(2):302-319.

(Andrew Phillips)认为这是迫于印度、中国、美国等大国的战略压力。[①]国内学者则倾向于从澳大利亚的国家利益角度解读,如周方银教授认为国际规则的稳定性为澳大利亚高度重视,因此把可能冲击现有国际秩序稳定性的中国看作战略对手。[②]张畅把它看成是澳大利亚南海行为的基本逻辑。[③]也有人认为这体现了澳大利亚对冲的战略追求。[④]然而现有研究并没有理清“基于规则的国际秩序”本身的含义,因此也无法明确其在澳大利亚外交战略中的真正价值。在全面研读澳大利亚外交文件的基础上,笔者认为“基于规则的国际秩序”已经发展为澳大利亚一项重要的外交追求,在澳大利亚的外交战略中占据核心地位。本文即着力论证“基于规则的国际秩序”的战略地位,探究澳大利亚意欲借此实现的战略目标及其局限性,评估其战略走向及对中澳关系的影响。

一、“基于规则的国际秩序”的战略内涵

基辛格曾言:从来不存在一个真正全球性的“世界秩序”。[⑤]基辛格做此判断的依据是历史上的任何一个支撑国际秩序的规则均不具有世界性认同。因此要建构国际秩序,就必须建立国际规则,规则是秩序的基础,规则的广度和深度关乎秩序的稳定性和“国际性”。第二次世界大战后美国作为世界霸主的优势地位以及自由、民主和保护人权等西方的价值观念使其逐步掌握了国际规则的话语权。[⑥]在《2016 年国防白皮书》和《2017 年外交白皮书》中,澳大利亚明确指出,二战以后形成的美国领导下的自由主义的秩序即为被国际社会普遍接受的秩序,其依据的规则即为国际规则。实际上,澳大利亚所宣扬的“国际规则”包含着两条关键的前提,第一是必须在美国领导之下,第二是以自由、民主为规则的基础,尤其是自由贸易的基本原则。基于这种理解,维护“国际规则”不被破坏成为澳大利亚应对国际变局的一个重要外交话语。据笔者统计,在《2016 年国防白皮书》中“国际规则”的使用频率高达 57 次。

---

① Andrew Phillips. Australia and the Challenges of Order-Building in the Indian Ocean Region[J]. Australian Journal of International Affairs, 2013, 67(2):126.

② 周方银.体系转型背景下的威胁认知与澳大利亚对华政策变化[J].世界经济与政治,2020(1):22-59,155-156.

③ 张畅.澳大利亚的南海行为逻辑——基于对《2016 年国防白皮书》的分析[J].江南社会学院学报,2018,20(1):60-65.

④ 于镭.澳美同盟下澳大利亚对冲策略的建构与影响——基于权力架构理论[J].统一战线学研究,2020,4(6):94-105.

⑤ 亨利·基辛格.世界秩序[M].胡利平,等译.北京:中信出版社,2015:9.

⑥ Lina Liu. Beyond the Status Quo and Revisionism: An Analysis of the Role of China and the Approaches of China's Belt and Road Initiative (BRI) to the Global Order[J]. Asian Journal of Political Science,2020:4.

澳大利亚之所以把“规则”和“秩序”看得如此之重，与其中等的国家实力和独特的地理位置有着密切关系。无论在国土面积、经济总量、军事实力等硬实力方面，还是在国家形象、国际影响力等软实力方面，澳大利亚都是一个中等国家，中等国家的国际话语权有赖于通行的国际规则的保障，而《联合国宪章》等二战之后产生重大国际影响的规章制度成为中等国家的重要依靠，受到澳大利亚这样的中等国家的积极支持。不过澳大利亚“最靠近亚洲的西方国家”的地理现实导致其对国家安全始终高度警觉，这又使得美国的保护不可或缺。因此澳大利亚的外交战略表现出矛盾的两面：一方面频繁表态要维护二战之后通过国际法和国际条约确立的通行的国际规则；另一方面又对美国的外交行动无条件地支持，甚至违背一些国际规则也在所不惜。安德鲁·菲利普斯认为，这种奇怪局面的产生是由澳大利亚的尴尬地位造成的，澳大利亚在从美澳同盟中获益的同时也阻碍了她探索改进该同盟的方案。①

为适应国家利益和国家战略的需要，澳大利亚不断地对“基于规则的国际秩序”的含义进行调整。《2009 年国防白皮书》主要使用了“基于规则的全球安全秩序”(rules-based global security order)的表述，把“规则”限定在了军事领域，这与陆克文政府当时大力倡导的“有创造力的中等强国外交”密切相关。② 2011 年 5 月 18 日，陆克文在瑞典斯德哥尔摩国际和平研究所(Stockholm International Peace Research Institute, SIPRI)发表演讲，认为建立“基于规则的国际秩序”对保障地区稳定和繁荣非常重要，这也是建立“亚太共同体”(Asia-Pacific Community)的目标。2012 年《亚洲世纪中的澳大利亚》白皮书中开始出现“基于规则的地区和全球秩序”(rules-based regional and global order)、“基于规则的体系”(rules-based system)等词。2013 年及之后固定使用“基于规则的国际秩序”一词，含义显然超出了军事范畴，向外交战略方向发展。随着国际安全形势的恶化，澳大利亚对澳美同盟的依赖度上升，在澳大利亚看来所谓“基于规则的国际秩序”是二战以后形成的全球治理体系，这个体系的核心是美国，美国势力在印太的存在符合澳大利亚的安全和经济利益，美国之外则是一批在文化与价值观上与澳大利亚相似的国家。2016 年时任国防部长的玛丽斯·佩恩(Marise Payne)进一步宣称，澳大利亚与美国、日本、英国等国家在印太地区“基

① Andrew Phillips. Australia and the Challenges of Order-Building in the Indian Ocean Region[J]. Australian Journal of International Affairs, 2013, 67(2): 133.

② Commonwealth of Australia. Defending Australia in the Asia Pacific Century: Force 2030[EB/OL], 2009: 44. http://www.defence.gov.au/.

于规则的秩序"问题上有共同利益。①因此,所谓"规则"与"秩序"实际是二战以后国际体系演变的现实结果,特别是冷战结束后,资本主义国家在全球战略格局中具有优越态势,澳大利亚实际是这个态势的"守成者"。基于此,尼克·比斯利指出"基于规则的国际秩序"并不完全是一个规则体系,而是交织着权力,"基于规则的国际秩序"把西方国家看成遵循者,而非西方国家被看成破坏者。②中国社会科学院世界经济与政治研究所国际战略室主任薛力也认为,现行"基于规则的国际秩序"主要体现的是基督教文明国家的价值观。③ 不过,值得注意的是,2017 年澳大利亚外交白皮书重新强调国际法及相关规则或标准是"国际规则"的判断准则,有意淡化西方价值观念色彩,这与西方掀起的贸易保护主义、反经济全球化运动不无关系,因为国际自由贸易一直被认为是澳大利亚的核心经济利益,因而澳大利亚实际追求的是基于本国实力与利益的国际秩序。

在明确规则意识的前提下,"基于秩序的国际秩序"的定位日益提高,逐步发展为澳大利亚外交政策的核心追求。《2009 年国防白皮书》把实施"基于秩序的全球规则"限定在"与我们利益相关的、并且我们又有能力实现的地方"④。是否使用军力,取决于澳大利亚的外交关系和国际地位,包括"基于规则的全球安全秩序"可能获得的支持。此时,澳大利亚把它定位为以联合国为中心的非常谨慎的外交政策,而且认为中国的作用是建设性的,一方面认为中国在全球经济中是"主要的利益相关方"(a leading stakeholder),另一方面希望中国对地区安全环境和"全球基于规则的秩序"作出更大贡献。时任外长鲍勃·卡尔(Bob Carr)也表示澳大利亚不担心中国的崛起,并欢迎中国在维护"基于规则的国际秩序"方面发挥更加积极的作用。⑤此后澳大利亚宣称在印太地区和"基于规则的国际秩序"上有"战略利益",迅速抬升了"基于规则的国际秩序"的战略定位。《2013 年国防白皮书》中,澳大利亚把本国的利益定位为四个层次:澳大利亚本土、南太平洋与东帝汶、以印太为核心的周边地区和"稳定的、基于规则的全球秩序",澳大利亚支持中国和印度"和平崛起",重申了《联合国宪章》是"基于规则的全球安全秩序"的核心。⑥到了 2016 年进一步简化为三个层次,并相应地提出三个具体的

---

① Marise Payne. Defence International Engagement [EB/OL]. [2016-9-15]. http://www.openaustralia.org.au/senate/? id¼2016-09-15.164.2.

② Nick Bisley. Australia's Rules-Based International Order. 2018-7-27.

③ 薛力."基于规则的国际秩序"正走向多元[J].世界知识,2019(15):73.

④ Commonwealth of Australia. Defending Australia in the Asia Pacific Century: Force 2030[EB/OL], 2009:14. http://www.defence.gov.au/.

⑤ Bob Carr. New Chinese Power Plays are Nothing to be Feared. 2012-12-15.

⑥ Commonwealth of Australia. 2013 Defence White Paper[EB/OL]: http://www.defence.gov.au/whitepaper/2013/docs/WP_2013_web.pdf.

国防战略目标,形成了当代澳大利亚的"三环外交"体系。[①] "三环外交"的核心是以"基于规则的国际秩序"维护印太地区稳定。澳大利亚认为,澳大利亚的安全与繁荣有赖于一个稳定的印太地区和一个基于规则的全球秩序。因此"基于规则的国际秩序"已经演变为澳大利亚外交政策的核心追求,占据不可替代的地位。

二、"基于规则的国际秩序"的战略目标

借助"基于规则的国际秩序",澳大利亚意图实现三个战略目标。第一个目标是坐实"中等强国"的国际地位。冷战结束以来,澳大利亚"中等强国外交"措施不断,不仅陆克文提出了"有创造力的中等强国"的口号,首倡并欲领衔建立"亚太共同体",继任的托尼·艾伯特(Tony Abbott)和马尔科姆·特恩布尔(Malcolm Turnbull)也都屡次提到了"中等强国"的定位。即使屡次受挫,澳大利亚也始终坚持这种外交传统,并把它融入印太战略的大构想中,认为印太战略是澳大利亚坐实中等强国地位的时代机遇,"基于规则的国际秩序"成为澳大利亚实现中等强国梦的路径依赖。不过悉尼科技大学澳中关系研究院的范思梦(Simone van Nieuwenhuizen)指出,由于中等国家实力不足,无法完全按照自己意愿塑造国际规则,更倾向于维护既有规则。[②] 这种"既有规则"就是战后形成的西方国家主导的自由主义国际秩序及其相应规范。

第二个目标是争夺地区事务的领导权。为了展现秩序维护者的角色,澳大利亚积极表现,其中最典型的例子即在南海问题上的表现。虽然澳大利亚不是南海问题的直接利益攸关方,但是随着印太战略的逐步成型,南海成为澳大利亚实践"基于规则的国际秩序"外交政策的试验场。其实起初澳大利亚并没有把国际规则与南海问题联系起来,2009 年白皮书中甚至没有提到南海问题,2013 年白皮书也仅把南海问题作为破坏"地区安全秩序"的一个关注点看待,这里显然并没有上升到"国际规则"的层次上来,但 2016 年后澳大利亚宣称,"基于规则的国际秩序"意味着所有国家共同承诺,根据国际法和区域安全安排等长久以来的商定规则开展活动。不过,正如我国学者王传剑所言,由于澳大利亚"缺乏足够的意愿整体构建与长期维护国际秩序……以'中等强国'身份为预期的澳大利亚

① 第一层是"安全的、有活力的澳大利亚",澳大利亚首要的国防目标是本土安全,防范入侵。第二层是"毗邻地区安全,包括东南亚海域和南太平洋",第二个国防目标是维护东南亚水域安全,支持巴布亚新几内亚、东帝汶和太平洋岛国加强安全建设。第三层是稳定的印太地区和有利于澳大利亚国家利益的"基于规则的国际秩序",第三个战略目标是与美国等国合作,在全球范围内作出有意义的贡献,以应对"基于规则的国际秩序"的威胁,消除对澳大利亚及其国家利益的威胁。

② Simone van Nieuwenhuizen. Australian and People's Republic of China Government Conceptions of the International Order[J]. Australian Journal of International Affairs, 2019,73(2):182.

对于国际政治的实际影响力是有限的，而且不可能在类似于南海争端这样的地区重大事务中发挥主导作用"①。因此在近年来的印太地区争端中，即使澳大利亚积极推动"基于规则的国际秩序"，依然未能获得足够支持，对地区秩序建构的影响力有限。

第三个目标是维护具有重大经济利益的国际航道畅通。从印度洋经东南亚到南海和东北亚的国际商道关系到澳大利亚的经济繁荣，澳大利亚主要贸易对象国均分布在这一弧形地带。② 澳大利亚主要是通过双边自由贸易体系开展国际贸易，预计到2022年双边贸易额将达到澳大利亚总贸易额的90%以上。澳大利亚非常关注印度洋和南海商道的安全问题，而这两个地区日益成为大国角逐的焦点，特别是中国、日本、印度将成为印太地区经济实力最强的三个国家，其中中印两国的贸易活动将占到亚洲总贸易量的60%，必然会改变地区力量平衡。虽然最近成立的《区域全面经济伙伴关系协定》(RECP)对澳大利亚来讲是一个重要收获，但由于印度的缺席，澳大利亚融入印太经济一体化的预期目标并没有完全达成。大国军备竞赛加剧的同时，恐怖主义长期存在，反恐态势依然不容乐观，这对国际航道安全提出了严峻挑战，印太地区的秩序稳定性令澳大利亚十分忧虑。

为了达成上述目标，澳大利亚把多边主义与双边关系相结合，其中，联合国和美国是实现"基于规则的国际秩序"外交政策的两个重要的路径。但是在实际推行中，联合国的多边主义与美国的单边主义常有冲突，呈现出交替依赖的情形。

中等国家往往更倾向于通过多边路径推行外交政策。在"基于规则的国际秩序"提出之初，澳大利亚把联合国和《联合国宪章》作为实现政策目标的核心舞台，这与澳大利亚在联合国的地位及长期积累的良好声誉密切相关。自二战结束后澳大利亚外长赫伯特·维尔·伊瓦特(Herbert Vere Evatt)提出"中等强国外交"以来，澳大利亚在积极代表中小国家发声、核裁军、东帝汶危机、全球环境保护等事件中屡有贡献，澳大利亚相信二战后形成的以《联合国宪章》为中心的全球治理体系为"基于规则的国际秩序"提供了权威的国际法保障。

遵循多边主义的外交思路，除联合国外，东盟也是重要的合作对象。2017年时任澳大利亚外长朱莉·毕晓普(Julie Bishop)对东盟大加赞赏，称其"在应对地区战略性挑战方面扮演着不可替代的角色"，并称赞东亚峰会"已经成为讨

① 王传剑.澳大利亚的南海政策:取向与限度[J].国际论坛,2017,19(2):22-28,79-80.

② 据澳大利亚外交外贸部统计，澳大利亚五大出口国分别为中国、日本、韩国、美国、印度，五大进口国分别为中国、美国、日本、德国、泰国。

论多边艰难议题的杰出会议”①。2018 年 3 月 18 日，时任总理特恩布尔在会见新加坡总理李显龙时再次表达了对东盟领导地位的支持，他说：“我们重申对巩固我们安全的基本原则的承诺：维护以规则为基础的地区和全球秩序，遵守国际法，和平解决争端，加强以东盟为核心的本地区安全架构。”②为深化与东盟的关系，澳大利亚意识到与印度尼西亚的合作非常重要，特别是在东亚峰会和东盟防长扩大会议上，因为印度尼西亚不仅是澳大利亚的最大邻国，还是东盟最大成员国。2020 年 7 月 5 日，两国签订的《全面经济伙伴关系协定》正式生效，澳大利亚表示会继续支持东亚峰会作为印太地区最重要的政治和安全论坛。

由于澳大利亚对澳美同盟关系的依赖性，美国在澳大利亚外交政策中具有特殊、重要的作用。澳大利亚认为在印太地区，经济利益有赖于和平和稳定的政治局势，而战后美国势力在印太地区的存在对保障“基于规则的国际秩序”的稳定运行起着关键性作用，宣称：美国的全球战略和经济影响力是关系澳大利亚安全和繁荣的“基于规则的国际秩序”持续稳定的基础。澳大利亚认为美国的保护伞足够保护其免受核攻击，美国在印太地区的存在是“基于规则的国际秩序”发挥效用的根本保证，“如果不持续支持美国，‘基于规则的国际秩序’的效力和自由的精神将被弱化”③。澳大利亚国家领导人也多次表达对美国的依赖，如 2016 年 11 月 21 日，在与奥巴马会面时，特恩布尔强调“基于规则的国际秩序”是在美国保障下的国际秩序。④ 在 2018 年 2 月访问美国期间，他再次承认所谓“国际秩序”是二战之后形成的美国领导下的秩序。⑤ 2020 年 7 月 1 日，莫里森总理在澳大利亚年度军事战略发布会上强调“美国是澳大利亚军事的根本”。⑥ 正如德国国际和地区研究所的克里斯汀·沃斯(Christian Wirth)指出的那样，“美国的军事存在一直被认为是澳大利亚安全的组成部分，而美国对潜在威胁的感知也被认为是澳大利亚战略战术威胁的一种早期预警。”⑦

---

① Julie Bishop. THE HON. Julie Bishop Reflects on Australia-ASEAN Relations as Both Sides Celebrate 43 Years of Constructive Dialogue Partnership.

② Malcolm Turnbull. Press Conference with His Excellency Mr Lee Hsien Loong, Prime Minister of the Republic of Singapore. 2018-3-18.

③ The Australian Government. 2017 Foreign Policy White Paper. 2017-11: 7.（以下简称 FPWP2017）

④ Malcolm Turnbull. Remarks at the Bilateral Meeting with the Honourable Barack Obama, President of the United States of America. 2016-11-21.

⑤ Malcolm Turnbull. Press Conference with President Trump. 2018-2-24.

⑥ Scott Morrison. Address-Launch of the 2020 Defence Strategic Update. 2020-7-1.

⑦ Christian Wirth. Whose Freedom of Navigation? Australia, China, the United States and the Making of Order in the Indo-Pacific[J]. The Pacific Review, 2018, 32(3): 16.

除直接求助于美国以外，澳大利亚还借助美国“轮辐”式的联盟体系，深化与印太地区其他国家的外交关系，寻求国际协作。在军事上，澳大利亚意图在“基于规则的国际秩序”基础上与东南亚“五国联防协议”（Five-Power Defence Arrangements，FPDA）成员国马来西亚、新加坡、新西兰和英国重新确立军事合作关系。在对日关系上，澳大利亚希望借助双方都与美国订有盟约的有利条件，发展“准同盟”关系，以支持日本的修宪运动和海外驻军为代价，换取日本在东南亚事务上的支持，提升其在“基于规则的国际秩序”上的话语权。澳大利亚与北约的关系也调整到“基于规则的国际秩序”上来，并在此基础上寻求共同利益和合作基础，比如在印度洋打击海盗、阿富汗问题等。澳大利亚把印度作为可以共同促进“基于规则的国际秩序”的重要对话国，对印度“东向行动”政策表示欢迎，希望在“印太”的框架下与印度就海上安全、军事信息共享、反恐等问题上加强合作。澳大利亚还谋求与南太岛国合作，比如与巴布亚新几内亚、斐济、汤加等合作维持南太地区“基于规则的国际秩序”。在高度依赖美国的同时，澳大利亚并没有放弃联合国的作用，甚至宣称联合国的使命就是维护“基于规则的国际秩序”。[①]这说明“基于规则的国际秩序”不仅是地区性的也是全球性的外交政策，澳大利亚希望灵活运用双边主义与多边主义路径共同达成战略目标。

三、“基于规则的国际秩序”的战略局限

“基于规则的国际秩序”具有致命的战略局限：一方面澳大利亚外交政策受澳美同盟制约，深深地印上了美国全球战略的烙印；另一方面在处理与印太地区新兴国家，尤其是中国的关系时，“基于规则的国际秩序”的缺陷暴露无遗，饱受诟病，对地区秩序的建设乏力。

（一）“基于规则的国际秩序”与美国外交政策之间的现实矛盾

澳大利亚外交高度依赖澳美同盟关系，虽然美国也在倡导“基于规则的国际秩序”，但是美国的外交政策具有浓厚的现实主义和单边主义气息，并不受“规则”左右，这往往使得澳大利亚“基于规则的国际秩序”陷于尴尬境地。澳大利亚的一些学者和政治家接受了美国的观点，把中国描述成不遵守国际秩序的修正主义者（revisionist），但实际上美国才是不按“规则”出牌、屡次挑衅《联合国宪章》的国家。美国违背《联合国宪章》由来已久，小布什和奥巴马在任期间即明确提出有不经联合国授权单独行动使用武力的“保留权力”，2003 年入侵伊拉克就

① Malcolm Turnbull. Australia's National Statement in the General Debate of the 71st Session United Nations General Assembly. 2016-9-21.

是最典型的案例。[①]特朗普政府时期，美国更是屡次破坏联合国规则，比如2018年以化学武器为借口空袭叙利亚。这也引起澳大利亚一些学者的不满，悉尼独立研究中心的汤姆·斯维泽(Tom Switzer)指出，美国宣称的"基于规则的国际秩序"与澳大利亚的主张不同，实际是现实主义的而非自由主义的，其效用范围实际仅限于西方世界，美国入侵伊拉克、欧洲的民粹主义和中国在南海的军事行动都预示着澳大利亚坚持的"基于规则的国际秩序"正走向破产。[②] 英国查塔姆研究所(the Chatham House)的昆廷·皮尔(Quentin Peel)认为，现在的国际秩序正由以规则(rules-based)为基础转型为以方案为基础(deal-based)，美国总统特朗普的"美国优先"和欧洲的难民问题都是集中体现。[③]

（二）澳美现实经济利益上的分歧，制约了澳大利亚经济规则理想的实现

特朗普政府时期，美国保守主义势力大涨，掀起了新一轮反对经济全球化的浪潮，这从根本上与澳大利亚的经济利益相违背。澳大利亚宣称一切贸易保护主义都有违澳大利亚的国家利益，是对国际贸易规则的挑战，众多国家与大国之间试图谋求超越现有的基于规则的全球秩序之外的利益，这将对自由和开放贸易造成影响，并可能导致不确定性和紧张局势，增加军事对抗的风险。这里的"大国"其实已不仅指新兴大国，还包含了美国等奉行贸易保护主义的西方国家。澳大利亚注意到美国贸易保护主义的抬头，不再把维护"基于规则的国际秩序"全盘押在澳美同盟关系上。

实际上澳大利亚早已敏锐地观察到国际政治格局的变动，相应地对当前国际形势做了一系列全新的判断，如："虽然美国仍是最强大的国家，但是她在国际规则中的长期的统治地位正面临着其他国家的挑战"；"虽然美国仍是卓越的全球性大国，对国际事务施加着最重要的影响，但她现在也要与'拥有巨大人口和经济实力'的一众国家分享舞台"[④]；甚至直截了当地宣称："中国的实力和影响力正在追赶，在某些情况下已经超越美国"[⑤]。为维护自由贸易的"国际规则"，澳大利亚把保护国际规则的重心落在了对WTO贸易规则的维护和发展上，2020年11月15日《区域全面经济伙伴关系协定》的成功签署正反映了这个问题。这也说明澳大利亚在努力适应变化中的国际政治经济形势，但在外交方针上并没有放弃澳美同盟的优先地位，在可预见的未来依然会奉行追随美国的外

① Ikenberry G. John and Anne-Marie Slaughter. Forging a World of Liberty Under Law: U. S. National Security in the 21st Century[J]. The Princeton Project Papers, 2006.

② Tom Switzer. The End of the Rules-based Liberal International Order. 2018-8-17.

③ Quentin Peel. Threats to a Rules-Based International Order. 2018-5-28.

④ FPWP2017, pp. 21-24.

⑤ FPWP2017, p. 25.

交政策，正如新南威尔士大学的伊丽莎白·托本(Elizabeth Thurbon)指出的，澳大利亚推行“基于规则的国际秩序”的路径是特惠贸易协定(preferential trade agreements，PTA)，但澳大利亚的经济目标和外交目标相互矛盾，无法达到预期效果。①

（三）澳大利亚还面临“规则”和“秩序”正义性的挑战

澳大利亚并不是唯一倡导“规则”和“秩序”的国家，对什么是“规则”，什么是“秩序”并不能提供公认的权威解释。对于屡次破坏国际规则的美国，澳大利亚不但没有提出任何异议，反而持支持和欢迎态度，这使得“基于规则的国际秩序”的公正性受到质疑，在处理与同样对规则敏感的新兴国家，尤其是中国的关系时常常陷入尴尬境地。乔什·莱斯利 (Josh Leslie)认为，澳大利亚与中国的决策者对“规则”和“秩序”的理解存在很大分歧，澳大利亚把遵守国际法、公民自由迁移、参与包括安全在内的多边体系建设看作是遵守国际规则的行为，而中国则认为国家主权神圣不可侵犯才是基本规则，把国际法看作是对中国内政的粗暴干涉，把地区安全协定看成是美国阻碍中国崛起的工具。比如在南海问题上中国认为有权在“邻近地区”(immediate region)发号施令，而澳大利亚则认为中国的行为损害了所有相关国家的利益，支持美国及其盟友维持现状，持续对中国的国际行为进行规制，希望中国重回“韬光养晦”的政策上来。莱斯利认为用“基于规则的国际秩序”来指导澳大利亚外交是有问题的，因为这个概念过于模糊，澳大利亚需要阐明自己的规则与中国的不同之处，否则可能失去在印太地区的话语权。②需要注意的是中国是以发展中国家和既存大国的双重角色看待“国际规则”的，因此既是现存规则的守护者，同时也是变革者。澳大利亚则不惜代价继续维护美国的地区领导地位，她把“美国领导”僵化了，这严重影响了其融入亚洲的外交政策的实施。范思梦指出中国的“国际规则”指的是人类命运共同体(community of common destiny)和合作共赢(win-win cooperation)，而非西方式的以民主联盟和美国领导为基础的“自由主义秩序”上。③

因此在澳大利亚国内，对“基于规则的国际秩序”的谴责之声一直没有停止。澳大利亚国立大学战略与国防研究中心的格雷戈里·雷蒙德(Gregory V. Raymond)认为，任何大国都会根据自己的需要选择是否遵守“国际规则”，因此维持“基于规则的国际秩序”并不意味着必须保持美国的主导地位。他呼吁澳大

---

① Elizabeth Thurbon. Australia's Role as International Trade Rule-Maker. 2018-7-26.

② Josh Leslie. The Problem with the Concept of a Rules Based Global Order as Strategic Policy Guidance[N]. The Regionalist，2016(2).

③ Simone van Nieuwenhuizen. Australian and People's Republic of China Government Conceptions of the International Order[J]. Australian Journal of International Affairs，2019，73(2)：185.

利亚以既有的“国际法”取代“基于规则的国际秩序”。① 他还认为“虽然新兴国家不愿再接受美国的领导或统治，但没有迹象表明他们想要构建一个全新的秩序体系或相应的新规则范式”②。日本和新加坡学者横山那苏和唐思诚（Hitoshi Nasu & See Seng Tan）指出，亚洲地区国家一向支持国际规则，澳大利亚在处理地区外交关系时，在援引现有国际法规则时，必须注意本地区对基于规则的秩序的敏感性。③昆士兰大学的梅根·普莱斯（Megan Price）则直接指出澳大利亚挑战中国，相当于挑战规则。④ 鉴于以上问题，澳大利亚“基于规则的国际秩序”可能既弱化了与中国的关系，又与美国造成隔阂，还造成国内认知上的严重分歧，削弱了其外交政策效用，进而难以达成战略目的。

四、结语

“基于规则的国际秩序”在澳大利亚外交战略中的地位已毋庸置疑，但是如何推行这个政策以更好地实现澳大利亚的利益，澳大利亚还面临着很多棘手问题。虽然二战之后的国际治理结构保障了澳大利亚70年的安全和经济利益，但是以“规则”为基础的全球秩序框架日益遭受压力，已经显示出脆弱的迹象，军事力量的平衡以及国与国之间的经济实力正在发生变化，而且正在崛起的国家希望获得更大的话语权，对建立于大约70年前的一些规则提出挑战。澳大利亚国立大学亚太研究院的阿伦·金杰尔（Allan Gyngell）也提醒指出，20世纪澳大利亚赖以生存的基础——联盟、地区主义和“基于规则的国际秩序”都在发生变化，曾经塑造20世纪历史的英国和美国都在努力适应这种变化，中国作为崛起国家也在努力寻找新的定位，澳大利亚需要借助“印太战略”实现冷战后伟大的战略转型。⑤

近年来，澳大利亚一直视中国为国际秩序的挑战者，但随着国际环境的变化，特别是新总统上台后美国外交战略的可能调整，澳大利亚的反华外交正面临越来越大的困境，种种因素正迫使澳大利亚重新阐释“基于规则的国际秩序”。首先，国际关系的实践证明中国不仅不是国际规则的破坏者，反而是维护者、建

---

① Gregory V. Raymond. Advocating the Rules-Based Order in an Era of Multipolarity[J]. Australian Journal of International Affairs，2019，73(3).

② Gregory V. Raymond. Fragile and Fracturing or Evolving and Adaptive? Prospects for the Rules-Based Global Order[N]. Strategic & Defence Studies Centre，ANU College of Asia & the Pacific，2017-6：6.

③ Hitoshi Nasu and See Seng Tan. A Rules-Based Order in the Asia-Pacific[N]. Strategic & Defence Studies Centre，ANU College of Asia & the Pacific，2017-6：11.

④ Megan Price. Norm Erosion and Australia's Challenge to the Rules-Based Order[J]. Australian Journal of International Affairs，2021，75(2).

⑤ Allan Gyngell. The Changing Rules-Based International Order：Now What? 2018-7-20.

设者和贡献者。2019 年 9 月 27 日，中国政府在《新时代的中国与世界》白皮书中声明，中国提出的和平共处五项原则已成为国际关系的基本准则和国际法基本原则，为推动建立公正合理的国际政治经济秩序发挥了重要作用。为了维护既有秩序，中国以“负责任大国”定位，主动承担国际责任，努力推动人类命运共同体和新型国际关系建设，维护全球战略平衡与稳定。在面对澳大利亚的屡次反华叫嚣中，中国政府一直以沟通、协商的态度应对，表现出了足够的耐心，这赢得了一些澳大利亚有识之士的赞许。其次，澳大利亚盲目反华的外交政策正遭受越来越尖锐的内外批评。洛伊研究所“澳大利亚安全与基于规则的秩序”项目主任本·斯考特(Ben Scott)认为，中澳关系的矛盾症结在于其盟友美国没有遵循国际规则。① 2021 年 1 月 27 日，新西兰贸易和出口部长达米恩·奥康纳(Damien O'Connor)提醒澳大利亚在对华交往中展现“足够的尊重”。②最重要的是，越来越多的澳大利亚领导人和学者意识到，澳大利亚所需要的“国际秩序”并不是大国主导的秩序，而是能约束大国冲突的秩序，以美国为代表的“消极全球主义”(negative globalism)并不符合澳大利亚的利益，而中国也不再是意图推翻现有秩序的所谓“修正主义国家”，而是现有秩序的维护者和改良者。在 2020 年 12 月的一次讲话中，澳大利亚外长佩恩已经刻意把“国际规则”与美国外交战略分开看待，注重协调与周边国家的关系。③在美国政府换届之际，莫里森没有及时与特朗普分割的迟缓行动也遭到了学界的严厉批评。④

目前我国的国际环境不容乐观，特别是以美国为首的守成国家对于崛起国家的遏制态势一时难以化解。中美之间的竞争很大程度上是国际规则的竞争，打破西方的“意识形态堡垒”才能真正提升中国国际秩序理念的国际认同度。正如孙通等指出的那样：“由国际社会绝大多数成员所支持和选择的国际秩序的和平、合作和渐进式的变革方式，也将对大国战略竞争轨迹和国际秩序变化方向产生重要影响。”⑤中澳之间本不存在直接利益冲突，地缘关系和经济联系保障了两国关系的基础。“基于规则的国际秩序”实际成为两国关系的症结所在，如能在“规则”和“秩序”问题上加强理解，拓展对话空间，对改善我国周边

---

① Ben Scott. Australia Needs America to Follow Global Rules too. 2020-12-14.

② Anthony Galloway. NZ Trade Minister Suggests Australia Should Speak with 'More Diplomacy' in Dealings with China[N]. The Sydney Morning Herald, 2021-1-28.

③ Marise Payne. Building a Cohesive Indo-Pacific. 2020-12-4.

④ Paul Karp. Scott Morrison's Attempt at Distance from Trump Was as Tepid as It Was Late. 2021-1-22.

⑤ 孙通，张一帆. 中美战略竞争时代的中国与国际秩序：机遇、挑战及应对[J]. 苏州科技大学学报(社会科学版)，2020，37(5)：42-50.

外交环境、应对印太地区国际格局变动的挑战、推动中国崛起必将产生重要的战略影响。

作者简介

赵　昌　江苏师范大学澳大利亚研究中心讲师。

现代非对称同盟的演化过程
——基于冷战期间日美同盟案例研究①

董一兵

摘　要：学术界关于同盟演化过程存在不同视角的分析，主要有“实力平衡说”、“实力维持说”、“理念认同说”和“机制强化说”，虽然都有一定的解释力，但都是侧重于某一个方面，忽略了同盟演化的整体性。本文主要关注同盟演化中现代非对称同盟类型，提出其演化的三个阶段：建立阶段、调整阶段和争论阶段，以及每一阶段分别对应的三种特征：共同威胁、机制化和观念交流。随后以冷战期间日美同盟作为个案对现代非对称同盟演化框架进行检验。20 世纪 50 年代日美基于共同防御共产主义威胁化敌为友，60—80 年代伴随着日本国际地位提升围绕自身的自主性与美国进行博弈，90 年代初随着苏联的解体，双方基于观念上的再度匹配使得美日同盟得以转型。

关键词：同盟演化；非对称同盟；同盟机制化

同盟理论是国际关系中的安全理论，强调国家之间为了共同的战略利益而相互结成盟友以对抗共同的威胁。人类历史上关于联盟的历史非常漫长，无论是西方的伯罗奔尼撒战争还是中国古代的合纵连横，都有着联盟的历史痕迹。到了现代国家行为体诞生后，联盟更是发展成为一种战略模式，最为典型的就是冷战期间美苏各自的阵营盟友，美国的盟友体系在冷战结束之后更是延续至今。为此，中国对于这种同盟关系必须有自己深层次的理解。在同盟关系的研究中，联盟战略从来都不是目的，而是一种手段，双方结成盟友都是为了共同的利益，在这一利益达成之后，既有的盟友关系或维持或取消，而这一过程构成同盟变化完整的一环。在这完整的一环中也存在着诸多的阶段与影响因素。从同盟建立到结束大体上存在哪些阶段？在各个阶段中又有哪些因素在同盟发展中产生影响？这都是亟须我们进一步探寻的问题。

① 本文系兰州大学中央高校基本科研业务费项目（项目号：21Lzujbkyxs020）的阶段性成果。

一、关于同盟演化研究综述

学界基于不同角度针对同盟演化进行了研究，主要可以归纳为“实力平衡说”“实力维持说”“理念认同说”“机制强化说”。

（一）实力平衡说

实力平衡说的视角主要基于均势理论，认为国家间实力的强弱会影响同盟的发展。肯尼恩·N.华尔兹(Kenneth N. Waltz)认为：国家将涌向较弱的一方，因为威胁它们安全的是较强的一方。如果它们加入的联盟有足够的防御和威慑能力以阻止敌对联盟的进攻，它们将得到更多的尊重和安全。[①] 当国际体系上实力的分配不均衡时，国家会选择到天平下沉的一方，以维持平衡。只有在这样一种情形之下，国家才既能维护自身安全，又能摆脱被他国所主导的可怕前景。正如爱德华·V.吉利克(Eward V. Gulick)所言：“形成同盟就是为了反对任何主导力量的出现。”[②]英国是均势政策最为经典的国家，英国组建反法同盟遏制法国的霸权野心，筹建英日同盟抗衡沙俄，同盟显然就降格为践行均势战略的手段。另一个比较明显的例子则是冷战期间尼克松政府在战略收缩期为了抗衡苏联选择与中国建立“准盟友”的关系，但是这种解释存在着相当大的不足，与均势相对立的“追随”(bandwagon)战略显然是这种解释所无法概括的。历史学家保罗·W.施罗德(Paul W. Schroeder)指出，现实主义对于历史运用有着大的失误，“追随在历史上远比制衡更为常见，尤其对于小国而言”[③]。尽管后来斯蒂芬·M.沃尔特(Stephen M. Walt)对同盟的均势制衡论进行了修正，将制衡目标从权力变成威胁，但是仍然解释不了小国追随的历史问题，第一次反法战争作为英国制衡法国的案例所忽视的历史细节是法国当时恰恰是弱国，而许多国家只不过是想渔翁得利而已。一个更为著名的例子则是现实主义代表人物约翰·J.米尔斯海默(John J. Mearsheimer)断言冷战结束过后北约将解体，并形成针对美国的制衡力量[④]，但实际现象却是北约不断东扩，针对美国的制衡同盟也并没有建立。

---

① 肯尼恩·华尔兹.国际政治理论[M].信强，译.上海：上海人民出版社，2017：134.

② Eward V. Gulick. Europe's Classical Balance of Power[M]. New York: W. W. Norton & Company, 1955: 61.

③ Paul W. Schroeder. Historical Reality vs. Neo-Realist Theory[J]. International Security, 1994, 19(1): 116-117.

④ John J. Mearsheimer. Back to the Future: Instability in Europe after the Cold War[J]. International Security, 1990, 15(1): 5-56; Christopher Layne. The Unipolar Illusion: Why New Great Powers Will Rise? [J]. International Security, 1993, 17(4): 5-51; Kenneth N. Waltz. Structural Realism after the Cold War[J]. International Security, 2000, 25(1): 5-41.

（二）实力维持说

国家间互动至少存有三种形式，除了无政府状态之下的自助，还有等级制[①]和网络形式[②]。基于主权平等推导出来的无政府状态其实只是一种理想状态，实际上存在着一种权威-服从式的关系。美国在门罗主义（Monroe Doctrine）宣称下的拉美各国以及中亚地区对于苏联的互动状态都无疑更贴近等级制。正如莱克所言："在历史上有一种特别突出的关系是势力范围，其中，一个主导国拥有权威仅是为了限制附属国与第三方的合作。"[③]聂宏毅和肖铁峰认为，日美同盟在第二次世界大战后经历了"威权同盟"、"互助同盟"和"伙伴同盟"三个阶段，其中"威权同盟"强调美国冷战初期对日本的军事征服，具有高度的非对称性和不平等性。[④] 毕颖达也在其文章中强调同盟的不对称属性，美韩同盟存在一个从一开始的"一边倒"同盟到20世纪70年代后期的韩国追求"水平化"的发展过程。[⑤] 在学界对于这种非对等同盟也有相关的理论表述："第二次世界大战之后出现了一种较为新颖的非对称性联盟的组织形式，即一方在另一方的领土上驻军"[⑥]。车维德（Victor Dong Cha）将同盟中的非对称功能表述为："构建一种非对称同盟（asymmetric alliance）去最大程度控制小盟友的行动"[⑦]。这种视角与国际政治经济学当中的"霸权稳定理论"（Hegemonic Stability Theory）[⑧]具有相当大的关联性，往往为主导大国地缘战略野心所服务——这种野心投射到地理上也就是所谓的"势力范围"（the sphere of influence）[⑨]，对于像英、美这样的霸权国家来说，维持同盟当然具有很好的说服力。

---

① 戴维·莱克. 国际关系中的等级制[M]. 高婉妮，译. 上海：上海人民出版社，2013：47-175.

② Powell W. W. Neither Market nor Hierarchy: Network Forms of Organization[J]. Research in Organization Behavior，1990，12：295-336.

③ 戴维·莱克. 国际关系中的等级制[M]. 高婉妮，译. 上海：上海人民出版社，2013：55.

④ 聂宏毅，肖铁峰. 日美同盟的历史演变及其对亚太安全的影响[J]. 当代亚太，2007(8)：39-45.

⑤ 毕颖达. 调整中的美韩同盟：发展历程、强化动因及其挑战[J]. 美国研究，2018，32(1)：83-102.

⑥ 苏若林，唐世平. 相互制约：联盟管理的核心机制[J]. 当代亚太，2012(3)：5-38.

⑦ Victor Dong Cha. Power Play: Origins of the U. S. Alliance System in Asia[J]. International Security，2009，34(3)：158.

⑧ 关于该理论的介绍，参照樊勇明. 霸权稳定论的理论与政策[J]. 现代国际关系，2000(9)：20-23.

⑨ "势力范围"的关键在于起到保护屏障的作用，参照 Amitai Etzioni. Spheres of Influence: A Reconceptualization[J]. The Fletcher Forum of World Affairs, 2015, 27 (5): 118-120; Paul Keal. Contemporary Understanding about Spheres of Influence[J]. Review of International Studies，1983，9(3)：170-171；关于乌克兰危机的"势力范围"解释可参照 Michael Mcfaul, Stephen Sestanovich and J. Mearsheimer. Faulty Powers: Who Started the Ukraine Crisis? [J]. Foreign Affairs，2014，93(6)；John J. Mearsheimer. Why the Ukraine Crisis Is the West's Fault[J]. Foreign Affairs，2014，93(5)；关于美中避免修昔底德陷阱的"势力范围"解释可参照 Graham Allison. The New Spheres of Influence Sharing the Globe With Other Great Powers[J]. Foreign Affairs，2020，22(2)：41-48.

但是这样也存在不足，即忽略了同盟当中弱国的视角，使其仅仅成为“搭便车”者，一个明显的现象就是冷战后美国国内兴起的“同盟分担责任论”的声音并没有使美国与盟友彻底断裂。正如艾伦·哈勒姆（Ellen Hallams）和本杰明·史丽尔（Benjamin Schreer）从责任分担（burden-sharing）分析北约的演变趋势，认为尽管责任分担问题一直以来就是美国与欧洲国家争论的焦点，但 2011 年在叙利亚的作战行动（Operation Unified Protector）反映了一种可能的模式变化：由原先美国领头转变为美国督促、英法领头的模式。① 对于国家在非经济收益时仍然在维持着已有的同盟，这一点或许仍然需要进一步深究。

（三）理念认同说

国际关系中的建构主义流派十分强调身份（identity）的作用，认为身份对国际关系的发展产生了关键作用。“在温特的理论体系中，国际社会的宏观结构是由各种角色位置及其承载的观念所构成，角色身份的概念将国际社会宏观观念结构与行为体行为联系起来。”②理查德·内德·勒博（Richard Ned Lebow）注意到这种身份理论的根源在于康德（Immanuel Kant）和黑格尔（Georg Wilhelm Friedrich Hegal）在建构国家身份上二元对立的困境，并且他者（other）往往是国家自身身份彰显的消极存在，进而直接演化成国际关系当中的“民主和平论”（democratic peace）③。“民主和平论的自由支持者们将（康德与黑格尔）这种两分法引用到世界上，进而形成自由国家与威权国家的划分。”④基于这种身份上的认同进而维持了同盟的演化，梁军针对二战后英美非对称的同盟演化，强调从一开始由反共理念引领，中间受到苏伊士运河危机导致波动，20 世纪 80 年代两国国内精英的保守主义理念又再度强化了双方的同盟关系。⑤ 彼得·施耐德（Peter Schneider）聚焦北约（1945—2000）的演化，强调北约的成立是为了对抗华约，从 1989 年冷战结束之后，北约开始转型，主要受到三个因素的影响：北约的价值共同体、北约战略调整的能力、欧洲安全环境的变化。⑥ 当然也不只是狭隘意义上的自由民主理念，“建构主义理论认为，同盟是集体认同和集体利益的

---

① Ellen Hallams and Benjamin Schreer. Towards a “Post-American” alliance? NATO Burden-Sharing after Libya[J]. International Affairs，2012(2)：313-327.

② 季玲.重新思考体系建构主义身份理论的概念与逻辑[J].世界经济与政治，2012(6)：75-92，158.

③ Michael Doyle. Kant，Liberal Legacies，and Foreign Affairs，Parts 1 and 2[J]. Philosophy and Public Affairs，1983，12(3)：205-235 and 1983，12(4)：323-353.

④ Richard Ned Lebow. Identity and International Relations[J]. International Relations，2008，22(4)：476.

⑤ 梁军.英美联盟研究[D].武汉：华中师范大学博士论文，2008：80-135.

⑥ Peter Schneider. The Evolution of NATO：The Alliance’s Strategic Concept and Its Predecessors，1945-2000[J]. Naval Postgraduate School，2000：1-6.

一个重要体现。”[①]只要是国家之间彼此拥有共同理念都可以组建同盟，在国际关系史上就存在由保守主义理念所主导的三皇同盟（League of the Three Emperors），由此可见理念确实在发挥着相当大的作用。

但问题是，首先这种解释极大地忽略了同盟当中实力的成分，日本寻求与英国结盟以及美国与中东盟友维持合作都很难从这一角度得到解释；其次，尽管观念在维系已有的同盟发展过程中可能会起到作用，但是这种作用也很难与国家利益和国际地位等彻底分离，这也就很难判定到底观念在同盟演化过程中发挥着多大的作用。

（四）机制强化说

机制（regime）作为国际关系的核心概念之一，与新自由主义有着千丝万缕的联系。正如罗伯特·基欧汉（Robert Keohane）所言：“国际机制通过提高破坏他人财产权利行为的预期成本，改变议题群之间的交易成本，以及为其成员提供可靠的信息，促进协议的达成。”[②]同盟当中的机制对于同盟的维系有着莫大的作用，马丁·怀特指出“联盟是实现共同利益的机制”[③]，基于共同的利益可以通过同盟机制的运行来确保彼此之间畅通无阻的沟通和对彼此坚定的承诺。张景全将同盟机制划分为“同盟法制框架、军事安全常设机构、战略及安全磋商机制、具体军事合作、经济合作等5个方面”[④]。沈鹏、花馨在其文章当中提到在美国战略东移的情况下，美国与菲律宾和澳大利亚的同盟分别得到了强化，主要表现在不断健全的安全合作机制、防务贸易水平提升、充实军事基地三个方面。[⑤] 焦世新则聚焦日美同盟的机制化，提出美日之间通过三个《防卫合作指针》不断推进着同盟机制化的程度。其主要表现在两个层面：规范层面和实践层面，焦世新强调规范层面的变化是同盟的认知发生变化，而实践层面的变化则是为了巩固同盟进行的内部调整。[⑥]

现有研究当中所谓“同盟升级”“同盟延展”“同盟扩展”“同盟强化”都或多或少地表现出同盟机制化色彩。在历史上，为了维持维也纳体系的稳定，欧洲盟国通过一系列国际会议进行彼此的协调，但是这种说法依托的一个大前提就是同

① 张景全. 观念与同盟关系探析[J]. 世界经济与政治，2010(9)：109-120，158-159.

② 罗伯特·基欧汉. 霸权之后：世界政治经济中的合作与纷争[M]. 苏长和，信强，何曜，译. 上海：上海人民出版社，2016：98.

③ 马丁·怀特. 权力政治[M]. 宋爱群，译. 北京：世界知识出版社，2004：70.

④ 张景全. 美菲同盟强化及其在美国亚太再平衡战略中的作用[J]. 南洋问题研究，2014(1)：1-8.

⑤ 沈鹏，花馨. 关于美菲、美澳同盟演化的评析[J]. 当代世界，2017(7)：68-70.

⑥ 焦世新. 美日同盟的机制化与战略转型[J]. 美国研究，2019，33(3)：96-125，7.

盟内部实力的大小[①]，很难想象实力差距过大的情况之下，小国能够改变大国的决定。村上田农(Takashi Terada)强调美日同盟与美澳同盟在向柔性三角安全合作关系演变，其首要因素就在于满足美国在地区战略当中的需求。[②] 毕颖达也强调美韩同盟的强化最为直接的原因之一在于美国的战略调整。钮维敢和孙灿则直接将美国安全认知作为主要因素来分析两洋同盟体系(包括大西洋同盟与亚太双边同盟)的变化。[③] 很明显同盟机制并不能决定谁的话语更有分量，关键还在于实际上自身的实力。

通过对上述文献的梳理，可以发现各种视角对于同盟演化的解读都存在着一定的帮助，“实力平衡说”长于同盟建立，而“实力维持说”、“理念认同说”以及“机制强化说”则长于同盟维系，但彼此鼓励的解释都存在同盟演化过程的断裂，都只是关注到了同盟演化的部分环节，而缺乏对整体的深描。魏光启认为，同盟在历史上存在三种演进模式：瓦解、延续和转型。[④] 其中延续指的是保持原有同盟性质基本不变，而转型则包括了同盟性质的转变。[⑤] 针对从同盟建立到同盟使命达成以后的不同可能性，都需要我们从整体上把握这一事物的发展，进而更好地去理解。

此外，笔者通过综述发现每种研究视角内部也存在两点重要的差异：传统同盟与现代同盟、对等同盟与不对等同盟。克劳斯·克诺尔(Klaus Knorr)聚焦于欧洲 1815—1945 年之间的同盟体系，强调传统同盟具有三个功能：权力的聚集(aggregation of power)、盟国之间的控制以及国际秩序的治理。他强调当时的多边同盟更多的都是基于互相制约，另外也总是吸纳潜在敌人成为同盟，典型的是四国同盟(Quadruple Alliance)在 1818 年吸纳法国进入同盟；而到了二战时期的同盟发展，无论是轴心国还是大联盟(Grand Alliance)都几乎只剩下权力的

---

① 也有例外，如约翰·J. 米尔斯海默，斯蒂芬·M. 沃尔特. 以色列游说集团与美国对外政策[M]. 王传兴，译. 上海：上海人民出版社，2009.

② Takashi Terada. Evolution of the Australia-Japan Security Partnership: Toward Partnership: Alliance with the United States? [M]//in Takashi Inoguchi, G. John Ikenberry: Yoichiro Sato. The U. S. -Japan Security Alliance. New York: Palgrave Macmillan, 2011: 217-232.

③ 钮维敢，孙灿. 美国两洋同盟演化与当代国际格局转型的再思考[J]. 太平洋学报，2014，22(12)：47-58.

④ 魏光启. 同盟演进的基本模式及其互动关系——兼论冷战后北约的演变[J]. 廊坊师范学院学报(社会科学版)，2014，30(6)：60-65.

⑤ Klaus Knorr. Alliance, 1815-1945: Weapons of Power and Tools of Management[M]//in Paul W. Schroeder, David Wetzel and Robert Jervis. Essays on the International History of Modern Europe. New York: Palgrave Macmillan, 2004: 195-222.

聚集这样单一的功能。[①] 传统的同盟演化与均势有着相当大的关系，欧洲经典均势时期，各国就不断通过盟友的变化来平衡各国之间的权力，最为典型的是大英帝国的均势政策和俾斯麦的均势联盟体系，并且还通过盟友体系之间的相互制约来确保权力的天平不会被打破。但是随着二战之后国家整体战略的较量以及外交模式[②]的变化，很明显同盟之间的关系变得越来越僵硬，转化同盟的事情也越来越困难，正如有研究者发现：除了古巴和伊拉克——后者从来都不与美国直接结盟——没有任何一个国家是蓄意从同盟转向中立或中立主义的。[③] 所以在时间节点上，二战前后的同盟演化应该具有不同的形态。

另外有一点十分重要的就是同盟之间的不对等性。事实上，在同盟当中存在多种多样的状态，对于双边同盟的类型，可以依据签订盟约的两方力量的大小，将同盟类型划分为对称同盟与非对称同盟两种类型。所谓的对称同盟就是盟友双方之间的力量相当或者差距较小；而非对称同盟则是盟友双方之间存在着非常大的力量差距。历史上第一次世界大战时期的盟友就是典型的对称同盟，而冷战时期围绕美苏两个超级大国所组建的同盟就是典型的非对称同盟。本文主要集中于现代非对称同盟演化过程的分析，现代非对称同盟包括双边与多边两种形式。

二、现代非对称同盟演化行为框架

演化强调的是一种过程，本文假设是会存在同盟建立—同盟发展—同盟结束或延续三个阶段，在每一个阶段都存在着最为明显的特征。文章主要分析的是从一个阶段到下一个阶段之间发展的特征转化，也会提及特征本身的内容，但这并不是文章的重点，重点在于描述过程中如何在特征之间发生转化，是一种过程行为分析。“无论是进攻性还是防御性、有限还是无限、对等还是不对等、双边还是多边，联盟都必须涉及对于使用武力来实现共同目标的承诺。”[④]

首先，在同盟建立时期最重要的特征就是同盟目标，在学界对于同盟建立阐述的最为经典的当属沃尔特的“威胁制衡论”(balance-of-threat theory)[⑤]，其威

① 阿诺德·沃尔弗斯. 纷争与协作——国际政治论集[M]. 于铁军，译. 北京：世界知识出版社，2005：193.

② 外交由原来的秘密外交变为受大众所监督的公开外交。

③ 斯蒂芬·沃尔特. 联盟的起源[M]. 周丕启，译. 北京：北京大学出版社，2007：181.

④ Klaus Knorr. Alliance，1815-1945：Weapons of Power and Tools of Management[M]//in Paul W. Schroeder，David Wetzel and Robert Jervis. Essays on the International History of Modern Europe. New York：Palgrave Macmillan，2004：195.

⑤ 除此之外，典型的还有“均势制衡伦”(沃尔兹)、和“利益制衡论”(施韦勒)，可参照于铁军. 国际政治中的同盟理论：进展与争论[J]. 欧洲，1999(5)：14-25；宋伟. 现代国际关系中的同盟政治：理论与实践的考察[J]. 国际论坛，2002(5)：51-55.

胁的来源受四个因素影响:综合实力、地缘的毗邻性、进攻实力和侵略意图,联盟的基础是共同的对外政策目标,而不是共有的国内特征①。为了抵御共同的威胁,国家之间会结成同盟,典型的例子就是美国为了制衡苏联积极构建战后的同盟体系。由于全球大国和区域国家对于威胁的感知不同,超级大国寻求盟友,目的是制衡那些拥有最强大能力的国家,而特定区域内能力较弱的国家如中东地区的国家,寻求盟友的主要目的是制衡邻近国家②。

其次,在同盟建立之后的发展过程中会出现一个不断调整的阶段,在这一阶段机制化是主要表现。机制通过在以前不存在的地方创造信息流来减少不确定性,通过创造新的违约成本来解决承诺问题,通过协调中心来降低交易成本。③二战之后的盟友基本上都是防御性的政治盟友,不同于一战、二战时期的战争盟友,基本上较短的时间内,一般为几年内,就打败敌人然后解散。政治盟友往往会经历十分久的时间,为此双方会建立起一种协调机制,"威胁的环境和议价能力(bargaining power)的互动形成了同盟的机制形态"。④ 而且由于双方实力严重的不对等,相对较弱的国家会有寻求战略自主性的倾向,所以联络机制一方面会培育双方防务人员对于潜在威胁的应对机制,另一方面也成为同盟内部强国和弱国互相谈判的场所⑤,其表现形式为双方通过签订行政当局协定来造成同盟代价的提高,并且往往会经过行政当局的审批以及相配套的部门实体(bureaucratic bodies),⑥总体上"同盟的机制化或制度化(institutionalization)就是同盟通过机制建设不断强化的过程"⑦。所以同盟机制化是同盟维系过程当中最为主要的阶段特征。这一阶段也会存在另一个观念在起作用,"观念与同盟维系之关系主要体现在:同盟维系的合理性以及同盟维系的长期化"⑧。这里的

---

① 斯蒂芬·沃尔特.联盟的起源[M].周丕启,译.北京:北京大学出版社,2007:181;Alexander Lanoszka. Goodbye to All That? Institutionalist Theory, U. S. Alliance, and Donald Trump[J]. Contemporary Security Policy,2016:3.

② 斯蒂芬·沃尔特.联盟的起源[M].周丕启,译.北京:北京大学出版社,2007:158.

③ 罗伯特·基欧汉.霸权之后:世界政治经济中的合作与纷争[M].苏长和,信强,何曜,译.上海:上海人民出版社,2016:107.

④ Alexander Lanoszka. Goodbye to All That? Institutionalist Theory, U. S. Alliance, and Donald Trump[J]. Contemporary Security Policy,2016:3.

⑤ 关于同盟通过机制实现核武器的讨价还价可参照 Alexander Lanoszka. Goodbye to All That? Institutionalist Theory, U. S. Alliance, and Donald Trump[J]. Contemporary Security Policy,2016:1-6.

⑥ Brett Ashley Leeds and Sezi Anac. Alliance Institutionalization and Alliance Performance[J]. International Interaction,2005(31):183-202.

⑦ 焦世新.美日同盟的机制化与战略转型[J].美国研究,2019,33(3):96-125,7.

⑧ 张景全.观念与同盟关系探析[J].世界经济与政治,2010(9):109-120,158-159.

观念是“指主体对客体及主体间的认知和信念”[①]。当然安全观念与机制比较相近，区别在于机制主要就是安全信息的交换，而观念则是一国政治主流的看法。

最后，是同盟的结束或延续阶段，在这一阶段当中观念会成为主要特征。“当安全利益的契合程度减弱时，同盟构建者对观念的强调就会增强。”[②]往往在这一阶段同盟当初所建立的潜在威胁已经减弱甚至不复存在，为此盟国国内会产生是否仍然有延续的争论，所以这一时期国内的政治争论及其最后的主流共识是最为重要的影响因素。首先，我们区分三种信念：世界观、原则化的信念、因果信念。然后我们勾画出观念能够影响政策的三种因果路径：提供原则化的或因果性路线图、在不存在单一均衡(unique equilibrium)的地方影响战略、嵌入制度当中。[③] 在这一阶段强调的是观念的影响而不是何种观念在一国内部更有影响力，所以主要是观念对于既有同盟的影响。

在国际政治当中，世界观式的信念主要是关于国家行为体以及主权等看法，在二战之后的历史当中，这一看法仍然没有根本性改变，而原则化的信念则指包括详细说明区分对与错、正义与非正义标准的规范性观念[④]。这在国家当中确实存在着差异，至于最后因果信念则是关于原因-结果关系的信念。它的权威来自被公认的精英(无论他们是村庄长老还是杰出研究所中的科学家)所达成的共识[⑤]。这一点的影响应该是最为显著的，因果关系概念化的变化比世界观和原则化信念的变化更频繁和迅速。因此，具体政策的转变常常可以追溯到这一变化，尤其是当技术知识扩大时就更是如此[⑥]。所以这一阶段主要聚焦于因果信念对于同盟政策的影响，而在规范信念时则会因国家而异。其影响的路径则是上述三种路径当中的某一个或全部。

综上所述，按照现代非对称同盟演化框架的假设，其演化分为三个阶段，在其每一个阶段当中最为主要的特征都各不相同，分别为威胁感知、同盟机制以及观念。另外，基于文献当中历史模式的差异，其同盟演化主要聚焦于二战之后的演化模式。在这之中还需要注意国际体系对于同盟演化的重要影响，即单级、两

---

① 张景全.观念与同盟关系探析[J].世界经济与政治，2010(9)：109-120，158-159.

② 张景全.观念与同盟关系探析[J].世界经济与政治，2010(9)：109-120，158-159.

③ 朱迪斯·戈尔茨坦，罗伯特·O.基欧汉.观念与外交政策：信念、制度与政治变迁[M].刘东国，于军，译.北京：北京大学出版社，2005：8.

④ 朱迪斯·戈尔茨坦，罗伯特·O.基欧汉.观念与外交政策：信念、制度与政治变迁[M].刘东国，于军，译.北京：北京大学出版社，2005：10.

⑤ 朱迪斯·戈尔茨坦，罗伯特·O.基欧汉.观念与外交政策：信念、制度与政治变迁[M].刘东国，于军，译.北京：北京大学出版社，2005：10.

⑥ 朱迪斯·戈尔茨坦，罗伯特·O.基欧汉.观念与外交政策：信念、制度与政治变迁[M].刘东国，于军，译.北京：北京大学出版社，2005：10.

级或者多级对于演化会的不同影响，以及多边和双边的同盟在功能上的差异，“如果小国尝试制约大国，多边主义是有效的；如果大国控制小国，那么双边联盟是更有效的”[①]。本文主要关注的是两级体系之下非对称双边同盟的演化模式。

三、冷战时期日美同盟行为案例分析

（一）案例选择

既然作为一种假设模式，其规律性当在这一类型的同盟当中都发挥作用，所以应该是一类现象。作为一类现象的假设生成当采用案例研究的方法，“案例研究可以被认为是对单个案例的深入研究，该研究的目的——至少部分目的——是解释一组更为庞大的案例（总体）”[②]。其中的案例则是“指在某一时间点或经过一段时期所观察到的一种有空间界限的现象（一个单位）”[③]。那么在这里，案例应该是指现代非对称同盟，满足这一条件的案例数量很多——美国和苏联各自的双边同盟都是如此，无法一一作出观察。为此按照检验假设的目的，单个案例研究是比较恰当的做法，与此同时还需要注意为了体现案例自身的完整性，一般会以已经结束的历史作为挑选案例的对象，而不是正在发生的事件。至于挑选案例的标准，分别有典型案例法、多变案例法、极端案例法、反常案例法、影响性案例法、关键案例法、路径案例法、最相似案例法、最相异案例法。[④] 按照典型案例法的标准，本文选择日美在冷战时期的同盟作为分析对象，之所以选择这一案例，原因在于日本是二战战败国家，直接被美军军事占领，其案例的非对称性是最为明显的。

（二）“同盟”界定

美国学者阿诺德·沃尔夫斯（Arnold Wolfers）较早时对于“同盟”一词进行了界定，将其表述为“‘同盟’一词表示两个或多个主权国家之间所作出的关于相互间进行军事援助的承诺”[⑤]。随后学者格伦·H. 施耐德（Glenn H. Snyder）则将“同盟”界定为：“为维护成员国的安全或扩大其权势而组成的关于使用（或不

---

① Victor D. Cha. Power Play：Origins of the U. S. Alliance System in Asia[J]. International Security，2009，34(3)：159.

② 约翰·吉尔林. 案例研究：原理与实践[M]. 黄海涛，刘丰，孙芳露，译. 重庆：重庆大学出版社，2017：15.

③ 约翰·吉尔林. 案例研究：原理与实践[M]. 黄海涛，刘丰，孙芳露，译. 重庆：重庆大学出版社，2017：14.

④ 约翰·吉尔林. 案例研究：原理与实践[M]. 黄海涛，刘丰，孙芳露，译. 重庆：重庆大学出版社，2017：67-68.

⑤ Arnold Wolfers. Alliances[M]//in David L. Sills，ed. International Encyclopedia of Social Sciences. New York：Macmillan，1968：268-269.

使用)武力的正式的国家联合,这种联合针对其他特定国家,不论这些国家是否已被明确确认。"[①]从以上的定义当中可以发现"同盟"一词的定义模糊,主要体现在两个方面:首先,对于同盟所建立的威胁状态的界定过于广泛,以至于这一威胁状态可以包含任何国家间的安全协定。这里需要清楚的是同盟是一种外向型的安排,旨在加强成员之间共同面对外部的安全感,不同于集体安全协定强调所有参与者之间的安全,具有明确的针对性。其次,同盟的安全合作表现形式主要是以军事援助为主,尤其是军队的使用,这一点与通常的经济援助有着明显的差异。具体对应到日美同盟当中,满足其条件的是在1951年主要针对苏联及其阵营为威胁目标所建立的同盟,而苏联在1991年解体也标志着威胁的解除,所以其时间范围为1951—1991年。下面主要分析其是否存在阶段化过程以及每一阶段当中的主要特征表现。

（三）案例分析

1. 同盟建立阶段

首先是第一阶段,从和平宪法到日美安保,日美之间的关系发生了极其迅速的变化,在二战时还是水火不容的敌人,到了1951年却已经成了盟友。关于这一段历史的史实已经有大量的研究作品[②],日本政府对美结盟的构想早在和平宪法之前就已经孕育出来,1946年1月31日外务省政务局提出了专项报告,提出了占领军驻留与非武装化后的日本国家安全保障联系起来[③]。其后在1946年2月21日由日本外务省条约局提出了《关于和平条约之盟国方案与我方希望案的比较研究》报告,进一步认为存在依托盟国各国媾和和依托美国单独媾和方案,在日美媾和当中明确由于美国在远东的地位可以保障日本的安全,从这里可以看得出日本的对外战略构想是早于美国政府的,因为日本向来在外交传统当中都存在着追随强国的传统。[④]

但是美国在1946年提出的却是麦克阿瑟方案,即改造日本,并强迫日本在1946年3月6日接受了该方案,并公布了《宪法修改草案纲要》。其中最为重要的设想是和平第九条,即将日本改造为非武装中立化的国家。可以看出,界时的

---

① Glenn H. Snyder. Alliance Theory: A Neorealist First Cut[J]. Journal of International Affairs, 1990,44(1):104.

② Michael Schaller. The American Occupation of Japan: The Origins of The Cold War in Asia[M]. Oxford: Oxford University Press, 1985;崔丕. 美国对日单独媾和政策形成史论[J]. 美国研究,1992(2):77-92,41;隋淑英. 朝鲜战争与日本的崛起[J]. 烟台大学学报(哲学社会科学版),2003(3):340-345;沈志华. 中苏同盟、朝鲜战争与对日和约——东亚冷战格局形成的三部曲及其互动关系[J]. 中国社会科学,2005(5):172-188,208;五百旗头真. 日美关系史[M]. 周永生,等译. 北京:世界知识出版社,2012.

③ 肖伟. 战后日本国家安全战略的历史原点[M]. 北京:新华出版社,2009:90.

④ 段廷志. 日本结盟战略与实践研究[M]. 北京:军事科学出版,2013.

美国政府对日本仍然是充满抵制情绪的，所以要严格惩罚日本的战争罪行。到了 1947 年 3 月 12 日，美国总统杜鲁门在国会发表演说时将世界形容为处于自由与极权的分裂状态之中，并在 3 月开始通过三部协调委员会（SWNCC）开始对政策进行评估，认为“日本的经济危机可能会满足苏联人的愿望，即通过西伯利亚和满洲的资源来拉拢日本”[①]，并于 1947 年 7 月 26 日成立了国家安全委员会（NSC），这都标志着美国已经开始思索与苏联的战略竞争。1947 年 9 月 5 日，日本终战联络事务局局长铃木拜访美国驻日部队指挥官艾克尔伯格，出于对苏联势力的担忧，艾克尔伯格答应将所谓的“芦田书简”[②]带给美国高层。在这之前乔治·凯南就建议“针对像德国和日本这样的世界权力重要力量的恢复计划”[③]之后，在美国国务院政策计划委员会（PPS）提交的对日合约备忘录当中开始提出日本对于美国亚太战略利益的重要性。

到了 1948 年 10 月 9 日，美国总统公布了新的对日政策文件《美国国家安全保障会议关于对日政策建议》（NSC-13-2），其目的就是把日本建成美国对苏冷战的前沿基地，把日本固定在西方阵营中[④]。随后 1949 年的《美国的亚洲战略》（NSC-48-1）和 1950 年 9 月 8 日的 NSC60/1 号文件都强化了美国国内的共识，即日本在亚洲很重要，日美关系对于美国很重要。基于这一前提条件，美国着手与日本签订媾和条约，并同时签订了《日美安全保障条约》。虽然日本从战略上重视对美合作，但是按照时任首相吉田茂的设想，最主要的目的还是减轻军备为发展经济创造条件[⑤]。所以双方在合作的具体内容，主要是关于军备内容方面，发生了争执，不过最后迫于美国的压力，日本进行了妥协，其不对等性则完全体现在日美行政协定从原先的安保条约当中分离出来。因为协定内容事关美军驻日基地与特权，美国此举是为了防止日本国内舆论，所以单独将其分离出来。

回顾这段历史，可以明显发现一个准备同盟的阶段，而其主体特征确实也是共同威胁感知。美国为了应对苏联的威胁而转变对日政策，日本则是为了更好地维护自身利益，但是从同盟本身来说由于严重的不平等地位，美国起着完全主

---

① Michael Schaller. The American Occupation of Japan: The Origins of The Cold War in Asia[M]. Oxford: Oxford University Press, 1985: 91.

② 主要包括两种构想：① 在美苏和谐的情况下依靠联合国保障其安全；② 在美苏不合的情形下，依靠美国。

③ Michael Schaller. The American Occupation of Japan: The Origins of The Cold War in Asia[M]. Oxford: Oxford University Press, 1985: 87.

④ 肖伟. 战后日本国家安全战略的历史原点[M]. 北京：新华出版社，2009：109.

⑤ 后世称为“吉田路线”，即通过国际经济使日本再次繁荣。参照 Yoshida Shigeru. The Yoshida Memoirs: The Story of Japan in Crisis[M]. trans. Yoshida Kenichi. Westport, CO: Greenwood Press, 1961.

导的作用，其同盟关系也完全是为了应对苏联威胁而形成，并且苏联对日本在北方领土以及进攻实力上都产生了压倒性的威胁，所以日本也同样有着这方面的顾虑。

2. 同盟调整阶段

从1951年日美正式确立安全合作到1991年苏联解体，双方合作的威胁不复存在，在这一段时期当中双方的同盟不断进行着变化与发展。“日美同盟的制度化始于20世纪60年代后期，美国希望日本发挥地区大国责任而启动的建立各种磋商机制的进程”[①]，时任首相岸信介积极推动双方同盟更趋平等化，早在1955年重光葵就提出修约，但美国以日本扩军和海外派兵为条件加以拒绝。自1957年2月岸信介当选首相之后，就积极为与美国谈判准备条件。在1957年5月20日确立了国防基本方针，并通过了《第一次防卫计划》；在1957年6月21日，岸信介访问美国期间发表共同声明，就设置委员会来讨论安保条约达成共识，并在8月6日设立了“日美安全委员会”。最后，1960年1月19日，日美在华盛顿签订了新的安保条约，比起之前的安保条约，这一条约大大充实了双方的军事色彩，尤其是其中规定对于驻日美军的攻击被视为对日本本土攻击的典型。

这次修订条约从1958年11月13日持续至1959年4月13日，其中双方围绕事前协商制度展开了激烈的争论是反映双方安保条约争论的一个典型事例。这件事发生的背景是1955年日本加入关贸总协定并且其农业总产值超过战前水平，1956年加入联合国，日本政府在已有基础上想要改变当时日美双方极端不平等的关系，以重新建立自己的国民信心。这种不对等地位首先就表现在防御地位的不对等，为此，日本尤其是要防止其被卷入为美国牟利的战争冲突当中，以更好地维护自身的利益。事前协议的条款主要是应日本的要求而设立的，日本政府出于平息日本民众反安保情绪的考虑，而要求美国就核武器进入日本及远东有事实的作战行动等重要事情上应与日本事前协商。[②] 在这一协商当中关于具体的基地使用问题和美国搭载核武器的舰船进入日本港口问题使得双方发生分歧，最后在谈判过程当中采取了公开＋秘密协定的方式予以解决。其中公开的大概内容写入新安保条约当中以满足日方政治需求，但是秘密协定则在第一次安全保障协商委员会会议记录(SCC)予以记录。这里需要注意的是第一次安全保障协商委员会会议的时间是1960年1月6日，但是新安保条约签订的时间则是同年1月19日，这是因为驻日美军基地向朝鲜半岛展开的军事行动不

① 吉田真吾. 日米同盟の制度化：発展と深化の歴史過程[M]. 名古屋：名古屋大学出版社，2012.

② 何英莺. 论战后日美军事同盟中的摩擦关系[D]. 上海：复旦大学博士学位论文，2003：30.

受任何限制才是设立事前协商制度的前提条件。[①] 所以在军事使用上美军仍保留了自己的例外条件，即在军事基地使用上战时由美军支配和在核武器搭载问题上将其放置在冲绳[②]。从这里可以看出双方建立协商机制是基于双方需求的变化，尤其是非对称当中相对弱势一方对于平等地位的追求，并且日本此时也逐渐从战败当中走了出来，已经开始拥有一定的实力，这样在与美方交流的过程当中也就获得了一定程度讨价还价的能力。但是同盟关系在更大程度上仍然由美国进行把控，如果说“事前协商制度”乃是美日关系走向对等的重要标志，那么，上述种种例外的存在，恰恰反映了美日关系发展的限度[③]。美国对于在亚太地区始终都是从与苏联及其盟友进行战略遏制的角度把控同盟的，种种例外条件的存在就是明证。

另外，这一时期已经在日本频繁开始出现对美自主的社会运动，典型的就是岸信介本人由于安保条约的修订而被迫下台。政治精英当中存在着两种舆论：对美自主论和对美合作论，而民间则存在着反军事、反战争的和平舆论，这些观念不断从 20 世纪 60 年代开始发酵，对双方的同盟关系产生着深远的影响。但是这些观念始终都在双方政府，尤其是日本政府的控制之中，不同于 60 年代末期的观念，而事关同盟利益的事情则都是通过双方首脑以及 2+2 会议机制进行沟通，并于 1976 年在其下面分设更为具体的防卫合作小组委员会，进一步推动着双方合作的高度与水平，到 1978 年更是推出了《日美防卫合作指针》来进一步夯实机制的功能。

3. 同盟争论阶段

随着日本经济的迅速发展，到了 20 世纪 80 年代日美双方频频爆发贸易冲突，以至于美国有人已经开始反思双方的关系，在 1985 年关于双方贸易战争的著作开始出现[④]。到了 1987 年随着“东芝事件”的爆发更是给双方的关系平添了更多的不确定性，当时日本的反应则是“美国存在抑制日本高科技发展的阴谋”[⑤]。到了 1991 年更是上升到了“日本威胁论”的高度，美国强调日本对于市场控制、资源掌握、经济竞争甚至国家安全都存在激烈竞争[⑥]，而在当时日本国

① 崔丕. 冷战时期美日关系史研究[M]. 北京：中央编译出版社，2013：254-255.

② 关于日美双方“核密约”的问题，参照 Kei Wakaizumi. Japanese-American Relations After the Reversion of Okinawa.

③ 崔丕. 冷战时期美日关系史研究[M]. 北京：中央编译出版社，2013：266.

④ Ronald H. Spector. Eagle Against the Sun: The American War with Japan[M]. New York: Random House，1985.

⑤ George R. Packard. The Coming U. S. -Japan Crisis[J]. Foreign Affairs，1987，66(2)：349.

⑥ George Friedman and Meredith LeBard. The Coming War With Japan[M]. New York: St. Martin's Press，1991.

内的反应则同样激烈，典型的就是1989年由索尼公司创始人和石原慎太郎合著的《日本可以说"不"》，表现出日本极右翼民族主义的情绪，一时之间双方都充满了火药味，这种不满不再仅仅是在大众之间，在精英之间也同样存在。

另外在这一时间苏联的威胁感不断降低，1989年东欧已经开始变化，这种原来意识形态和军事实力所造成的威胁逐渐降低，在双方紧张的贸易摩擦当中也都让双方对既有同盟的价值充满了怀疑，这一历史也被称为后世熟知的"外交漂流"①。不过这一历史并没有成为双方同盟的最终点，在"奈报告"②起草后，再次使得双方对同盟关系给予了充分肯定的价值。而这期间从怀疑到肯定，都是观念在起作用。日本的规范视野集中于国家国际社会(international society of states)中的经济伙伴概念。按照这种世界观，把无论是国内还是国外的世界整合到一起的是利益，而不是把各行为体连接到共同的事业当中的共同规范。③

这种维持同盟稳定的观念主要是一种因果关系观念，并且是基于双方精英所达成的共识。在1990年，学界就开始有人呼吁，"当日美正在为顽固的贸易谈判喋喋不休时，双方需要调整同盟来面对正在改变的全球战略环境"④。很明显美国对于自身在亚太的同盟体系，尤其是日本有着非常重要的依赖，亚洲的这种双边同盟体系被约翰·福斯特·杜勒斯(John Foster Dulles)称为"轮毂和辐条系统"(hub-and-spokes system)⑤，这种同盟体系的特点就在于大国一方易于掌控盟国并且可以起到保险的作用。根据约瑟夫·约菲(Josef Joffe)的说法，相较于另一种双边"英国式同盟"，这种双边同盟更能应对潜在的威胁⑥。并且在冷战结束之后美国显然也不可能完全抽出力量退出亚洲，亚太地区的多种矛盾也继续存在，比如朝韩矛盾，美国对于日本的同盟角色就依然需要；而不断处于实力上升地位的日本更是需要与其结为盟友，毕竟一个实力强大的朋友远比一个实力强大的敌人要好得多。

---

① "漂流"这一说法来自日本《朝日新闻》评论员船桥洋一提出的"同盟漂流"说，指的是冷战后日美同盟失去方向，无所适从。

② 这份报告全称为"阿米蒂奇-奈报告"，由理查德·阿米蒂奇(Richard Armitag)、保罗·沃尔夫维茨(Paul Wolfowitz)、詹姆斯·凯莉(James Kelly)和约瑟夫·S.奈(Joseph S. Ney Jr)为首的两党共同起草，再次肯定了美日同盟的重要性。

③ 朱迪斯·戈尔茨坦，罗伯特·O.基欧汉.观念与外交政策：信念、制度与政治变迁[M].刘东国，于军，译.北京：北京大学出版社，2005：281.

④ Fred Charles Iklé and Terumasa NaKanishi. Japan's Grand Strategy[J]. Foreign Affairs，1990，69(3)：81

⑤ Victor D. Cha. Power Play：Origins of the U. S. Alliance System in Asia[J]. International Security，2009，34(3)：158.

⑥ Josef Joffe. "Bismarck" or "Britain"：Toward an American Grand Strategy after Bipolarity[J]. International Security，1995，19(4)：94-117.

而在日本国内,“日本需要一种大战略与它自己那种人道、民主和和平的自我形象相符,并得到国内民众的广泛支持。”[①]虽然苏联的威胁已经降低,但是日本自身并不具备在区域安全内维护自己的能力,尤其是核安全领域,这与日本国内的宪法矛盾,即使日本在技术上能够满足,其自身大规模的武装化也会在政治上造成亚洲其他国家普遍的警惕,这与日本自身的形象定位也不符,所以双方再一次找到了维系同盟的理由。尤其是精英双方都将聚点对准了中国,强调“中国的重要性,相对于苏联,逐渐在日本的大战略当中占据重要的位置”[②]。日本这种国内不具有武装合法性且精英内部也仍然更偏爱“吉田路线”的情况使指针又导向了美国。所以,日本在1994年出台的樋口报告与1995年的美国“东亚战略报告”(奈报告)相合一处,共同推动了双方对于同盟维持的意愿,并在1996年双方元首会晤当中发表了“面向21世纪的同盟”宣言,第二年修订了双方军事合作的依据“防卫合作指针”,至此双方完成了同盟再造的任务。

四、结论

通过深入剖析冷战时期日美同盟的案例,发现与前面所假设的演化过程一致,即存在着阶段性变化:从20世纪50年代同盟起步到60至80年代的调整期,再到80年代末期至90年代的双方同盟争论期;每一阶段也都有明显的特征:从建立期的对苏战略一致到调整阶段的设立机制,其60年代的设立机制在70至80年代更是提升了双方的合作水准,再到观念层面的交流,针对后冷战时代的可能情形,双方仍然有进一步合作的必要。

作者简介

董一兵 山西临汾人,汉族,兰州大学马克思主义学院博士生,主要从事马克思主义国际关系理论与中国外交研究。

① Fred Charles Iklé and Terumasa NaKanishi. Japan's Grand Strategy[J]. Foreign Affairs, 1990, 69(3):81-82.

② Fred Charles Iklé and Terumasa NaKanishi. Japan's Grand Strategy[J]. Foreign Affairs, 1990, 69(3):83.

略论近年来越南与非洲的经贸关系①

甘振军　阮庆如

摘　要：近年来，越南与非洲经贸关系的发展开始不断提速，双方贸易额也达到了新的历史水平。政治上，越南国家主席首次访问埃及和埃塞俄比亚，一些非洲国家领导人也开始重视越南，不仅承认越南的市场经济地位，还支持越南对安理会非常任理事国的诉求。文化上，越南在部分非洲国家建立了文化中心。越南与非洲的经贸合作关系具有广阔的发展前景。

关键词：越南；非洲；国际关系

越南是东南亚乃至亚太地区最有发展潜力的国家之一。越南是"前景五国"(VISTA)、"新钻十一国"(Next-11)和"灵猫六国"(CIVETS)的成员国。越南相对低廉的人力资源成本、稳定的开放政策、大量的年轻社会劳动力和较为便利的投资环境，使得越南成为最具经济增长潜力的东南亚国家。相比亚洲曾经的"四小龙""四小虎"，近年来越南经济发展表现十分强劲。

越南自 1986 年"革新开放"以来，经济建设取得巨大成就，对美关系实现正常化，加入世界贸易组织，积极加入东盟并试图在东盟地区论坛等地区国际组织中发挥影响力。长期以来，越南的外交重点是亚太主要国家，如美国、中国、日本、韩国，和东南亚国家，对非洲的关注度并不高。但近年来，非洲对于越南的重要性开始不断提升，双方经贸合作、政治交往和文化交流都已经打开局面。因此，梳理并探讨越南与非洲的关系特别是经贸关系，有助于我们从新的国际关系格局大背景下重新审视越南的外交政策，了解越南外交活动的新动向，也有助于从另外一个角度重新观察中非关系和中越关系。

一、越南与非洲国家的经贸合作

越南与非洲多个国家是比较早地建立了传统友好关系。早在抗法和抗美战

① 本文系湖南省教育厅科研项目"'一带一路'背景下中非表演艺术交流与合作效果研究"(项目号 21C0062)和湘潭大学博士科研启动项目(项目号：2021BSQDF31)的阶段性成果。

争中，非洲多国已为越南人民提供精神和物质上的支持。近年来双方经贸投资合作潜力虽然尚未得到充分挖掘，但双边贸易额不断增长，经贸合作关系的广度和深度都有了很大起色。目前，越南最主要的贸易对象是南部非洲的南非、北非地区的埃及和阿尔及利亚以及西非地区的加纳、科特迪瓦、多哥和尼日利亚等。越南对非洲出口手机和零部件、计算机和零部件、纺织品、鞋类、大米、咖啡、胡椒、椰肉、查鱼、巴沙鱼、虾类、建筑材料等商品，其中农产品、海鲜和建筑材料逐渐在非洲市场站稳脚跟。2018年，越南从非洲国家进口约36亿美元，比2017年下降10%，越南对非洲国家出口达到近30亿美元。[①] 2019年越南与非洲贸易额达74亿美元，其中越南对非洲国家出口34亿美元(双边贸易额情况参见表1)。

表1　越南与非洲国家双边贸易额情况表　(单位：亿美元)

年份	2003年	2009年	2010年	2011年	2015年	2017年	2018年	2019年
贸易额	3.6	20.7	26	35	52	67	66	74

注：系作者根据中华人民共和国商务部驻越南使馆经商处、越通社官网等数据资料不完全统计。

(一) 越南与非洲国家发展经贸合作的有利条件

(1) 越非贸易互补性强，双方合作意愿强烈。

近年来，非洲逐渐崛起，成为世界上较为活跃的发展区域。越南积极与非洲国家加强经济联系，双方经贸合作关系日渐紧密，双方产品结构互补性较强，越南驻东非地区[②]的大使阮金嬴表示：东非是具有2.45亿人口的巨大市场，加工制造业发展水平较低，因此东非对工业产品、建材、纺织品服装、消费品、粮食和食品等的进口需求量较大。而这都是越南国内企业具有优势的领域。越南产品，尤其是皮鞋、纺织品服装、家具、农业机械、建材等都很受东非消费者的欢迎。非洲各国均赞美越南的经济发展成就，并有意学习借鉴越南的发展经验，尤其是水稻种植、水产养殖、咖啡种植和加工等农业领域的经验。这都是越南与非洲各国合作潜力巨大的领域。

2014年，越南已与非洲25个国家签署了贸易合作协议，到2017年已经同所有非洲国家建立贸易关系，做到了全覆盖。[③] 越南非常重视加强与非洲各国

① 越通社.2018年越南对非洲出口达近30亿美元[N/OL].人民军队报.[2019-1-20].http://cn.qdnd.vn/cid-6158/7193/nid-557007.html.

② 越南驻坦桑尼亚大使同时兼任肯尼亚、埃塞俄比亚、卢旺达、乌干达和科摩罗大使职位——笔者注

③ 国内学界和官方普遍认为非洲国家54个，西撒哈拉不算。但是我们浏览越南网站发现几乎所有的新闻报道都称非洲55个国家。越南官方的表态也是如此，这一点值得读者辨别注意。

的经济合作，并制定有关促进对非洲市场出口的战略，包括加强各项贸易促进活动，为越南企业向所在国企业和客户推广产品信息提供支持，参加各种展览会、展销会和为双方企业举行各种企业研讨会等。比如，2010 年第二届“越南—非洲企业合作论坛”在河内举行。越南工商会副主席段维姜表示，越来越多的越南农产品加工和矿产开发领域的企业，将非洲视为潜力巨大的市场和合作伙伴，正在积极到非洲投资经营，但目前双方的经贸和投资现状与双方的发展潜力还不相称，应该在贸易投资便利化和经贸信息交流等领域加强合作。来自尼日利亚、布基纳法索、贝宁等国家的工商组织代表也认为双方的企业在农业、矿产开发和人力资源等领域合作成果显著，希望“越南—非洲企业合作论坛”成为有利于企业沟通的经常性对话机制，为密切和加强双方贸易和投资关系搭建良好平台。① 2014 年，越南工商会与法语国家组织（Organisation Internationale de la Francophonie，OIF）在胡志明市共同举办“促进南—南合作在农业加工领域的发展”论坛。双方企业就农产品进出口贸易进行交流，主要包括进出口大米、腰果、建材、果蔬加工、农产品加工设备和金融领域等方面的合作。② 总之，非洲是越南贸易增长速度最快的市场之一，被视为越南潜力巨大的贸易、投资市场。

（2）双方经贸合作内容以农业和初级产品为主，符合双边贸易实际。

双边贸易以农产品和轻纺加工为主，重型机械份额不大，而且越南持续保持对非贸易顺差。据越南海关总局统计数据，2018 年前 3 月，越南对非洲出口额达 7.237 亿美元，同比增长 20%；进口额达 2.127 亿美元，同比下降 67%。越南对非洲出口生活用品（手机及配件、电脑及配件、纺织品服装和鞋类产品）、农产品（大米、咖啡、胡椒、椰子肉和腰果仁）、水产品（查鱼、巴沙鱼和虾类）和建材；越南从非洲进口原料腰果、棉花、木材、铜和塑料等。③ 投资方面，非洲棉花、腰果、木材、石油、贵金属等的原料较为丰富，但其开发和加工水平仍较低。因此，非洲各国政府呼吁越南企业前来投资和进行技术转让。对非洲投资不仅充分利用各种原料、当地劳动力和消费者，对该地区出口时还能享有优惠税率。

（二）双边经贸合作的制约因素

双方经贸发展的制约因素和不利环境主要体现在如下几个方面：

（1）越南与非洲国家的贸易和投资的地区分布不均衡。相对而言，越南的

---

① 中国新闻网.“越南-非洲企业合作论坛”倡议加强越非经贸合作[EB/OL].[2010-8-18]. http://news.sohu.com/20100818/n274309464.shtml.

② 驻胡志明市总领馆经商室.越南拟促进与非洲在农业领域的合作[EB/OL].[2014-1-10]. http://m.huanqiu.com/article/9CaKrnJDTJw.

③ 越通社.非洲是越南潜在的市场[EB/OL].[2018-9-12]. https://www.sohu.com/a/253564457_713220.

主要贸易对象是北非的埃及、利比亚、阿尔及利亚和摩洛哥，南部非洲的南非、安哥拉和西部非洲的加纳、喀麦隆、贝宁。东部非洲国家如坦桑尼亚对进口大米有政策限制，在双向投资方面也是如此。截至2015年，越南对非洲12国投资项目33个，投资去向是阿尔及利亚、坦桑尼亚、莫桑比克、喀麦隆、布隆迪等国家，涉及石油勘探、电信、水电、木材加工等领域，投资额为25.97亿美元。据越南外国投资局的统计数据，截至2018年8月，非洲16个国家和地区对越南投资项目247个，总额达15.62亿美元。塞舌尔、毛里求斯、安哥拉和斯威士兰等是对越投资最多的国家，投资领域主要是加工制造业、零售、修理等。[①]

（2）越南对非洲出口还存在潜在的风险。比如需要遵守非洲各国多项规定和标准，包括出口产品的商标、指标和相关信息必须用英文、法文和所在国的语言来标明。另外，由于双方距离遥远，双边贸易的结算方式严重阻碍越南企业深耕非洲市场。黄德润[②]指出与非洲国家进行贸易与投资合作时面临的困难，如非洲部分国家政治社会不稳定，双方语言、文化、法律系统、经营习惯差异较大，越南驻非洲各国的外交和贸易代表机构不多，非洲以西部分国家仍存在商业欺诈行为，等等。[③]

（3）越南与非洲的双边贸易环境还受到东南亚区域内其他国家如马来西亚和泰国的竞争压力的影响。2010年，马来西亚与非洲国家贸易额为78亿美元，而2001年贸易额仅11亿美元。这个贸易额度水平比2018年的越非贸易额度还要高。2011年吉隆坡举办的马来西亚—非洲经贸论坛上，马官方看重该论坛的平台作用，并鼓励非洲企业研究马政府提出的经济转型计划，在总值1 450亿美元的131项入口点计划中寻找可投资的项目。[④] 从投资额度来看，马来西亚是非洲第三大投资来源国，仅次于法国和美国。截至2011年，马来西亚在全球的直接投资额达1 060亿美元，在非洲的投资有193亿美元，占其全球总投资的24%。同时期，主要受益国家是毛里求斯。中国在非投资为160亿美元，印度为140亿美元，位列第四位和第五位。[⑤] 泰国方面主要是大米出口。2016年11月，泰国米价离岸报价每吨345美元到348美元，是过去十三个月的最低谷，用

① 越通社. 非洲是越南潜在的市场[EB/OL]. [2018-9-12]. https://www.sohu.com/a/253564457_713220.

② 越南驻阿尔及利亚兼驻塞内加尔、马里、尼日尔和赞比亚等国大使馆商务参赞——引者注

③ 越通社. 非洲是越南潜在的市场[EB/OL]. [2018-9-12]. https://www.sohu.com/a/253564457_713220.

④ 赵中文. 马来西亚加强与非洲经贸合作[N/OL]. 中华工商时报. [2011-6-21]. http://www.p5w.net/news/gjcj/201106/t3671932.htm.

⑤ 环球时报. 外媒：对非洲直接投资 马来西亚超过中国[EB/OL]. [2013-3-27]. http://news.sina.com.cn/w/2013-03-27/085326655086.shtml.

来吸引非洲买家。[①]

二、越南与非洲主要国家和地区的经贸关系

（1）与南部非洲的经贸关系。

越南与南部非洲国家保持着传统友好关系。20世纪下半叶，越南积极支持南非、莫桑比克、安哥拉等南部非洲国家的正义事业。随着区域经济一体化进程的不断深化发展，从1980年成立的南部非洲发展协调会议到1992年成立南部非洲发展共同体（Southern African Development Community，SADC），该组织成为南部非洲重要的经贸合作平台。2018年8月，越南非洲友好协会和南部非洲各国大使馆在河内共同举办中小微型企业研讨会。协会副会长杜德定肯定了中小微型企业在越南和非洲多国的发展进程中扮演的重要角色，并表示发挥协会在双方经贸中的桥梁作用。南非驻越南大使勒克格洛（Mpetjane Kgaogelo Lekgoro）也表示，南部非洲地区潜力巨大，但并未得到充分挖掘，越南在中小微型企业和个体经济发展方面经验丰富，南部非洲发展共同体各国可以借鉴其经验。[②] 南非一直是越南对非洲出口的最大市场。根据越通社的报道，2018年，南非仍是越南在非洲地区的最大贸易伙伴，双方进出口贸易额达11亿美元，较2017年增长了11.7%，占越南与非洲贸易总额的16%。[③]

（2）与北非地区的经贸关系。

埃及是越南在非洲的第二大出口市场，2018年越南对该国出口4.39亿美元，较2017年增长36.6%。[④] 为了降低水耗，埃及减少水稻种植面积。2018年8月，越南国家主席陈大光访问埃及期间，双方达成埃及从越南进口100万吨大米的协议，并在3～4个月内分批交货，作为埃及粮食储备。虽然埃及官方没有透露具体价格，但是透漏出比中国的大米价格具有竞争力。[⑤]

（3）与西非地区的经贸关系。

西非地区是越南在非洲重要的贸易对象之一。2018年，越南对非洲国家中有7个出口贸易额超过1亿美元，西非地区就占4个，分别是加纳、科特迪瓦、多

---

① 新浪财经．泰国大米出口价格低廉 吸引非洲买家[EB/OL]．[2016-11-10]．http://finance.sina.com.cn/money/future/agri/2016-11-10/doc-ifxxsfip4338789.shtml.

② 越通社．加强越南与南部非洲发展共同体之间的民间交流[N/OL]．人民军队报．[2018-8-17]．http://cn.qdnd.vn/cid-6123/7183/nid-552430.html.

③ 越通社2019年1月28日简讯。

④ 越通社．2018年越南对非出口达近30亿美元[N/OL]．人民军队报．[2019-1-20]．http://cn.qdnd.vn/cid-6158/7193/nid-557007.html.

⑤ 越通社．埃及将从越南进口100万吨大米[EB/OL]．[2018-9-1]．http://news.foodmate.net/2018/09/482843.html.

哥和尼日利亚。加纳在越南对非出口市场中排名第三，仅次于南非和埃及，2018年出口额达2.783亿美元，较2017年增长3.7%。[①]

三、越南高层对非经贸外交的行动

2018年8月，越南国家主席陈大光访问埃及和埃塞俄比亚，并访问了非盟总部。访问期间，双方签署了多项合作协议。陈大光的埃塞俄比亚之行是两国建交以来第一位越南国家元首对埃塞俄比亚进行的访问，是两国关系史上的一个重要里程碑，双方还发表了联合声明，为两国投资、贸易合作敞开大门。[②]

2018年8月，摩洛哥驻越南特命全权大使阿兹丁·法赫尼（Azzeddine Farhane）表示摩洛哥将集中巩固两国经济关系以及促进双边贸易发展。2018年8月，越南国家主席陈大光在河内分别会见了对越南进行正式访问的卢旺达外交部部长路易丝·穆希基瓦博（Louise Mushikiwabo）和几内亚外交部部长马马迪·杜尔（Mamadi Toure）。陈大光建议各方加强各级，特别是高层代表团互访，出台措施，促进贸易合作，完善法律框架，为扩大合作领域创造条件。在多个非洲国家落实的农业项目所取得的成果的基础上，越南愿通过多边合作与卢旺达、几内亚分享农业发展经验。陈大光希望卢旺达、几内亚为越南投资者、企业了解并进军两国市场创造便利条件。[③]

2019年1月，越南外交部副部长阮国强会见安哥拉、摩洛哥、尼日利亚、埃及、莫桑比克和利比亚等非洲各国驻越大使和首席代表。他建议非方为越南与非洲联盟（African Union，AU）建立正式关系分享经验，并强调越南愿意成为非洲各国进军东南亚和亚太地区市场的门户。非洲各国驻越大使对越南在非洲农业领域的三方合作模式给予高度评价，他们建议越南和非洲各国利用第三方和日本、韩国及中国等国家的资金推进农业、水产和水稻等领域的项目。[④]

2019年3月，越南外交部副部长阮国强同南非国际关系与合作部副部长贾纳·马哈勒（Reginah Mhaule）共同主持越南—南非经贸、科技、文化合作第四次政府间伙伴论坛。双方同意应进一步促进两国经贸投资合作关系，尽早签署两国采矿合作备忘录，加强电力、可再生能源开发的合作，促进在南非进行煤炭开采和出口到越南的谈判，继续加强两国农产品贸易等。[⑤]

---

① 越通社．2018年越南对非出口达近30亿美元[N/OL]．人民军队报．[2019-1-20]．http://cn.qdnd.vn/cid-6158/7193/nid-557007.html.

② 越通社．陈大光主席埃塞俄比亚和埃及之行：深化越南与非洲国家之间的传统友谊[N]．人民军队报，2018-8-23.

③ 越通社2018年8月7日报道。

④ 越通社．越南外交部副部长阮国强会见非洲各国驻越大使[N]．人民军队报，2019-1-12.

⑤ 越通社．越南与南非加强友好与全面合作关系[N]．人民军队报，2019-3-17.

2019 年 3 月，越南外交部副部长阮国强对埃及进行访问。埃及外交部副部长卡雷德·尔瓦特(Khaled Tharwat)强调，越南在埃及“向东看”政策中占有核心地位。埃及高度评价越南经济社会发展成就和越南在世界和地区的地位和作用。在传统友好关系的基础上，埃及希望与越南推动包括贸易、投资在内的各领域务实发展。①

2019 年 4 月，陪同越南政府总理阮春福赴北京出席第二届“一带一路”国际合作高峰论坛期间，越政府副总理兼外长范平明会见了利比里亚总统办公室主任麦克科林(Mc Clain)。麦克科林希望越南企业加大对利比里亚的投资力度，同时希望越南政府和企业向该国分享耕作和大米生产等领域中的成功经验。②

2019 年 5 月，由越南工商部率领的越南贸易促进代表团对南非进行工作访问，力求推进越南产品进军南非市场。8 月，越政府总理阮春福会见到访的博茨瓦纳外交事务与合作部部长尤妮蒂·道(Unity Dow)。阮春福建议双方加强有关经贸投资法律框架，希望双方加强在地区和国际场合上的协调合作，建议博茨瓦纳为促进越南与非洲联盟建立合作关系作出贡献，为加强越南与南部非洲发展共同体的关系搭建桥梁。越南愿为博茨瓦纳扩大与东盟各国的合作搭建桥梁。③

2019 年 12 月，越南外交部同法语国家组织在河内举行题为“越南与非洲合作：处理与非洲国家经济合作的风险”的研讨会。越外交部副部长邓明奎认为，越南与非洲国家之间的合作潜力巨大。越南与非洲各国经济互补性较强，双方正迎来巨大的合作机遇，共同致力实现 2030 年联合国可持续发展目标。非洲成为越南投资者的投资乐土，其中值得一提的是投资总额达到 10 亿美元的 Vietel 电信项目。越南与部分非洲国家的合作模式尤其是农业领域的合作模式曾被视为南南合作的典范。④

特别值得一提的是，越南还对非展开了党际外交活动。2019 年 12 月，越共中央政治局委员、中央书记处书记、中央组织部部长范明正率领的越南共产党代表团对埃及进行工作访问。范明正建议，双方应继续加强各级代表团互访并在国际和地区论坛上相互支持对方国家；建议埃及继续支持越南与非洲联盟建立正式关系；双方就开通直达航线的可行性尽快进行研究，为促进经济、贸易、投资、文化、旅游和教育合作创造有利条件，配合核查和消除贸易壁垒，促进市场开

---

① 越通社. 越南在埃及“向东看”政策中占有核心地位[N]. 人民军队报，2019-3-20.

② 越通社. 越南希望促进与非洲国家的合作[N]. 人民军队报，2019-4-26.

③ 越通社. 越南政府总理阮春福会见博茨瓦纳外交事务与合作部部长尤妮蒂[N]. 人民军队报，2019-8-27.

④ 越通社. 提升越南与非洲国家的经济合作效益[N]. 人民军队报，2019-12-9.

放，促进农林水产品的贸易活动，并在不久的将来使两国双边贸易额达到10亿美元的目标；分享与有关国家进行水资源利用和管理经验的交流等。不可忽视的是，越南寻求埃及在中国南海方面支持越南的立场。①

四、对越南和非洲关系的评价和认识

首先，随着越南与非洲经贸关系的不断提升，越南更加重视非洲市场的未来潜力。不难预见，越南官方和民间将会更加看好对非洲的贸易合作，双方的政治合作也将会进一步提升，越南将会积极在东盟框架内协调与非盟成员国的关系。目前，越南已经与非洲53个国家建立外交关系。越南对非洲国家共同努力建设一个团结统一、国际地位日益提升的非洲地区共同体予以高度评价。越南自认为可以发挥非洲联盟与东盟之间的桥梁纽带作用，为地区和平、合作与繁荣发展作出贡献。文化上，越南也会主动出击，如在马达加斯加设立文化中心，积极进行民间文化交流。总之，越南已经认识到非洲在双方政治、经济、文化方面的重要性，并在某种程度上“模仿”“拷贝”中非合作的模式。这也是近年来越南外交活动新的动向和趋势。

其次，目前越南尚未形成清晰而又完整的对非政策。出于历史传统和现实地缘政治的因素，越南依旧会把外交重点聚焦在东盟框架和中、美、日、韩等国际和地区大国上。越南即使在处理对非事务方面，也是零散和琐碎的，不成体系。从驻外机构配置来看，越南驻非洲的使馆外交机构和商务机构都不多，使馆工作人员也是身兼数职，兼任多个国家的外交官。在具体业务方面，也是以双边贸易为主。在对待非洲不同区域也各有侧重，越南更看重北非和南非国家的石油开采、电信、木材等优势资源项目。

再次，应当将越南与非洲的关系置于国际关系格局的大背景下来考量。在分析双边关系的同时，应当考虑中国与东盟的关系、中非关系等多方因素。经贸合作方面，中国—东盟博览会作为服务“一带一路”建设参与国家合作的重要平台，2018年还吸引了坦桑尼亚作为特邀合作伙伴首次参展，这是博览会成立15年来非洲国家首次参与。坦桑尼亚设置国家形象馆展示充满非洲异域风情的人文特有的咖啡、茶叶、蜂蜜、香料、手工艺品等，组织优秀展商、采购商参会，并积极推介旅游资源。② 这不仅深化了中国与东盟合作的内涵，扩大了中非合作外延，也有益于越南开展对非洲的经贸合作。但是不可忽视的是，越南谋求新一期的安理会非常任理事国和东盟轮值主席国，寻求非洲国家给予更多政治安全上

---

① 越通社.越共中央政治局委员、中央书记处书记、中央组织部部长范明正对埃及进行工作访问[N].人民军队报，2019-12-13.

② 坦桑尼亚成为中国—东盟博览会特邀合作伙伴[N].人民日报，2018-9-11(20).

的支持。近年来，南海局势已经有所缓和，域外国家时不时会干扰本地区的安全局势。越南这一政治诉求的实现，将在客观上和无形中为中越双方在南海的争端增添新的不确定因素。对于这种情况还是要保持谨慎的预期和心态。经贸关系发展的广度和深度当然不能不考虑这些因素。

最后，非洲仍是后疫情时代越南潜力巨大的市场。由于受到新冠肺炎疫情的影响，越南与阿尔及利亚、冈比亚、马里、尼日尔和塞内加尔之间的贸易交流活动遭受了不良的影响。越南海关的初步统计数据显示，2020 年前 5 个月，越南对非洲出口总额同比下降 6.1%，从非洲进口额下降 1.2%。然而，越南大米对非洲一些国家的出口总额呈现增长态势，尤其是对塞内加尔的大米出口额增长明显，出口量增长 25 倍，出口额增长 17.3 倍，使越南对该国出口金额同比增长了 88.6%。① 对于越南驻阿尔及利亚大使馆兼驻冈比亚、马里、尼日尔和塞内加尔大使馆商务处负责的市场，越南企业将继续加强农产品出口活动，如大米、咖啡、胡椒、腰果、糖果饼干、谷类产品等。非洲和世界原油、铝、铜、铅、可可、棉布等的原料价格大幅度下降，也是越南优先考虑非洲市场的重要因素。

作者简介

甘振军　博士，湘潭大学马克思主义学院讲师、硕士生导师，湘潭大学中非法律与人文交流基地成员，主要从事亚非发展中国家研究。

阮庆如　博士，越南太原师范大学历史系讲师，主要从事中越比较教育、世界史、亚非史研究。

① 越通社. 非洲仍是后疫情时代潜力巨大的市场[N]. 人民军队报，2020-7-10.

埃塞俄比亚近年来引进外资与对外经济设计初探

张　歌

摘　要：埃塞俄比亚是非洲人口第二大国，具有广阔的市场潜力，同时也是当前非洲经济发展最快、最成功的经济体之一，该国地处东非，战略地位十分重要。近年来，埃塞俄比亚政府根据形势调整了国内的经济政策，将吸引海外投资设定为国家经济发展计划的重要举措，鼓励各种形式的外资进入国内。本文通过对相关数据的分析，对当前埃塞俄比亚国内经济发展中对外资的态度及外资进入的渠道和主要领域作了简要分析，对未来有较大发展空间的领域进行了论述。

关键词：埃塞俄比亚；中国；外资

埃塞俄比亚是东非大国，其历史文化影响不仅在东非、尼罗河流域十分深远，甚至跨过红海，在近东的文明演进中也发挥了重大的作用。进入现当代，埃塞俄比亚的历史发展充满坎坷，但该国人民一直自立自强，走出了一条具有自身特色的发展之路。在短短的百余年间，埃塞俄比亚不仅经历了民族国家的构建、国土的统一与抵抗外敌入侵等一系列重大历史事件，而且经过了长期的实践摸索走出了一条适合自身的国家发展之路。如今的埃塞俄比亚已经是非洲人口第二多的国家，从21世纪初至今二十多年来，国内政局逐渐稳定，经济发展已成为国家的绝对中心议题，在2016年之前的十多年里，其GDP以每年8%到11%的速度增长，不仅在非洲国家中表现优异，而且是国际货币基金组织188个成员国中增长最快的国家之一。埃塞俄比亚国内的新局面为国际经济体系之间的交往加入了一抹亮色，不仅其本国受益，也为更多国家开展海外投资、谋求共同发展提供了一种可能。

一、埃塞俄比亚国内经济状况分析

埃塞俄比亚人口增长很快，进入21世纪前十年，人口已经达到了8 400万，人口年均增长率达到了2.7%～3%之间,46.3%的人口处于十四岁以下。[①] 虽然人口的迅猛增长给自然环境与资源以及国家的基础建设方面带来了很大的压力,但是一支年轻而具有规模的人口大军也意味着该国具有一个潜在、巨大和活跃的市场。目前埃塞俄比亚国内政局稳定,其人口数量不仅在东非,甚至在非洲也处于前列,这意味着一旦其国内经济飞速发展,对周边乃至整个非洲都将具有辐射作用。近年来,埃塞俄比亚经济增长的速度极快,国内生产总值(GDP)攀升幅度很大,据美国中央情报局的相关统计数据显示,其GDP在2015年达到了1 676亿美元,2017年这一数值已增长到了2 000亿美元,估计2019年埃塞俄比亚的GDP可达2 400亿美元以上。[②] 在对埃塞俄比亚的通货膨胀情况作出修正之后,可以看出其GDP实际增长率仍不可小觑:

2015年、2017年GDP修订后增长率均达到10%以上,分别是10.4%(2015)和10.7%(2017),2016年由于埃塞俄比亚国内各地方普遍进行了产业结构调整,影响了GDP数值,但当年的增长率仍达到了8%,远高于同时期非洲大多数国家的经济增长水平。

与此相对应,埃塞俄比亚国内人均收入水平也增长较快,由于这一数值和国民购买力水平密切相关,所以是国与国之间贸易往来、资本投资的重要参考。根据本地物价水平对相关数值进行修订后,可以看出2015年埃塞俄比亚由人均收入导出的购买力水平数值已达到1 900美元,2016年达到2 000美元,2017年达到2 200美元。另据国际货币基金组织的估计,2019年埃塞俄比亚国内的人均收入购买力水平可以超过2 500美元。与其他非洲国家相比,埃塞俄比亚国内国民储蓄额占GDP的比重处于一个较高的水平,从数据看,从2015年至2019年,国民储蓄额一直都占到了GDP总量的三分之一,这显示出随经济高速增长而来的国家税收水平、国民生活水平的提高。但国民对于消费仍保持着一定的审慎态度,这也从侧面证明埃塞俄比亚国内的市场仍具有较大潜力,经济仍具有上升空间。

在对GDP最终走向的划分里,以2017年为例,当年GDP数据中家庭消费占到了GDP的69.6%,固定资产投资占GDP的43.5%,与这两项指标相对应,商品和出口服务的投资只占GDP的8.1%,这虽然比周边一些邻国要高,但在世界范围内仍属于低水平,这些领域的投资状况无疑成了今后埃塞俄比亚经济发展的绊脚石。

---

① Jon Abbink. A Decade of Ethiopia: Politics, Economy and Society, 2004-2016[J]. Progress in Development Studies, 2018(2): 147-148.

② 后文数据如无特别说明均出自美国中央情报局网公开的相关统计数据。

而商品与进口服务占 GDP 的比重则更加严峻，数值显示为－31.2%，这一低落的数据显示埃塞俄比亚没有为进口商品提供完善配套服务设施的能力。虽然通过在首都亚的斯亚贝巴附近加大基础设施建设力度、开设产业园区等措施加强这方面的保障，但是在首都以外地区，特别是西南和东北部山区的状况仍不乐观，这也是数据落差如此之大的原因，短期内很难得到改善。

造成这种形势的原因是多方面的：首先，埃塞俄比亚地处东非内陆，没有出海口。其次，埃塞俄比亚国内政治环境稳定，但其周边存在着不安定因素。南苏丹同苏丹之间还有着一系列领土与油田分配等方面的争端，埃塞俄比亚与南苏丹两国边境时常面临难民涌入、局部冲突等紧张局势。埃塞俄比亚东部邻国索马里的局势也仍不明朗，虽然索马里北部的港口也被埃塞俄比亚用作扩展对外贸易的桥头堡，但当地局势影响到了这一贸易路线的稳定。最后，由于埃塞俄比亚地处山区、高原，当地的制造业基础薄弱。目前，以出口为导向的产品加工业大多聚集在首都亚的斯亚贝巴周边地区，内地很少，而且来自西方国家的外资在首都附近已经形成了固定的格局。

埃塞俄比亚历史悠久，有众多的历史文化遗产和绮丽的自然风光，旅游业较为发达，埃塞俄比亚航空已经成为该国交通运输业的一张名片，享有国际声誉。但除此之外，商品流通、国内金融信贷以及其他方面的物流、仓储服务业等部门欠佳的发展水平并不能在这项数据的指数中得到体现，只从本地生产总值的统计结果看，结论仍不能完全说清楚问题。如果从不同产业占国民经济总量的比重这一角度则可以看出，埃塞俄比亚国内农业占经济总量的 72.7%，制造业占 7.4%，服务业占 19.9%[①]。这一统计结果可以相对更真切地反映出埃塞俄比亚国内三大产业目前的发展水平和状况。从中可以看出其经济结构主要仍呈现出以农业为主，制造业薄弱，服务业欠发达的状况。其中服务业的数据是不仅参考了旅游文化产业和航运客运等方面的数据，更计算了包括进出口服务业、金融服务业等在内的同制造业紧密结合的工业服务业的发展水平，由于制造业在整个国民经济中比重过于弱小，连带相关服务业部门也裹足不前，这种状况说明至少在当前一定时期内，单纯投资以出口导向性为主的加工业而不顾及埃塞俄比亚国内本身生产销售链建设的思路需要付出的成本较高。

埃塞俄比亚国内家庭消费在经济增速、国民收入增长的同时，国内尼基指数保持在 33.6 左右，在非洲国家中处于较低水平，[②]人类发展指数为 0.463，在世

① 农业和制造业是 2017 年的统计数据，服务业则为 2013 年的统计数据。

② Selima Jāhāna. Human Development Report 2015: Work for Human Development[R]. New York: United Nations Development Programme, 2018.

界属于中间水平，仍处上升势头。[①] 但同时要看到，埃塞俄比亚国内的社会状况同所有发展中国家普遍存在的问题一样，存在着社会两极、贫富差距拉大等问题。在劳动力的相关统计数据方面，2014 年埃塞俄比亚国内贫困线以下人口占总人口比为 29.6%，其中最贫困人口大致占总人口数的 4.1%到 10%之间，由于大量贫困地区地处偏僻，统计结果存在一定误差。与贫困率相比，埃塞俄比亚国内的失业人口占总人口比常年在 17%到 18%之间，即使在外资进入、国内产业结构调整所带来经济增长之后，仍有占总人口五分之一弱比例的人群无法找到工作。在大城市中生活成本较高，水电短缺，同时还有普遍受到指责的腐败现象等。这些从侧面反映出此前的引入外资领域与国家发展策略之间存在一定偏差。虽然富裕人口与中间阶层收入增长较快，尼基指数呈低水平，但通过比较之后所显示出的实际社会形势仍需要谨慎对待。

此外，对于经济形势的评估还需要考虑埃塞俄比亚的国家债务问题。应该注意到埃塞俄比亚国内债务有历史遗留问题，特别是在 20 世纪 90 年代后期，埃国社会经济处于转型时期时，举借了大量外债，这其中有一部分一直延续到现在仍未完全偿清，但近年来的债务增长确实有过快的势头。据《埃塞俄比亚新商业》杂志 2019 年 7 月 1 号报道：埃财政部负责人表示，埃塞俄比亚国内外债务分别累计达到了 253 亿美元和 270 亿美元，国家债务负担总额达到了 523 亿美元。[②] 国家负债情况虽然整体可控，但在非洲国家中，这项数值并不算低，对此，埃塞俄比亚政府表示：自 2018 年 7 月至今（2019 年 5 月）的 11 个月里，埃塞政府已还付债款 94 亿美元，但债务总额仍较高，政府给出的解决办法包括尽可能减少商业贷款，积极推动债务重组，并从供给侧方面推动采矿、旅游业、制造业等产业的快速发展。”[③]

通过以上分析可以看出，虽然有需要多方面谨慎考虑的必要，但通过分析几项关键数据显示，埃塞俄比亚经济总体呈现较好形势，如能打开其国内市场，联络销售网络，让投资项目能够在其国内形成一套产销合一的体系，则能在降低成本的情况下使投资得到回报。当然，这仍然需要投资方在初期对当地的环境进行一些基本投入，但这不同于西方单纯地利用当地廉价劳工力代工加工，与直接走和当地经济关系不大的加工出口道路相比，这种思路下的投资本身和埃国国

---

① United Nations. 2018 Human Development Report[R]. New York: United Nations Development Programme, 2018.

② 驻埃塞俄比亚使馆经商处. 埃塞内外债总额累计达 523 亿美元[EB/OL]. http://www.mofcom.gov.cn/article/i/jyjl/k/201907/20190702879024.shtml.

③ 驻埃塞俄比亚使馆经商处. 埃塞内外债总额累计达 523 亿美元[EB/OL]. http://www.mofcom.gov.cn/article/i/jyjl/k/201907/20190702879024.shtml.

内的经济建设需求联系在一起，随着投资项目的运转可以使其国内的经济体系和投资方结合在一起，是一种合作共赢的体系，因而在埃国国内形成产销共同体则不啻为对埃投资的一条思路。然而这一系列产业部门的升级需要大量资金。如何增加外汇收入、吸引外资和相关技术进入埃国国内，从而建立起一套可良性发展的经济体系，进一步解决债务问题，维持本国经济高速增长的势头，埃国政府需要找到切实可靠的解决办法。从现有埃国国内的经济结构看，其农产品的生产与出口以及国家大规模基础设施和工程建设等部门效能的提高仍是推动其国内经济发展的最重要因素。在这方面进行产业结构调整，同外部世界经贸网络建立联系，在共赢的基础上寻求外部投资的支持是解决如上问题比较即时有效的方法。

二、埃塞俄比亚外资引入的情况以及中埃间的多层面合作的分析

中国在埃塞俄比亚社会经济方面的参与正不断得到加强，“中国全球投资追踪”(China Global Investment Tracker)对中国在埃塞俄比亚的经济活动和投资情况进行了专门的分析评论，报道了涵盖中国全球投资的全面数据，中国在埃塞俄比亚的投资、合同从 2004 年到 2016 年呈稳步增长的发展趋势，数据显示资金总额已达 176.2 亿美元。[①] 中国在埃塞俄比亚的经济活动和投资方式塑造了一种新的国与国之间社会、经济等方面的交往方式，这可能会引起旧有国际政治经济格局的变动，也会在埃塞俄比亚国内原有的社会政治力量、经济贸易网络的格局中引发一连串的反映。但这种变化相信会随着中埃两国之间的交往加深而向着好的方向发展。有观念认为中埃之间的交往实际上正超出埃塞俄比亚一国的范围，从而在整个东非区域的整体市场构建、区域性贸易网络的形成中发挥重要的影响。

从现有发展格局看，中国对非洲经济的参与是多方面的，其中包括了援助、贸易往来、债务减免、发展筹资以及各种形式的投资。这其中东非地区以其相对稳定的政治局面和较非洲平均水平为优的基础设施成为中国在非洲上述经济活动的重点地区。根据联合国非洲经济委员会(United Nations Economic Commission for Africa，UNECA)的数据，东非经济继续快速增长，人均收入在 10 年内翻了一番。2016 年，该地区人均收入达到 740 美元，联合国非洲经济委员会官方网站补充说，这一数字是 10 年前的两倍。[②] 这其中埃塞俄比亚经济增长最为迅猛，当前埃塞俄比亚已经超过肯尼亚成为东非第一大经济体，埃塞俄比

① Edson Ziso. A Post State-Centric Analysis of China-Africa Relations: Internationalisation of Chinese Capital and State-Society Relations in Ethiopia[M]. Palgrave Macmillan，2018：5.

② 埃塞俄比亚沃尔塔信息中心。

亚在基础设施的建设上的投资要远大于东非周边国家。报告指出，埃塞俄比亚实施了一项雄心勃勃的出口导向型工业园区计划，目标是将其打造成埃塞俄比亚国内的一个制造业重镇，从而在国内建立起一条完整的产业链，不仅可以使投资方得到回报，而且本地也能得到相关技术和企业管理经验，从而带动本国制造业体系的完善与发展。在具体措施上，埃国政府特别提到希望能广泛引入外资，不仅出口加工制成品，而且希望通过这一计划改进当地的私人经商环境。联合国一份报告指出：如果实施政策支持私营部门的活动，经济增长将会更强劲、更有弹性。[①] 这一结论也得到了近年来埃塞俄比亚国内官方消息的证实，据埃塞俄比亚国内媒体 7 月 1 日报道：

埃塞总理阿比当日向埃人民代表院做 2018—2019 财年政府工作报告时表示，预计埃塞 2018—2019 财年经济增长 9.2%，较 2017—2018 财年 7.7%的增速以及 2016—2017 财年 8.6%的增速有所增长。阿比在其报告中表示，在政府收入方面，过去 11 个月政府收入为 1 785 亿比尔(约 63.75 亿美元)，较上财年同期增长 10%。预计到 2019 年 7 月 7 日，本财年结束之日，总收入将达到 1 890 亿比尔(约 67.5 亿美元)。在创造就业方面，去年政府新增 140 万个工作岗位。按照每年新增 200 万失业人口的趋势统计，目前仍有 1 100 万人失业。在吸引外国直接投资方面，贷款和侨汇较上财年增长 20%，银行存款总额增长 22%，银行发放贷款量增长 35%。在国企私有化改革方面，政府首先着力于电信业和制糖业，将其作为示范领域接受私有化投标的榜样，此后将在电力、铁路、物流、工业发展和航空航天业等领域展开私有化进程。阿比同时表示，埃塞目前通胀率较高，2019 年 5 月数据为 16.2%。此外，针对目前国内投资环境所面临的一些问题以及外国投资者的一些疑虑，过去一年政府在确保法治执行、恢复流离失所民众住所、扩展政治发展空间等方面做出努力。其中，2018 到 2019 财年共有 996 人因涉嫌恐怖主义、洗钱、煽动暴力、经济破坏和贩卖人口等活动被捕，并有 210 多万流离失所民众在政府帮助下返回故乡。此外，政府大赦超过 45 000 人，释放 10 多万名囚犯，准许超过 10 个流亡政党回国。政府还取消了对 260 家媒体和网站的屏蔽措施。阿比还表示，埃塞国家选举委员会、人权委员会、国家情报安全局和信息网络安全局等政府部门还落实了相关改革举措。[②]

这则消息的前半部分反映了埃塞俄比亚政府目前希望能引入外资帮助改善国内经济的相关领域和每个领域中的具体部门，其中电信产业和下文中电力等相关要害部门从 20 世纪 90 年代后期埃国国内开始社会经济转型后一直都是由

① 埃塞俄比亚沃尔塔信息中心。

② 中国驻埃塞俄比亚使馆经商处。

国家控制的专营领域，之前并不允许私有资本的进入，对于外部资本在这些领域也严格进行管控，这次伴随私有化改革对外部资本的开放程度在埃国历史上是空前的。后半部分则显示了埃塞俄比亚国内改善投资环境、维持社会稳定的决心与具体措施，可以看出除了反恐和打击各种犯罪之外，埃国政府将营造政治上的宽松环境，实行民主化改革作为工作的重点，这也是为了营造开放的市场、鼓励私有化、实现自由市场经济所做出的重要政治姿态。

作为对这种发展局势的一种肯定与回应，中国国家开发银行设立了10亿元人民币中非发展基金，用于基础设施、工业等领域和农业项目。中国现在积极参与埃塞俄比亚的国内项目，协助其实现经济增长和积累。例如，中国几乎参与了埃塞俄比亚国内的所有发电设施项目，在运输和道路交通部门，参与的比重也很大，一些海外研究机构甚至认为中国公司完全控制了埃塞俄比亚的市场。[①] 从目前的中非经贸发展的情况看也确实有它的根据：

当前，中国已经超过了英国，成为非洲最大的经济体贸易伙伴，早在2009年中国在非洲的经贸与投资总和就超过美国在非洲的投资，双方的差距十分明显。截至2012年，中国的国有企业和私营部门对非直接投资147亿美元，自2009年以来同比增长已经超过60%。如果加上中方通过其他国际市场的渠道投放的资金则中国在非洲的直接投资总额已经超过400亿美元，中国对非洲的贷款已超过世界银行(World Bank)。[②] 其中，埃塞俄比亚是中国在非投资的一个主要集中地，这一态势的形成是两国基于经济、政治、外交、地缘政治等多方面考量之后所采取的审慎的措施。中国和埃塞俄比亚已经发展起全方位、多层面的合作关系，具体特征为经济上人与人之间、企业对企业，政治上政府与政府之间、政党对政党，结成长期战略合作的关系，这在中国与非洲国家间的交往中是不多见的。

中国在埃塞俄比亚的投资有独特的领域与策略：在非洲其他国家的中国投资领域中可以看出大多集中于矿产开发、能源利用等方面；而在埃塞俄比亚，并没有一个明显在国际市场份额中占有优势的矿产或能源种类。这说明资源开发并不是中埃经贸交往中唯一的动力，中国所看重的是埃塞俄比亚国内长期稳定的政治环境，在这一大背景下迅速增长的经济总量，以及随着收入不断增长的其国内巨大人口数所带来的潜在市场。如前所述，埃塞俄比亚近年来国内国民可

---

① Edson Ziso. A Post State-Centric Analysis of China-Africa Relations: Internationalisation of Chinese Capital and State-Society Relations in Ethiopia[M]. Palgrave Macmillan,2018:8.

② Edson Ziso. A Post State-Centric Analysis of China-Africa Relations: Internationalisation of Chinese Capital and State-Society Relations in Ethiopia[M]. Palgrave Macmillan,2018:16.

支配收入按照实际购买力计算已超过 2 000 美元，这表明其国内的经济发展水平已初步达到了中等发展中国家的水平，埃塞俄比亚对于世界来说是一个正在形成中的具有巨大潜力的市场，这不仅在产品销售领域，在投资领域也是这样。对于这样一个在东非乃至在整个非洲来说重要的战略合作伙伴，中国更加注重长线投资与经济网络联系所带来的远景效应，具体到目前的投资策略，可以看出目前在产业技术及产能转让、工农业原材料供给链、初级工农业产品加工及其与中国产业链对接等方面中方投入了更多精力。而埃方也看到了这方面的合作对自身的经济发展、产业结构的调整与完善具有极大的好处，因而这是一种互补双赢的合作关系。也正是基于这一愿景，中国在埃塞俄比亚的很多项目都具有合作示范的深意。

从 2005 年到 2016 年，中国在埃塞俄比亚的投资总额与合同总金额数合计达到了 176.2 亿美元，这其中有很多是私人企业的投资，但是更多的中国国有大型企业已经参与到这一合作中：中兴通讯为埃塞俄比亚国内提供先进的电信设备与运营解决方案；中国水电等也在各自的专业领域同埃塞俄比亚国内相关领域展开了广泛的合作。中国万宝工程公司、中国路桥工程总公司、中国铁路工程总公司、中国航空技术进出口总公司、中地海外集团有限公司等利用自己在工程技术方面的优势参与埃塞俄比亚国内大规模基础建设的工程项目，在这方面中国企业取得了世界瞩目的成果：2009 年，所有新建筑和埃塞俄比亚 66.6%的道路修复、升级和维修都是中国公司负责建造的。当然，中国国有企业在埃塞俄比亚业务快速发展的同时也有一些结构性问题，比如，中国公司主导埃塞俄比亚的实际建设和重建工作等。在基础设施方面，中方着手的主要项目的资金来源仍为世界银行、欧洲委员会、非洲开发银行、石油输出国组织、国际货币基金组织和阿拉伯经济发展银行，[①]这导致在项目规划和成本计算等方面中方参与度不够，会在项目实行中受到一些限制。在这方面中国和埃塞俄比亚以及投资各方还有较大的商议空间。由中国路桥总公司承建的位于亚的斯亚贝巴的格特拉交会路口立交桥工程(Gotera intersection flyover bridge)在这方面作出了一种改革的尝试——该项目投资是中方直接承诺的 1 270 万美元，资金到位迅捷，工程进度很快。[②] 这可以被视为目前中国尝试改变在埃塞俄比亚项目投资中相对被动局面的一种尝试。在这项工程之后，中国国家进出口银行向埃塞俄比亚提供了 5

① Edson Ziso. A Post State-Centric Analysis of China-Africa Relations: Internationalisation of Chinese Capital and State-Society Relations in Ethiopia[M]. Palgrave Macmillan, 2018: 121.

② Monika Thakur. Building on Progress? Chinese Engagement in Ethiopia[J]. SAIIA Occasional Paper, 2009(38).

亿美元的贷款,用于包括公路和桥梁建设在内的 11 个开发项目,从而使原来中埃双方在经济合作中面临的结构性问题得到了很大程度的改善。[①] 在此基础上,中埃双方又开展了合资企业的形式来加深合作:中国路桥工程总公司同埃方合作合资成立了路桥建设公司;中国北方工业总公司与拉利贝拉建筑公司进行了合作,2004 年组建成立了诺林—拉利贝拉工程建设公司股份有限公司,目前该公司正在亚的斯亚贝巴和奥罗米亚地区承建 8 座公路工程,投资 4 100 万美元,雇佣 500 名工人。自 2002 年起,发电量在 300 兆瓦的特克泽水电站开始兴建,该项目耗资 2.24 亿美元,不仅是中埃双方单项合作的最大项目,而且被认为是联合项目类型中最大的中非合资企业。其中,中方参与企业有中国国家水利水电建设有限公司,葛洲坝集团,埃方参与企业为国营的埃塞俄比亚电力公司,中国进出口银行提供 5 000 万美元(年息为 1.75%)作为工程队部分贷款。[②] 由此可见,中方国有大型企业在走出对西方投资方的依赖,独立自主同埃塞俄比亚展开合作方面已经颇有成效。相关合作项目大多仍在进行中,已建成的基础设施在投入运营后的后继评估仍有待进一步统计公布,相信中埃双方会在后继运营中展开更深入的合作。

此外,中埃以及吉布提三方合作的埃塞—吉布提铁路建设因为关乎埃塞俄比亚的出海口规划与进出口贸易而尤其引起世人的瞩目:自厄立特里亚独立以来,埃塞俄比亚已经失去了所有海岸线,这给两国之后各自的经济规划以及埃国自身的利益诉求带来很多矛盾。世纪之交,两国曾围绕边境划界、民族问题爆发过几次冲突,但归根结底,这些冲突的背后都是经济诉求所致的矛盾。应该看到,尽管两国最后达成了停火和解,但成为内陆国的形势对埃塞俄比亚的经济、进出口贸易的冲击很大,多年来其一直尝试寻找改变这种不利局面的突破口,其中包括同厄立特里亚关系正常化,利用该国港口的方案,但为了避免贸易线路的单一,埃国也一直在寻找另外可能的替代性外港。吉布提的地理位置正好占据了与埃国相邻的另一段红海海岸线,而且从战略位置上说,吉布提扼住了红海进出的要道,显然是埃国寻求替代出海口的绝佳选择。然而在东非以及红海沿岸诸国的微妙国际博弈中,这一方案受到诸多牵制,且交通设施的财力投入也远非埃、吉两国所能独自承担。在这种局面下,中国的介入以及中国在其中精细的外交手段与布局为解决这一难题提供了难得的机遇与方向。2014 年,这一项目取

---

① Monika Thakur. Building on Progress? Chinese Engagement in Ethiopia[J]. SAIIA Occasional Paper,2009(38).

② Monika Thakur. Building on Progress? Chinese Engagement in Ethiopia[J]. SAIIA Occasional Paper,2009(38).

得了突破性的进展：中方在该项目中投入了大笔资金，同时作为该项目的扩展，亚的斯亚贝巴的轻轨铁路建设也在中方的资金和技术协助下有了较大的进展，有望于2015年2月开始试运行。87％的轻轨建设与80％的埃塞—吉布提铁路建设在2014年顺利完工，这为2016年铁路全线贯通，2018年投入商业运营奠定了坚实的基础，为埃塞俄比亚打开了一条进出口贸易的交通要道。埃塞俄比亚这些工程成为中国与埃塞俄比亚之间合作的又一个突出事例。① 在这一基础建设的保障下，2016年7月21日，中、埃、吉三国政府宣布建设一个总计投入达40亿美元的天然气开发项目，其远景规划是为在奥加登(Ogaden)地区进一步开发天然气做着准备。② 这不仅极大地改善了埃塞俄比亚经济与贸易的发展规划，为其寻找出海口打开了新的局面，而且对整个东非以及红海两岸地区的国际局势也形成了影响。在这一项目中，中国的立场与实力也更加多角度地展现在世人面前。随着铁路的顺利开通运行，可以想见，这种合作模式及其良好的前景必将为中国与该区域的合作起到更大、更长远的作用。

三、埃塞俄比亚近年来鼓励外资新举措的分析

在过去的几年中，埃塞俄比亚在亚的斯亚贝巴等地修建了大规模的技术开发区以及配套基础设施，这给中国进一步投资提供了良好的环境，而且在面对中国企业时，埃国国内在同中方大型央企、国企广泛合作的同时，始终重视中国私营企业在其国内的投资和利益，力图全方位和中国的经济网络密切联系。2010年，在埃塞俄比亚共有348家中国企业具有经营许可证，从事相关经济商贸活动。到2013年12月底，共有701家中国企业在埃塞俄比亚国内具有经营许可证，并从事项目经营。③ 在这一巨大的涨幅中，除去已经提到的几家中国大型国有企业之外，大多数是中国私营企业，这也证明埃塞俄比亚政府对于不同类型企业的投资保障是切实有效的。

埃塞俄比亚2010—2015年“五年增长与转型计划”(GTP)由埃塞俄比亚议会于2010年11月批准，目前已有了初步成效，可以认为这将是一个埃国国内长期稳定政策的基石。今年(2019年)已是埃塞俄比亚新政策推行，响应外国投资的需求开放国内市场的第9个年头，其政府承诺将在畜牧业、农产品加工业、制造业、建筑业、房地产业、旅游业等方面欢迎外部资本的进入。

---

① Jon Abbink. A Decade of Ethiopia: Politics, Economy and Society, 2004-2016[J]. Progress in Development Studies, 2018(2): 147-148.

② Jon Abbink. A Decade of Ethiopia: Politics, Economy and Society, 2004-2016[J]. Progress in Development Studies, 2018(2): 147-148.

③ Edson Ziso. A Post State-Centric Analysis of China-Africa Relations: Internationalisation of Chinese Capital and State-Society Relations in Ethiopia[M]. Palgrave Macmillan, 2018: 118.

在所有这些门类中，除去上文所述和中国国有企业合作的方面之外，以畜产品、农产品加工出口为主轴的农业方面还具有巨大的投资机会。① 以畜产品的生产能力为例：埃塞俄比亚国内牲畜常年存量大概有 3 500 万头牛、3 900 万只绵羊和山羊、860 万只马和 100 万只骆驼，其牲畜总数值据非洲第一、世界第九，在此基础之上，其国内可年产兽皮 270 万张，绵羊皮 810 万张，山羊皮 750 万张。② 在这一领域有一个中埃合作得很好的例子：中非海外皮革制品公司在中国新乡工藤达明与明良皮革公有限公司和中非发展基金（China-Africa Development Fund）的出资合作下在埃塞俄比亚投资 2 700 万美元建立了一家工厂，③这是中国皮鞋制造业目前在埃塞俄比亚广泛进行投资尝试的一个缩影。埃国政府认为这种外资的引入对于引起行业内部的良性竞争与产业重组具有促进作用，因而采取了鼓励的措施，这也和之前所说埃国政府平等对待私营企业外资在国内的表态相一致。对于中国皮革行业来说，这种投资尝试也符合目前国内有关“走出去”大战略的部署，使中国企业暴露在国际竞争中，从而做大做强。正如格布列(Gebre-Egziabher)所说：“竞争并不总是会取代竞争对手，但正如古典经济学告诉我们的，竞争可以增强那些处于竞争环境中的公司的生产率。”④

而在农产品的生产及贸易方面，据埃政府 2019 年 7 月 28 日消息：在刚刚结束的埃塞俄比亚财政年度中，埃塞俄比亚从咖啡和油籽作物出口中获得的收入超过 12 亿美元。据隶属于国家的法那广播公司上周六报道，这些收入来自咖啡、绿豆、白芸豆、芝麻和大豆的出口。埃塞俄比亚是世界第七大咖啡生产国，也是非洲最大的咖啡生产国、非洲最大的阿拉比卡咖啡生产国之一，咖啡生产被称为该国主导农业经济的支柱。⑤ 其国内每年生产的咖啡除国内消费外，仍有一半供出口，埃塞俄比亚咖啡的主要市场是欧盟（约占出口的一半）、东亚（约四分之一）和北美。⑥ 从这一出口市场的配比份额中可以看出东亚地区占有比重不低，而中国近年来随着消费生活观念的变化，咖啡的消费量一直呈稳步增长趋势，双方在这一方面的经贸往来仍有较大的合作空间。不过，尽管出口量很大，目前埃塞俄比亚国内的咖啡种植与生产仍然处于比较粗放的方式，传统的生产

---

① Edson Ziso. A Post State-Centric Analysis of China-Africa Relations: Internationalisation of Chinese Capital and State-Society Relations in Ethiopia[M]. Palgrave Macmillan, 2018: 117.

② Andualem Sisay Gessesse. Better Local Price Challenges Ethiopia's Shoes Export.

③ Desalegn Sisay. Ethiopia Gets a US ＄27 m Chinese Leather Factor[N/OL]. Afrik News, 2010-11-25[2015-4-30]. http://www.afrik-news.com/article18486.html.

④ Tegegne Gebre-Egziabher. The Developmental Impact of Asian Drivers on Ethiopia with Emphasis on Small-scale Footwear Producers[J]. The World Economy, 2009, 32(11): 1613-1637.

⑤ 埃塞俄比亚沃尔塔信息中心。

⑥ Pascal Belda. Ethiopia. MTH Multimedia S. L. 2006: 77.

方式从古至今没有太大的改变，几乎所有的工作——耕作和干燥，仍然是手工完成的。咖啡种植总面积估计约为 4 000 平方公里，由于咖啡农场的分散性质，具体面积和地区种植情况尚不清楚。但为了鼓励国内咖啡产业链的进一步发展，埃国出台了一系列扶持政策，在这一良好形势下，埃塞俄比亚最近还公布了一项新的倡议，要在今后五年内将目前每年近 60 万吨的咖啡产量提高到 180 万吨，而据埃塞俄比亚咖啡和茶叶管理局称，中国市场有望成为该国咖啡出口的主要目的地。[①] 2019 年 4 月，中埃两国签署了《中国咖啡进口谅解备忘录》，深化双边贸易合作。随着中国年轻人对咖啡的需求不断增长，打入新兴咖啡市场也越来越被视为埃塞俄比亚咖啡生产商和出口商的一项主要任务。

近年来，中国市场对埃塞俄比亚芝麻生产的兴趣日益浓厚。芝麻被认为是埃塞俄比亚仅次于咖啡的主要出口商品之一。埃塞俄比亚豆类、油籽和香料加工出口协会主席海尔·贝赫最近对新华社说，目前，埃塞俄比亚向中国出口的芝麻占这个东非国家向全球市场出口芝麻总量的近 70%，中国已经是这个东非国家的主要出口目的地。据埃贸易部统计，在 2017—2018 财年，埃塞俄比亚向中国出口了 2.45 亿美元的商品。[②] 芝麻的出口针对中国市场的意向性较强，资料显示中国是芝麻使用量最大的国家，因而需要埃国国内针对投资方与相关政府职能部门以市场导向为依据，加强宣传和引导工作，同时需要对现有的生产方式、收购渠道以及出口代理等诸多产业环节优化重组，而这仍然离不开从中央到地方各级政府的支持，因而同咖啡贸易相比，芝麻产业对埃塞俄比亚国内的政治形势依附性更强。2015 年中国开发银行为参与埃塞俄比亚芝麻产业的农业企业贷款 2 500 万美元，企业可以通过生产和销售芝麻的利润来偿付相关金融和其他服务的费用，贷款有效促进了中埃双方在芝麻产业上的合作，也加深了中国企业在埃国国内芝麻生产收购出口产业链上的参与程度。

相对于国有企业所进行的大型投资而言，中国私营企业在埃国内的农产品相关产业上的投资相对附加要求较小，而且如上所述的一些特定农产品的产业链比较清晰、出口市场预期也比较明确，在这些方面深入当地原材料的生产市场可以更深度地和当地社会的经济体系乃至政治文化展开合作，因而笔者认为这方面的投资合作不仅对于埃国的经济发展具有重要意义，而且对于中国的政治、经济利益来说也是具有战略意义的。

四、结论

当前埃塞俄比亚的发展趋势是在整个非洲社会政治经济转型大背景下的一

① 埃塞俄比亚沃尔塔信息中心。

② 埃塞俄比亚沃尔塔信息中心。

个优秀的范例，结合其国内目前的发展形势可以看出，埃国在引入外资上的态度是积极的，这不仅表现在相关鼓励性政策的制定，而且表现在对于外国国有企业与私人企业的同等重视上。

埃塞俄比亚目前已是中国在非洲最重要的战略合作伙伴之一，仅在经济领域双方共同运作的项目的深度和广度都是空前的，而且在很多方面都起到了示范作用。西方企业将埃塞俄比亚视为原材料提供地，配合当地廉价劳动力搞单纯的出口导向型的产品加工业。中国则制定了更加长远的战略目标，以合资、合作的理念进入埃国国内的经济体系中，同其整个国民经济发生更密切的联系。笔者以为在埃塞俄比亚当前国内政治、经济形势下，外资的投资可以从参与埃国国内经济建设、参与调整产业布局入手，从而在整个产业链条上同埃塞俄比亚国内的企业或相关经济部门展开合作，为在当地打开市场，建立商业网络创造可能。这种方式不仅将使中埃双方都能获益，避免同既有国际经济格局下由西方主导的全球贸易体系进行不必要的竞争，而且能真正使埃国国内巨大的潜力发挥出来。从目前中国国有大型企业在基础设施建设、技术转让、产能转移等方面在埃塞俄比亚所开展的业务情况可以看出这一方向大致是符合实际情况的，而且为中埃的合作奠定了一个良好的基调。中国的私营企业进入埃国国内不晚，目前也可以在这一思路下考虑投资的方式和方向，文中仅就埃国国内农产品产业链中几个市场化程度较高的门类进行了分析，可以看出中国私营企业在当地还是展开了一定程度的合作，投资前景比较乐观，但理应还可以有更大的发展空间。

中埃的经济交往是当下国际交往中一个具有特色又十分生动鲜活的例子，未来的发展值得我们进行更深入的思考和研究。

作者简介

张　歌　历史学博士、山西大学历史文化学院讲师，主要从事世界古代中世纪史、非洲史研究。

21 世纪以来印度与埃塞俄比亚经贸关系新特点[①]

杜　英　甘振军

摘　要：印度与埃塞俄比亚作为环印度洋地区大国，历史上就保持着紧密的经贸关系和人员往来。进入 21 世纪，双边经贸关系呈现新特点：印度对埃塞俄比亚的投资主要集中在工业和农业领域；快速增长的双边贸易不平衡、不对称；印度奉行多样化援助政策等。21 世纪初期的双边关系是两国关系史上的“黄金时代”。

关键词：印度；埃塞俄比亚；经贸关系；新特点

印度与埃塞俄比亚有着悠久的历史联系。从阿克苏姆王国开始，印度和埃塞俄比亚之间的贸易关系和人员往来存在了近两千年。6 世纪，印度人与埃塞俄比亚人在阿杜利斯港交易丝绸、香料、黄金和象牙。16 世纪，葡萄牙援助埃塞俄比亚皇帝，果阿人也来到了埃塞俄比亚。1868 年，为了解救被埃塞俄比亚皇帝特沃德罗斯二世关押的欧洲外交官和传教士，罗伯特·纳皮尔将军率领的 3 万英国远征军中有 1.3 万名印度士兵，其中大部分是锡克教徒。19 世纪下半叶，一些印度商人和工匠定居埃塞俄比亚，而居住在印度西海岸的西迪人据说是埃塞俄比亚人的后裔。意大利入侵埃塞俄比亚期间，贾瓦哈拉尔·尼赫鲁呼吁声援埃塞俄比亚，指出：“我们印度在帮助我们在埃塞俄比亚陷入困境的同胞无能为力，因为我们也是帝国主义的受害者，但我们今天与他们站在一起，当美好生活到来的时候，我们希望还站在一起。”[②]1936—1941 年，英国派军队应对意大利对埃塞俄比亚的入侵，英军中就有数量可观的印度士兵，如威廉·普拉特将军就指挥了一支由第 4、第 5 组成的印度师部队。

埃塞俄比亚是非洲也是环印度洋地区的大国，埃塞俄比亚首都亚的斯亚贝巴是非盟总部所在地，因此印度注重发展与埃塞俄比亚的友好关系。埃塞俄比

① 本文系 2018 年度国家社科基金一般项目“印度与印度洋沿岸东非国家经贸关系研究(1947—2017)”的阶段性成果(项目批准号:18BSS051)。

② Ethiopia India Relationship. https://ethiopianembassy.org.in/EthiopiaIndia.htm.

亚是非洲国家中少数几个与印度保持友好互利关系的国家之一。在过去的岁月里，尽管两国之间的合作领域发生重大变化，但目前两国的合作伙伴关系依然紧密。本文首先回顾了1947年至2000年印度与埃塞俄比亚经贸关系发展历程，然后重点分析了21世纪前20年双边经贸关系的特点。印度与埃塞俄比亚双边经贸关系对中国发展对非经贸关系和新时期中非共建“一带一路”，提供了一些研究参照和借鉴。

一、印度与埃塞俄比亚经贸关系的历史回顾

1948年，印度与埃塞俄比亚建立了外交关系。埃塞俄比亚是第一批与印度建立外交关系的非洲国家之一。萨达尔·桑特·辛格是印度驻埃塞俄比亚第一任大使，阿曼纽尔·亚伯拉罕是埃塞俄比亚驻印度大使，也是第一位非洲国家驻印度大使。印度通过当地印度裔加强与埃塞俄比亚政府的联系。1952年，为了庆祝埃塞俄比亚皇帝60周年诞辰，当地印度裔捐赠74 000美元，印度政府也提供2 000美元建造了亚的斯亚贝巴产妇之家。作为答谢，海尔·塞拉西皇帝给予印度500吨小麦作为回礼，而产妇之家也成为埃塞俄比亚首都重要的公共卫生保健机构。海尔·塞拉西皇帝于1956年、1959年和1968年三次访问印度，印度商人开始投资埃塞俄比亚的磨坊、棉花等相关产业，在亚的斯亚贝巴建立了3家印度和埃塞俄比亚合资的棉纺织工厂。此外，印度商人还通过建立医院、诊所和其他社会福利设施为埃塞俄比亚人民服务，如1955年建立了甘地纪念医院，1957年建立哈勒尔军事学院等。1965年印度总统拉达克里希南访问埃塞俄比亚。印度与埃塞俄比亚经贸关系进一步加强。1969年，埃塞俄比亚接受印度技术与经济合作部(ITEC)的资助，在此计划下，埃塞俄比亚从人力资源发展中受益。

埃塞俄比亚在1977—1991年门格斯图统治时期与印度关系恶化。20世纪90年代，印度、埃塞俄比亚面临的内外困难推动了双边的关系提升。自1991年以来，印度日益成为埃塞俄比亚重要的贸易伙伴之一，双边贸易额逐年攀升。1992年，双边贸易额是1 200万美元。

1993年，印度对埃塞俄比亚基础部门的投资超过15亿美元，其中97%是在农业，其余是动物养殖和采矿业。1996年、1998年，埃塞俄比亚投资委员会先后修订投资表，放松对投资的限制。印度在埃塞俄比亚几乎所有经济部门的私人投资都在增加。

综上，印度与埃塞俄比亚建交以来，双方长期保持友好关系，但其中也有波折。21世纪之前，印度与埃塞俄比亚经贸关系紧密，尽管双边贸易额不高，且保持单向度。埃塞俄比亚积极吸引印度的投资，尤其是私人投资。印度对埃塞俄比亚的经济援助也足以维系双边关系，这是21世纪印度埃塞俄比亚双边经贸关系进入新阶段的基础。

二、21 世纪以来印度与埃塞俄比亚经贸关系新特点

21 世纪以来，印度和埃塞俄比亚之间的关系达到了前所未有的高度。埃塞俄比亚前总理梅莱斯·泽纳维①高度评价 21 世纪初的埃塞俄比亚与印度关系为“埃印关系的黄金时代”。双边关系在投资、援助和进出口贸易等领域呈现新特点。

首先，在投资领域，印度资本的投资集中在埃塞俄比亚的工业和农业领域。2002 年、2012 年、2014 年，埃塞俄比亚政府三次修订投资表并逐渐解除投资限制，吸引包括印度在内的外国投资者。2005 年，在亚的斯亚贝巴印度使馆的支持下，印度商业论坛成立，鼓励印度人投资埃塞俄比亚，在印度裔社区内，建立对话平台提供联络机会。2011 年，印度是埃塞俄比亚第二大投资国，投资额是 47 亿美元，实际投资额是 20 亿美元，共 596 家公司。② 2012—2013 年度，印度对埃塞俄比亚投资是 302.99 百万美元。印度是埃塞俄比亚三大投资国之一，2014 年印度对埃塞俄比亚投资额是 20 亿美元。③ 2006 年，印度进出口银行向埃塞俄比亚发放了一笔为期 20 年的 6 500 万美元的电力项目信贷，并为埃塞俄比亚制糖业的发展提供了 6.4 亿美元。④ 此外，为了增强和升级亚的斯亚贝巴黑狮医院的医疗设备，印度政府提供了一台计算机 CT 扫描仪和 200 万美元的贷款。2007 年 3 月，印度外交部部长 P. 穆克吉访问埃塞俄比亚，双方签订《双边投资保护和促进协议》(BIPPA)等 5 个主要协议。印度外交部选择埃塞俄比亚作为连接非洲国家的泛非电子网络项目的试点国。2008 年首届印—非峰会期间，埃塞俄比亚是获得税务减免优先计划的不发达国家之一。2011 年印度—非洲论坛峰会上，印度宣布给予 3 000 万美元支持埃塞俄比亚—吉布提铁路线。⑤

印度中小型企业(SMEs)是在埃塞俄比亚投资的主力，投资领域是农村电气化和糖业，2010 年 3 月达到 45 亿美元。⑥ 2015 年，埃塞俄比亚为印度企业家购置土地，并提供其他奖励措施和税收便利，以便在埃塞俄比亚建立其他保健设施。

2003 年 6 月至 2014 年 5 月，632 家印度公司在埃塞俄比亚共投资约 50 亿

---

① 梅莱斯·泽纳维 1991—1995 年任埃塞俄比亚总统，1996—2012 年任埃塞俄比亚总理。

② Prateeksha Tiwari. Indian and Chinese FDI in Ethiopia: Nature, Impact, and Challenges[J]. DU Journal of Undergraduate Research and Innovation, 2015, 1(3): 124-143.

③ Prateeksha Tiwari. Indian and Chinese FDI in Ethiopia: Nature, Impact, and Challenges[J]. DU Journal of Undergraduate Research and Innovation, 2015, 1(3): 124-143.

④ Magdalena Hules. India's Quest for Resources in Africa: Land Grabbing and Its Implications for India and Ethiopia[EB/OL]. http://othes.univie.ac.at/29304/1/2013-08-07_0847522.pdf.

⑤ Gedion G. Jalata. Development Assistance from the South: Comparative Analysis of Chinese and Indian to Ethiopia[J]. Chinese Studies, 2014, 3(1): 28.

⑥ Kishan S Rana and Bipul Chatterjee. Economic Diplomacy: India's Experience[M]. Jaipur: CUTS Books, 2011: 154.

美元。投资的领域有农业、棉花和纺织品、塑料制品、皮革制品、采矿业和卫生保健等(见表1)。印度在埃塞俄比亚投资额58.7%在制造业部门,农业占15.6%。1993—2014年第一季度,印度对埃塞俄比亚工业部门投资占印度在该国投资的约54%,对纺织业的投资占印度对埃塞俄比亚制造业投资的46.6%。[①]2011年,萨拉棉花纤维私人有限公司建立一个轧棉厂,计划对印度出口棉产品。[②] 印度公司还投资食品和饮料加工和制造。自1998年印度公司在工业领域投资超过12 400万美元,创造了超过2 500个长期岗位和3 000个临时岗位,2014年阿兰那集团[③](Allana Group)投资建立一家肉类加工厂。印度还投资埃塞俄比亚的非金属矿产业(如碳酸钾、黏土、盐、石膏),约37 000万美元,占整个制造业投资的14%,建立超过5 500个工作岗位(既有临时工,也有长期固定工)。[④] 在此后的联合贸易委员会会议上,41个皮革工业专家为埃塞俄比亚皮革工业提供培训进行能力建设。印度中央皮革研究所(CLRI)与埃塞俄比亚制革厂完成一笔100万美元的无水铬鞣技术转让交易。印度中央皮革研究所与埃塞俄比亚皮革工业发展研究所(Leather Industry Development Institute)在埃塞俄比亚联合举办了一场研讨会,并将在8家制革厂进行无水铬鞣技术测试,酶脱毛技术已在3家制革厂通过了测试。据报道,制革者对测试结果非常满意,许多制革企业期待进行商业化规模生产测试。[⑤] 2017年,在埃塞俄比亚投资的印度公司主要有MSP钢铁能源有限公司、阿文德·恩维索废水处理公司,巴拉吉制造有限公司,奥蒂钢铁股份有限公司和索纳利卡拖拉机公司。越来越多的印度公司投资埃塞俄比亚纺织和服装部门。2018年,印度KPR Mill公司在埃塞俄比亚默克莱(Mekelle)工业园建立一个新工厂。这是印度第一家海外服装企业。2019年初,产品出口美国和欧洲。为埃塞俄比亚创造700个工作岗位,雇佣1 500名机械工人为世界市场每天生产50 000件服装。[⑥]

1993—2014年印度在埃塞俄比亚服务业(如计算机和互联网有关的活动、机械租赁、旅馆业、卫生和社会工作、教育、建筑业、不动产)的投资是72 000万美元,

---

① Prospects of India-Ethiopia Investment and Trade Cooperation,2014:32[EB/OL]. http://www.ipekpp.com/admin/upload_files/Report_3_52_Prospects_2523493963.pdf.

② Prospects of India-Ethiopia Investment and Trade Cooperation,2014:32[EB/OL]. http://www.ipekpp.com/admin/upload_files/Report_3_52_Prospects_2523493963.pdf.

③ 这是印度最大的食品加工和农产品出口公司,包括冷冻肉类加工,水果和蔬菜产品保鲜,咖啡、香料和谷物生产等,产品出口超过85个国家。

④ Prospects of India-Ethiopia Investment and Trade Cooperation,2014:32[EB/OL]. http://www.ipekpp.com/admin/upload_files/Report_3_52_Prospects_2523493963.pdf.

⑤ 印度在埃塞俄比亚推广无水铬鞣技术,http://www.pelle.cn/news/show-44374.html.

⑥ Ike Dzokpo. India's KPR Mill opens new factory in Ethiopia,2019.

表 1　2000 年以来印度公司在埃塞俄比亚投资一览表①

年份	公司名称	所属国家	生产范围
2000	J. J. 科塔里 & 埃塞俄比亚合资有限公司 [J. J. Kothari and co. (Eth) Ltd.]	印度	生产观赏瓶和罐子
2000	J. J. 科塔里 & 埃塞俄比亚合资有限公司 [J. J. Kothari and co. (Eth) Ltd.]	印度	机械化和可灌溉的商品粮作物种植
2000	牛津工业私人有限公司 (Oxford Idustries Plc.)	印度/埃塞俄比亚	生产便携塑料袋
2008	塔塔埃塞俄比亚公司 (Tata Ethiopia Operations)	印度	皮革原料
2012	苏里世大理石公司(Souriish Marbles)	印度	大理石

为埃塞俄比亚创造 304 330 个工作岗位。② 在亚的斯亚贝巴，印度公司主要从事工程服务、咨询服务、信息通信技术服务、制造业、水管理服务和教育服务。③

2011 年底，埃塞俄比亚梅莱斯·泽纳维政府租赁给外国投资者 80 万公顷土地，印度农业公司从中受益。印度在埃塞俄比亚的农业投资与粮食生产有关，如油籽、豆类、棉花和大米、谷类、玉米、小麦、糖、茶和花卉栽培等。如卡拉图里全球公司(Karaturi Global)在甘贝拉地区租赁 30 万公顷肥沃土地，租期 99 年(如表 2)。希瓦集团(Siva Group)拥有 5 万公顷土地。

其次，快速增长的印度埃塞俄比亚双边贸易关系不平衡和不对称。印度—埃塞俄比亚双边贸易增长快。2000—2001 年双边贸易额是 10 800 万美元。④ 2001—2002 年，双方的贸易额超过 1 亿美元。2009—2010 年印度与埃塞俄比亚贸易额是 27 200 万美元，2011—2012 年贸易额是 66 000 万美元。⑤ 由于国际钢价上涨和中国低价商品的竞争，2002—2003 年，印度与埃塞俄比亚的贸易额下降，21 世纪以来，大部分年度印度和埃塞俄比亚贸易额一直处于增长态势，2015

① Indian Embassy in Addis Ababa & Ethiopian Investment Authority. List of Indian Companies Invested in Ethiopia.

② Prospects of India-Ethiopia Investment and Trade Cooperation[EB/OL]. 2014:33. http://www.ipekpp.com/admin/upload_files/Report_3_52_Prospects_2523493963.pdf.

③ The Embassy of India. India-Ethiopia Commercial Bilateral Relations. 2014.

④ Dr. Suresh Kumar. The Role of India in Agricultural Development in Ethiopia[EB/OL]. [2010-11-1]. http://www.africaindia.org/index.php? option=com_content&view=article&id=48:the-role-of-india-in-agricultural-development-in-ethiopia&catid=34:agriculture-sector&Itemid=29.

⑤ Amsalu K. Addis and Zhu Zuping. Assessment of the Impact of Chinese and Indian Economic Activities in Africa:A particular Focus on Ethiopia's Economy[J]. China Report, 2019, 55(3):241-264.

表 2 投资埃塞俄比亚农业部门的印度公司①

序号	印度农业公司	土地规模/公顷	农业作物
1	卡拉图里全球公司(Karaturi Global)	300 000(一期是 100 000 公顷,二期是 200 000 公顷)	棕榈油、谷物、甘蔗
2	JVL 海外私人有限公司(JVL Overseas PTE Ltd.)	5 000	棉花
3	绿色山谷农业公司(Green Valley Agro Plc.)	5 000	棉花
4	汉普吉(Hampoorji)	50 000	谷物、油料和香料作物
5	BHO 生物制品公司(BHO Bio Products Plc.)	27 000	谷物、食用油
6	白色田园棉花农场(White Field Cotton Farm Plc.)	10 000	棉花
7	鲁驰·索亚(Ruchi Soya)	25 000	大豆
8	散那提农业种植企业(Sannati Agro Farm Enterprises)	10 000	大米、谷物等
9	瓦丹塔作物公司(Vedanta Harvests Plc.)	3 012	茶叶和套种作物
10	CLC 工业公司(CLC Industries Plc.)	25 000	棉花
11	马刀农业公司[Saber Farm Plc. (Saber Group)]	25 000	棉花和黄豆
12	翡翠生物技术公司(Emami Biotech)	100 000	麻风树和食用油籽
13	S&P 能源出路公司(S&P Energy Solutions Plc.)	50 000	生物燃料、可食用油料作物
14	S&P 能源出路公司(S&P Energy Solutions Plc.)	50 000	粮食作物等
15	阿尔米达哈(Almidha)	28 000	食糖
16	内哈国际有限公司(Neha International Ltd.)	4 000	油籽、大米、小麦类

① Prospects of India-Ethiopia Investment and Trade Cooperation,2014:31[EB/OL]. http://www.ipekpp.com/admin/upload_files/Report_3_52_Prospects_2523493963.pdf; The Oakland Institute. FAQs on Indian Agriculture Investments in Ethiopia 2013[EB/OL]. https://www.oaklandinstitute.org/sites/oaklandinstitute.org/files/Ethiopia_India_FAQ.pdf; Magdalena Hules. India's Quest for Resources in Africa: Land Grabbing and Its Implications for India and Ethiopia[EB/OL]. http://othes.univie.ac.at/29304/1/2013-08-07_0847522.pdf.

年双边贸易额达到 12 亿美元，印度成为埃塞俄比亚的第二大进口来源国，仅次于中国。① 2017 年，双方签订贸易协定。此后，双边贸易额持续走高（见表 3）。双边贸易长期维持不平衡和不对称关系，埃塞俄比亚从印度进口额高于对印度出口额，存在贸易逆差。印度对埃塞俄比亚出口以工业制成品为主，如钢铁、金属制品、药品、机械仪器、纸/木制品、纺织品、汽车配件、塑料制品等；进口以农产品和原材料为主，如豆类、毛皮、原棉和皮革。印度是埃塞俄比亚最大食糖进口来源国。2004 年，埃塞俄比亚从印度进口食糖是 93 万美元，2005 年是 62 万美元，2006 年是 1 093 万美元，2007 年是 2 955 万美元，2008 年是 5 327 万美元，2009 年是 379 万美元，2010 年是 282 万美元，2011 年是 13 300 万美元。②

表 3　印度与埃塞俄比亚贸易额(2000—2019)③

年份	印度从埃塞俄比亚进口/美元	印度对埃塞俄比亚出口/美元
2000	8 296 999	6 588 2693
2001	18 007 825	99 106 215
2002	9 996 833	103 163 051
2003	8 029 491	175 414 047
2004	9 579 348	190 519 257
2005	8 003 268	249 903 429
2006	9 521 289	314 125 781
2007	15 569 207	421 298 888
2008	14 416 051	361 382 539
2009	18 801 131	634 245 253
2010	27 509 833	623 608 487
2011	32 980 239	773 276 100
2012	42 219 447	107 194 5594
2013	355 333 787	1 224 650 153

① Belayneh Leta and Girma Belayneh. Economic Relations of Ethiopia and India: Trade and Agricultural Investments after 1991[J]. African Journal of Political Science and International Relations, 2017,11(8):210-219.

② Sushil Kumar. India's Development Cooperation with Ethiopia in Sugar Production: An Assessment,2015:8.

③ Belayneh Leta and Girma Belayneh. Economic Relations of Ethiopia and India: Trade and Agricultural Investments after 1991[J]. African Journal of Political Science and International Relations, 2017,11(8):210-219.

表 3(续)

年份	印度从埃塞俄比亚进口/美元	印度对埃塞俄比亚出口/美元
2014	53 127 646	1 056 107 230
2015	64 908 691	1 151 498 728
2016	68 400 000	1 300 000 000
2017	304 100 000①	452 200 000②
2019③	93 300 000	828 000 000

最后,印度对埃塞俄比亚多样化援助是双边经贸关系新特色。21 世纪以来,埃塞俄比亚从始于 1969 年的 ITEC 计划的人才资源发展中获益。2000 年印度对埃塞俄比亚投资项目 3 个,价值 270 万美元。2007—2008 年,印度提供的培训名额为 25 个。同时培训名额稳步增加。2009—2011 年,印度政府提供了 300 多个培训名额,埃塞俄比亚政府充分利用了上述培训名额。④ 2012—2013 年是 160 人。截至 2018 年,在 ITEC 项目下,印度已经接收了 2 732 名埃塞俄比亚学生。

印度的发展援助项目涵盖埃塞俄比亚政府的不同机构。2002 年,两国政府签署了微型水坝和小型灌溉计划合作协定。2007 年签署了科学和技术领域合作协定。2007 年 7 月,双方签署了建立部长级联合委员会的协议。2010 年 12 月,联合委员会第一次会议在印度新德里举行。埃塞俄比亚副总理兼外交部部长海尔马里亚姆·德萨莱尼出席了此次会议。

印度积极向埃塞俄比亚提供金融援助。2006 年以来,印度对埃塞俄比亚的财政援助逐年增加,印度政府通过印度进出口银行向埃塞俄比亚政府提供超过 12 亿美元软贷款,如 6 500 万美元信贷额度支持哈哥马林·梅佳区建设农村电气化的输变电和配电项目。这是印度对埃塞俄比亚的第一笔贷款。正如印度进出口银行驻亚的斯亚贝巴的一名高级官员所说,印度将贷款与来自印度的设备联系起来,“印度利用这一战略作为进入受援国的技术准入入口,但印度并不要

① Exports 2020 country comparisons, ranks, by Rank (photius. com)[EB/OL]. https://photius.com/rankings/2020/economy/exports_2020_0. html.

② Imports 2020 country comparisons, ranks, by Rank (photius. com)[EB/OL]. https://photius.com/rankings/2020/economy/imports_2020_0. html.

③ India (IND) and Ethiopia (ETH) Trade|OEC-The Observatory of Economic Complexity[EB/OL]. https://oec. world/en/profile/bilateral-country/ind/partner/eth.

④ Gedion G. Jalata. Development Assistance from the South: Comparative Analysis of Chinese and Indian to Ethiopia[J]. Chinese Studies, 2014, 3(1): 24-39.

求印度公司和劳动力来到受援国,而是该项目在一定条件下可以接受竞争性投标的设备必须来自印度。”①

2007 年,印度提供 6.4 亿美元贷款支持埃塞俄比亚制糖业,这是印度当年在海外最大的投资。② 作为印度政府对单一国家首次提供的最大一笔信贷,以支持埃塞俄比亚建立新的制糖工业。这两笔贷款利率是 1.75%,期限是 20 年。③ 2008 年,印度对埃塞俄比亚糖业给予 64 000 万卢比的金融贷款。2012 年提供 5 亿美元贷款进一步支持埃塞俄比亚制糖业发展。印度对埃塞俄比亚 15.4 亿美元全部信贷款中的 12.4 亿美元给予埃塞俄比亚制糖业。这使得埃塞俄比亚成为世界上获得印度信贷额度最高的国家之一。在埃塞俄比亚,印度发展援助的 78.1%用于制糖业。项目的总花费是 13.5 亿美元。在完成滕达霍(Tendaho)、翁吉(Wonji)/绍阿(Shoa)和芬查亚(Finchaa)这三个项目之后,埃塞俄比亚将成为主要的食糖出口国。这些项目将创造巨大的就业机会,预计将有助于埃塞俄比亚经济融合。正如在亚的斯亚贝巴印度进出口银行一位官员所说,“印度正在推动制糖业发展,印度不想从埃塞俄比亚进口糖,我们想复制埃塞俄比亚的经验。”④

三、印度与埃塞俄比亚经贸关系新动向及其启示

中国与埃塞俄比亚建立正式外交关系是在 1970 年,双边贸易始于 1956 年。2000 年,中非合作论坛成立以来,中—埃经贸合作迅速扩大,中国与非洲贸易伙伴国的进出口贸易都呈快速增长趋势。2002 年,中—埃两国贸易额 10 012 万美元,其中对埃塞俄比亚出口 9 643 万美元,进口是 369 万美元。2006 年双边贸易是 70 000 万美元,埃塞俄比亚对中国出口超过 12 000 万美元。2009 年中—埃双边贸易额是 10 亿美元。⑤ 2011 年,中国已成埃塞俄比亚最大的出口目的地和进口来源地。2016 年,中国和埃塞俄比亚之间的双边贸易额达到 54 亿美元。⑥ 2018 年,双

---

① Gedion G. Jalata. Development Assistance from the South:Comparative Analysis of Chinese and Indian to Ethiopia[J]. Chinese Studies,2014,3(1):24-39.

② Sushil Kumar. India's Development Cooperation with Ethiopia in Sugar Production: An Assessment,2015:8.

③ Gedion G. Jalata. Development Assistance from the South:Comparative Analysis of Chinese and Indian to Ethiopia[J]. Chinese Studies,2014,3(1):24-39.

④ Gedion G. Jalata. Development Assistance from the South:Comparative Analysis of Chinese and Indian to Ethiopia[J]. Chinese Studies,2014,3(1):24-39.

⑤ Alemayehu Geda and Atnafu G. Meskel. Impact of China-Africa Investment Relations:Case Study of Ethiopia,2018:13.

⑥ 中国和埃塞俄比亚去年双边贸易额达 54 亿美元,http://www.xinhuanet.com//world/2017-08/12/c_129679182.htm.

边贸易额是28.8亿美元。[①] 2000年以来，中国对埃塞俄比亚的投资逐年增长。2001年中国对埃塞俄比亚的投资是50万美元，2004年大约是10 700万美元，2007年大约是11 800万美元。主要投资的领域是制造业部门，大约超过60%。[②] 2010年，中国对埃塞俄比亚投资5 850万美元。[③] 2012年，中国奇缘集团投资700万美元建立制鞋公司——中国华坚集团，派遣86名埃塞俄比亚毕业生到中国进行为期2个月的培训。[④] 2016年中国还投资建设了亚吉铁路。

鉴于中国在埃塞俄比亚经济发展中的作用日益加强，印度也在基础设施、教育培训等方面加强了与埃塞俄比亚的合作。印度加大投资来改善埃塞俄比亚的制造业基础。不过，同中国相比，印度对埃塞俄比亚的贸易、投资和援助额是相距甚远的。但印度与埃塞俄比亚经贸关系的发展仍值得中国观察、跟踪和思考。

首先，埃塞俄比亚是印度—非洲论坛峰会外交的积极参与国。2008年至今，印度共举办了4届非洲论坛首脑峰会。埃塞俄比亚都是该论坛的重要参与国。2011年5月，第二届印度—非洲论坛峰会选择在埃塞俄比亚首都亚的斯亚贝巴举行，发表《亚的斯亚贝巴宣言》和《印非加强合作框架协议》。双方确立到2015年印非贸易额达700亿美元的目标。非盟组织也积极评价印非合作，表示将尽快设立驻印度办事处。这凸显了印度与埃塞俄比亚的紧密关系。2019年，两国启动印度—埃塞俄比亚创新技术商业化方案，分享在医疗保健、农业、水卫生与环境和林业等领域的技术和创新。

其次，埃塞俄比亚是印度泛非电信计划、聚焦非洲计划的先行先试国，是印度与非洲合作新模式的优选国。印度与非洲联盟合作推行“泛非电信网络”计划，项目所需10亿美元由印方出资，旨在增强非洲的互联网连接和通信，计划实现53个非洲国家之间的互联网连接。2007年7月，印度与埃塞俄比亚之间的“远程医疗网”开通，是“泛非电信网络”的试行项目。远程教育中心在埃塞俄比亚的亚的斯亚贝巴大学，与印度德里和开普尔的技术研究所合作，远程医学中心在亚的斯亚贝巴黑狮医院。这两家中心由印度提供213万美元兴建。在埃塞俄比亚负责远程医疗网络的印度政府官员拉坦·辛格说：“我们希望与非洲分享专

---

① 中国同埃塞俄比亚的关系（2019年5月），https://www.fmprc.gov.cn/web/gjhdq_676201/gj_676203/fz_677316/1206_677366/sbgx_677370/.

② Alemayehu Geda and Atnafu G. Meskel. Impact of China-Africa Investment Relations: Case Study of Ethiopia, 2018: 13.

③ Prateeksha Tiwari. Indian and Chinese FDI in Ethiopia: Nature, Impact, and Challenges[J]. DU Journal of Undergraduate Research and Innovation, 2015, 1(3): 124-143.

④ Prateeksha Tiwari. Indian and Chinese FDI in Ethiopia: Nature, Impact, and Challenges[J]. DU Journal of Undergraduate Research and Innovation, 2015, 1(3): 124-143.

业技术，希望缺乏医生的地区能与城市医院相连接，进而由城里医生填补那里的空缺。”印度驻埃塞俄比亚大使古尔吉・辛格强调，印度参加非洲互联网建设与印度企业投资当地矿产资源项目没有关系。《印度时报星期刊》作者英德拉尼・巴格奇声称：“印度模式大不相同，从印度独立斗争和随后印度移民在非洲获得的商业成功，到不结盟运动等，印度一直是一个具有潜在影响的国家。”印度张扬与非洲合作的“新模式”，但仍然延续了发展经济和贸易的路子，真正目的还是推动自身经济发展。印度参与的“泛非电信网络”计划即为一例。路透社记者巴里・马隆认为，印度与埃塞俄比亚合作的远程医疗网络确实减轻当地不少负担，“也吻合印度加强与富饶非洲的联系并确保市场和能源供应的目标”。①

最后，能源和工业原材料是印度对埃塞俄比亚贸易领域与投资的重点方向。2011 年 9 月，两大印度政府皮革机构中央皮革研究协会（CLRI）和鞋类设计发展协会（FDDI）已经与埃塞俄比亚皮革产业发展协会（ELIDI）做出承诺和安排，两大印度机构将进行技术转让并帮助加快东非国家皮革及其产品出口收益的增长。印度将为埃塞俄比亚提供所有培训和必要的支持，使该国成为全球鞋类和皮革制造业的十大国家之一。目前，埃塞俄比亚已经拥有非洲最大的牲畜群。通过鞋类设计发展协会和中央皮革研究协会提供的支持和培训，印度皮革产业已经为 350 万人提供就业机会，年产值将达 34 亿美金。这项计划宣布，将在未来三至五年继续对埃塞俄比亚的皮革生产进行投资。据埃通社报道，2011 年 12 月 12 日，埃塞俄比亚和印度两国农业研究院院长签署了农业科研合作备忘录，两国同意将在农业科研方面密切合作。埃塞俄比亚农业部国务部长在签字仪式上表示，两国合作开展农业研究，将有助于提高农业生产，推进技术转让，提升两国关系。据了解，两国农业科研合作还包括肉类和奶类开发等领域。② 印度的中央皮革研究所和鞋类设计和开发研究所一直与埃塞俄比亚皮革开发研究所合作，以提高埃塞俄比亚制革厂和制鞋厂的质量标准。由印度两家机构和皮革行业 41 名专业人员组成的代表团，于 2010 年 3 月抵达埃塞俄比亚，进行为期 6 个月的项目。该合同由印度提供资金，价值约为 100 万美元。合同后来又延长了 6 个月，价值 80 万美元。③ 2021 年 2 月 19 日，印度、埃塞俄比亚签署了有关皮革

① 袁原. 首届印度—非洲合作论坛峰会开幕：软实力下真经济[EB/OL].（2008-4-8）[2011-7-29]. http://www.chinanews.com/gj/gjzj/news/2008/04-08/1213901.shtml，2011-7-29.

② 亢升. 印度的大国追求与印度洋非洲国家：认知与行为[M]//汪戎，万广华. 印度洋地区研究. 北京：社会科学文献出版社，2012：60-83.

③ Gedion G. Jalata. Development Assistance from the South：Comparative Analysis of Chinese and Indian to Ethiopia[J]. Chinese Studies，2014，3(1)：24-39.

技术协议。①

四、结语

印度与埃塞俄比亚作为环印度洋地区大国，历史上就保持着紧密的经贸关系和人员往来。进入21世纪，双边经贸关系呈现新特点：印度对埃塞俄比亚的投资主要集中在工业和农业领域；快速增长的双边贸易关系却不平衡和不对称；印度奉行多样化援助政策等。新世纪的印度—埃塞俄比亚关系被为双边关系的“黄金时代”，值得观察、思考和借鉴。

作者简介

杜　英　博士，安徽师范大学历史学院副教授、硕士生导师，湘潭大学南亚研究中心兼职研究员，主要从事亚非史研究。

甘振军　博士，湘潭大学马克思主义学院讲师、硕士生导师，湘潭大学南亚研究中心兼职研究员，主要从事亚非国际关系研究。

---

① Shailaja Tripathi. India, Ethiopia Sign Agreements on Leather Technology, visa Facilitation[EB/OL]. [2021-1-21]. https://www.jagranjosh.com/current-affairs/india-ethiopia-sign-agreements-on-leather-technology-visa-facilitation-1613810973-1.

德国社会对无条件基本收入的讨论

陈　猛

摘　要：经济全球化带来的贫富差距扩大、世界范围内新一轮科技革命的兴起与壮大，以及现行福利制度的弊端等一系列危机，使得西方社会的社会结构性问题凸显。无条件基本收入是西方资本主义国家对现行福利制度进行的一次"再平衡"尝试。无条件基本收入的支持者认为，它是应对当前世界挑战的一个绝佳方案：不仅可以消除人们作为社会个体的生存恐惧，还可以促进民众的社会参与和社会团结，有利于整个社会的长久和可持续发展。无条件基本收入制度也面临着高昂的财政负担以及道德风险等问题。

关键词：无条件基本收入；德国福利制度；贫富差距

2008年金融危机和欧债危机以来，欧洲和西方社会经历着一波接一波的危机和深层的社会转型：特朗普的当选、英国脱欧、移民难民危机、新冠肺炎疫情的大爆发以及当前的俄乌之战。所有这些危机反映了西方社会内部深层次的社会矛盾。随着经济全球化、新技术进步、人口老龄化的发展，欧洲社会传统的社会保障系统也在面临着强烈的冲击。为了应对这些危机，解决经济和社会发展的难题，德国以及其他欧洲国家酝酿着一些解决方案，其中无条件基本收入是引起反响和讨论最激烈的一种。无条件基本收入作为现行社会福利制度的替代品，正在引起越来越多人的关注。

一、引入无条件基本收入讨论的外部背景

（一）新科技的发展对劳动力市场带来的挑战

当前，以人工智能为代表的新科技迅猛发展，导致了生产关系的变革。新科技的发展一方面给社会创造了新的就业岗位，另一方面，人工智能对劳动力的替代也达到了一个前所未有的速度和规模，因此更多的就业岗位将会消失。此外，科技进步会促使商家重组和重建新的营销模式，随之淘汰的不仅仅是工作岗位，人的一些工作能力也会面临无处可用的困境。再者，新科技的出现和新兴产业的发展，会改变传统的劳资和生产关系。劳动力市场中，传统的劳资双方的劳动

关系，将会被以技术、资本精英和人工智能机器人为主体的新型劳动关系所取代。[①]正是由于这个原因，众多无条件基本收入的支持者都是高科技领域的精英。

（二）贫富差距的扩大造成了社会底层人群的增加

21世纪以来，德国以及西方世界财富分配的不均衡加剧。在德国，高收入和低收入之间的差别从20世纪90年代开始逐渐变大，这种趋势基本上一直持续到2005年。由于通货膨胀的减轻和劳资谈判中从业者一方获得更多的加薪，从2009年开始这一鸿沟没有继续扩大。在全球范围内，德国的收入差距相对还是比较小的：如果按照基尼指数来算收入差距的话，德国是西方七国集团中收入差距最小的国家，美国的贫富差距从20世纪80年代以来一直在增长。在收入增加方面，获益最多的是超高收入群体（Spitzenverdiener），高收入群体（Gutgehälter）和中等收入群体（Durchschnittsgehälter）的收入也有了明显的提高，不过从20世纪90年代开始中等收入实际上只提高了9个百分点。唯一没有享受到社会经济发展大蛋糕的是社会最底层的十分之一的家庭，他们的实际收入减少了。[②]

在过去的二十年中，德国还出现了一个低工资的区间。这种发展趋势肇始于20世纪90年代，之后随着施罗德2010议程的哈茨改革得到推进，一直到2010年这一区间都在持续扩大，从2010年至2014年这一发展势头得以稳定。德国五分之一的劳动者平均每小时工资少于10欧元，这样的收入是全国中等税前工资收入的三分之二，每小时工资10欧元也被定义为低工资分界线。按照这一标准，德国的贫穷人口从20世纪90年代的11%上升到现在的16%。而这一数据的上升，很多专家认为应该归因于低工资区间的加大，以及与此相关的不稳定的工作。低工资在德国的分布因地区和行业的不同而变化。在东部，低工资的从业者所占比例为34%，在西部这个数字则只有19%。在传统的工业领域，低工资的岗位相对较少，而在服务业领域则很普遍。比如，2014年德国理发和美容业78%的工作岗位都是低工资岗位，在餐饮业这一比例也同样高。低工资也体现在性别差异上，四分之一的女性从业者从事低工资工作，而这一比例在男性那里只有15%。一个社会财富分配的不均会抑制经济增长所需要的创造性，影响社会的公正，损害社会的凝聚力，侵蚀青年人的信心和希望，最终成为经济

---

① Andy Stern and Lee Kravitz. Raising the Floor: How a Universal Basic Income Can Renew Our Economy and Rebuild the American Dream[M]. New York:Public Affairs,2016:188-190.

② Oliver Nachtwey. Die Abstiegsgesellschaft, Über das Aufbegehren in der Regressiven Moderne, Berlin:Suhrkamp,2016:126-136.

长期增长和社会稳定的巨大阻碍。[1]

（三）传统和现行福利制度的不足

德国与家庭和婚姻相关的福利是全欧洲最高的，然而在出生率、经济稳定性、家庭的社会参与、家庭与工作的协调以及儿童的健康发展等指标上，德国却处于中下游水平。为了解决上述问题，之前多届德国政府强调有偿性的工作（Erwerbsarbeit），鼓励人们通过职业性的工作来保障自己和家庭的生活。工业化以来，德国的福利政策正是建立在这一原则基础上的。《德国社会法典》（Sozialgesetzbuch，条款Ⅰ）就明确规定了社会救济的目的：基本保障的最终目的是终结人对国家的依赖性。对一个失业者来说，最稳妥的保障方式就是帮助他在就业市场中尽快找到一份工作。[2]

这种以劳动力市场、就业和经济为核心指标的社会福利制度有其自身的局限。这种模式下，民众只被视为工作者，参与就业和劳动成了社会参与和分配的核心。在这种模式下，失业的人会受到国家的救济，不过却要接受国家非常严苛的条件审查，比如 2003—2005 的哈茨系列法规。在失业者拒绝工作的情况下，国家甚至有权利对其采取惩罚性措施。这种社会救济和福利体制强调了国家对民众的控制和检查，归根结底它体现的是一种消极的人性观，充满了对人性的不信任。施罗德“2010 议程”的本质是对德国就业市场进行的一次新自由主义的改革。这次改革在国际上赢得赞誉，很大程度上保证了德国经济过去多年的强劲发展。但是，这一改革却因为大力削减了福利，使得中下层民众怨声载道。很多原来社民党的选民都改投其他政党或者选择弃投。

当前的欧洲社会正在兴起一种“向左拐”的社会思潮，欧洲很多国家的社会民主党开始掌握政权或者与其他政党组成联合政府。在这样的政治社会背景下，一些政治议题如社会公平、加大投资、最低工资、对富人和企业家增加税收等在很多国家变成了事实。此外，是否推迟从业者的退休时间也被搁置，这样的情况下，国家支付养老金的压力便异常巨大，当下的年轻人面临着要推迟退休时间，来维持现有福利制度的压力。于是就有批评人士指出，这种社会民主党领导下的“惠民”政策会难以为继，因为企业家的手脚被左翼政府捆绑得太紧，经济的发展也受到了抑制。

---

① Klaus Dörre. Die Renaissance der Klassengesellschaft. Ein Interview mit dem Soziologen Prof. Dr. Klaus Dörre über Lebens-und Arbeitsbedingungen in Deutschland[EB/OL].（2017-5-19）[2017-11-19]. http://www.nachdenkseiten.de/? p=38356；Michael Hartmann. Die Abgehobenen：Wie die Eliten die Demokratie Gefährden[M]. Frankfurt：Campus Verlag，2018.

② Ute Fischer. Bedingungsloses Grundeinkommen als nachhaltige Gesellschaftsinvestition[M]. 2017.

二、无条件基本收入的定义

人们对社会公平的追求，对现有一味地追逐经济增长的模式的反思，以及新科技带来的传统生产关系的变革，是无条件基本收入的三个最为重要的思想来源。无条件基本收入，指的是政府无条件地，也就是免费地向公民定期支付一定数额的现金。对于基本收入的定义，学界虽然还有一定的讨论，但是基本收入地球网络[①]综合了各种各样的定义，最后列出了五个基本特征：① 定期的(periodic)，② 现金(cash payment)，③ 以个人为单位(individual)，④ 普遍的(universal)，⑤ 无条件地提供(unconditional)。

第一，无条件基本收入应该是以定额现金的形式，定期地发放给公民的。它不是一次性的，也不是种子资金。第二，基本收入不是以实物(粮食或服务)或代金券的形式出现，它是定额的现金。获得者可以自行决定它的使用途径。第三，基本收入发放的对象是个人，与他所属的家庭和工作单位无关。而基于资产审核的福利制度，是以家庭为单位进行审核然后提供福利的。第四，“普遍的”意味着基本收入的分配应不分人口特征、贡献与否、资产调查等因素。根据人口特征筛选对象的政策，通常被称为选择性政策，而基本收入排除所有筛选性。基本收入无须个别审核，即可向所有人提供。第五，基本收入的无条件性。这是区分基本收入与福利国家收入保障政策的最重要特征。基本收入没有对劳动或劳动意向提出要求，而是无条件提供给所有人，这是基本收入与规定领取条件的其他社会保障措施的主要区别。福利国家的收入保障是实行去商品化(decommodification)原理的政策，而基本收入是去劳动化(delaborization)原理的政策。去商品化是指在资本主义社会，国民尽管未从事工作，也能临时获得适当保障的权利，而去劳动化则意味着与雇佣劳动没有任何关系。[②]

三、支持和反对无条件基本收入的观点

(一) 支持无条件基本收入的观点

(1) 无条件基本收入有助于实现社会公平。社会正义不仅仅表现在收入方面，社会参与和机会平等也是重要的组成部分。通过全民基本收入，人们可以从被迫的失业状态变为低收入的积极工作状态。这样，人们才能寻找和选择有吸引力的、适合自己的工作，增强自由选择的能力。无条件基本收入是最有效的兼

① 基本收入地球网络(Basic Income Earth Network)官网是全球性的基本收入研究和倡议的网络平台，收录了大量有关基本收入的历史与当代文献。

② 盖伊·斯坦丁. 基本收入[M]. 陈仪，译. 上海：上海文艺出版社，2020：9-13.

顾了收入和社会参与的方案。①

（2）无条件基本收入能够提高经济效率。首先，无条件基本收入没有过多的条件限制，劳动者能够调动自己的积极性和工作热情。其次，无条件基本收入可以使得劳动者不再为谋生而工作，而是能够选择自己喜欢和擅长的职业。这样，在没有谋生压力的情况下，大家都愿意去做一些具有挑战性和创新性的工作，真正发挥自身的潜能，就业市场也将会因此真正达到供需平衡。②

（3）无条件基本收入可以降低行政成本，提高福利制度的有效性。首先，现行福利制度下收入评估的复杂性阻碍了人们领取福利金。其次，家计调查会侵犯个人生活的隐私，领取福利金往往被视为失败的标志。这一点与人性尊严的理念相悖，是造成福利资金利用率低的重要原因。无条件基本收入则因其“无条件性”“全民性”以及领取方式的“单一性”解决了传统福利制度面临的这些难题。此外，由无条件基本收入取代所有名目繁杂、手续烦琐的社会福利项目，不仅能大大降低行政成本，包括所有社会福利管理部门的运行支出，还可以有效地避免寻租行为的发生。

（4）无条件基本收入可以更好地应对科技进步带来的劳动力市场的变革。科技进步可能会带来大量失业，这仍是一种前景预测，属于“远虑”，但技术正在改变人们的工作方式和工作条件。例如，数字技术正在催生更多的短期工作，或者说“零工”技术的发展使得正式工作和非正式工作之间的界限逐渐模糊，但当前的社会保障制度仍以正式的长期雇佣合同为基础，显然不能适应劳动力市场的变化。由技术引起的工作性质的变化，使劳动者从向雇主要福利的模式，转变为向国家要福利的模式。而无条件基本收入正是在国家与个体劳动者之间建立了直接的责任关系，契合了劳动力市场转型带来的对社会保障的新需求。③

（二）反对无条件基本收入的观点

（1）无条件基本收入会产生新的社会不公。研究发现，实施无条件基本收

---

① Philippe Van Parijs. Real Freedom for All：What（if Anything）Can Justify Capitalism[M]. New York：Oxford University Press，1995：1-2；赵柯，李刚. 资本主义制度再平衡：全民基本收入的理念与实践[J]. 欧洲研究，2019，37(1)：1-21，156.

② 关于这一点请参考金炳彻. 基本收入的学理构思与模型研究[J]. 社会保障评论，2017，1(2)：30-39，87；赵柯，李刚. 资本主义制度再平衡：全民基本收入的理念与实践[J]. 欧洲研究，2019，37(1)：1-21，156；Philippe Van Parijs. Competing Justifications of Basic Income[M]//Arguing for Basic Income. Verson，1992：3-11；Daniel Raventós. Basic Income：The Material Conditions of Freedom[M]. London：Pluto Press，2007：22；Andy Stern and Lee Kravitz. Raising the Floor：How a Universal Basic Income Can Renew Our Economy and Rebuild the American Dream[M]. New York：Public Affairs，2016：188-190.

③ 赵柯，李刚. 资本主义制度再平衡：全民基本收入的理念与实践[J]. 欧洲研究，2019，37(1)：1-21，156；Michal Rutkowsk. Reimagining Social Protection[J]. Finance & Development，IMF，2018：10-13.

入将会增加税收、减少现有福利,并且对减少贫困并非有效。因为现有的社会保障体系有专门针对穷人的保障,如果这些被单一的转移支付取代,而财政投入规模保持不变,穷人的保障水平则会低于贫困线水平。而如果以最低收入保障水平支付无条件基本收入,则意味着需要大幅提高税收。这对大多数人而言,税负会增加,并将进一步提高目前已然很高的税负水平。

(2)无条件基本收入会引发道德风险,降低经济效率。传统福利体系模式下,个人通过工作获得的不仅是收入,还有意义、地位、技能、人脉和友谊。收入和工作脱钩。人们待在家里,正是社会衰败的原因。造成的结果是最需要的人群得到的补贴减少了,亿万富翁们得到的补贴增多了。此外,无条件基本收入会导致劳动力供应不足,因为它可能会削弱人们参与社会工作的意愿,导致过多人依赖无条件基本收入而不愿劳动,或者边际税率太高以致降低了人们工作的积极性。①

(3)实施无条件基本收入的成本巨大。一些发达国家发现,政治上很难对财富税做太大变革,如果对企业利润征税太高,会面临把投资者推向其他国家的风险。无条件基本收入在增加劳动者讨价还价能力的同时,也会导致企业赋税负增加、劳动力价格上涨、生产成本上升、企业放弃投资或转移资本等问题。即便是在最富裕的国家,如果无条件基本收入被设定在一个提供适中、但体面生活标准的水平,那也是国家无法承受的,将导致不断膨胀的财政赤字。②

四、无条件基本收入的模式

当前,无条件基本收入成了一个热点话题,其模式大致有两种。

一种模式是成人每月发放 600 欧元,儿童 300 欧元,并补充 200 欧元的健康保险。这种模式是在无政府管制的状态下进行的。无条件基本收入的资金来自征收的所得税。这种模式还提倡废除其他形式的社会福利,劳动市场也应完全解除管制。这是一种依赖市场的经济友好型方法,基本收入保障了国家经济可以自由发展,同时还可以大大减少官僚主义行为。

另一种模式是无条件基本收入与国民收入挂钩,支出数额为一年所有国民收入的一半。国家通过征收基本所得税、对高收入和高财富的广泛征税来获得资金支持。这种模式下,失业、健康和养老保险不会在没有替代的情况下被取

---

① 赵柯,李刚.资本主义制度再平衡:全民基本收入的理念与实践[J].欧洲研究,2019,37(1):1-21,156;余飞跃,邱伟华.公民收入——福利国家改革的一种设想[J].当代世界社会主义问题,2009(4):113-119.

② 赵柯,李刚.资本主义制度再平衡:全民基本收入的理念与实践[J].欧洲研究,2019,37(1):1-21,156.

消，而是重新设计为失业保险和法定的公民内部保险，保留了传统社会福利系统的保险理念。

五、总结

无条件基本收入正在引起越来越多人的国家的关注。瑞士曾在2016年对无条件基本收入方案进行了全民公投。无条件基本收入是西方资本主义国家对现行福利制度进行的一次“再平衡”改革和实验。无条件基本收入的支持者认为，它是应对当前世界挑战的一个绝佳的方案：它不仅可以消除人们作为社会个体的生存恐惧，它还可以促进民众的社会参与和社会团结，有利于整个社会的长久和可持续发展。当然无条件基本收入制度也面临高昂的财政负担以及道德风险等问题。

无条件基本收入作为现有社会福利制度的一个潜在的替代品，是西方社会比较热门和新颖的研究和讨论课题之一。围绕它，还有很多非常有意义的后续研究和问题值得我们去深入思考和探索。笔者抛砖引玉，在这里简单思考和罗列一些可能的线索：

（1）是否存在一个最优的数学模型，可以模拟出无条件基本收入的支出、税收分摊、国家财政收入、其他的转移性福利支出之间的关系？也就是说，与现有的福利制度相比，无条件基本收入在财政支出和收入方面，能否做得更加完美？

（2）到目前为止，哪些国家已经进行了无条件基本收入的实验？这些实验的期限以及支付金额、实验的结果和反响如何？它们的说服力和不足都体现在哪里？

作者简介

陈　猛　中国矿业大学外国语言文化学院副教授。

面向澳大利亚的“一带一路”倡议传播现状分析①

潘荣成

摘　要：澳大利亚是中国“21世纪海上丝绸之路”建设的重要支点国家，“一带一路”倡议对澳传播则自然成为其国际传播的重要组成部分。笔者利用舆情分析、数据解读、文献引证等方法从传播主体、传播途径、传播对象、传播效果、传播面临的问题与对策几个方面对“一带一路”倡议在澳传播现状进行了分析。结果表明，当前国内“一带一路”倡议对澳传播的主体虽然包括了政界、工商界、学术界和新闻界，但以政界为主导，其他各界的传播作用发挥很不充分；倡议的传播对象主要涉及澳大利亚政界、学术界、新闻界和工商界的上层代表、精英阶层或合作伙伴，而其普通民众对倡议知之甚少；另外，“一带一路”倡议对澳传播还存在传播内容不全面不具体、传播方式缺乏灵活性和针对性、传播人才不足等问题。针对以上问题，笔者给出了提高“一带一路”倡议对澳传播效度的建议或对策。

关键词：“一带一路”倡议；澳大利亚；传播主体；传播途径；传播对象；传播效果；问题与对策

2013年9月和10月，在访问中亚和东南亚国家期间，中国国家主席习近平分别提出了共建“丝绸之路经济带”和“21世纪海上丝绸之路”的倡议，简称为“一带一路”倡议（the Belt and Road Initiative）。该倡议的提出引起了国际社会的强烈关注，以中国为第一大贸易合作伙伴的澳大利亚也对倡议做出了及时回应，并成为“一带一路”倡议的重点传播对象国。本文将从“一带一路”倡议对澳传播的主体及其途径、传播对象及传播效果、面临的问题与对策三个方面分析“一带一路”倡议在澳传播现状。

一、“一带一路”倡议对澳传播的主体及其途径

通过对中澳主流媒体和官方网站（如新华网、中国新闻网、参考消息网、中国

① 基金项目：教育部2017—2018年度国别和区域研究课题（课题名称：“一带一路”倡议对澳大利亚传播的效果与策略研究，课题编号：2017-08955）。

经济网、《人民日报》、《环球时报》、《经济日报》、《新华每日电讯》、中国国家发展改革委员会网站、中国商务部网站、中国一带一路网、《商务特使》、《澳大利亚人报》、《悉尼先驱晨报》、澳大利亚广播公司、澳大利亚东亚论坛网、澳大利亚洛伊解读者网站等)中涉及“一带一路”倡议与澳大利亚的相关报道信息进行统计分析发现,近四年来(2013—2017),中国对澳大利亚开展“一带一路”倡议传播的主体主要包括四大类:政界、工商界、学术界和新闻界(见表1)。

表1 “一带一路”倡议对澳传播的主体及其途径

传播主体	涵盖范围	传播途径
政界	国家领导人、中央政府及其直属机构、地方政府及其官员	国家领导人出访与会谈、召开国际会议/论坛、政府部门官员互访会谈、官方代表团访问会谈、项目合作、发展战略对接
工商界	国有企业、民营企业、企业家、市场分析人士、金融从业者	项目合作、经贸往来、人员交流、经济会议
学术界	高校院所科研人员、学术智库、非官方组织学者	论文发表、学术会议、网络平台、访学交流
新闻界	电视、广播、报纸、期刊、网站	新闻报道、信息发布、网络宣传、出国访谈

(一)政界及其传播途径

政界在“一带一路”倡议对澳传播的过程中扮演着最为重要的角色,其传播主体包括中央政府、中央直属部门、地方政府等。中央政府主要通过国家领导人出访澳大利亚、参加国际会议或接见澳方来华人士时开展会谈、座谈、会晤等方式传达有关“一带一路”倡议的信息。从2015年11月到2016年9月不到一年的时间内,国家主席习近平曾先后三次会见澳大利亚总理马尔科姆·特恩布尔(Malcolm Turnbull),就推进中方“一带一路”倡议与澳方“北部大开发”计划对接的问题展开会谈。时任国务院总理李克强也与澳方官员就深化中澳在“一带一路”框架下的合作展开会谈。

中央直属部门和地方政府采取的传播方式则更加多样,既有中澳双方职能对等部门官员或地方政府首脑之间的会谈,也有官方代表团之间的谈判,还有政府主导的项目合作、组织召开的国际会议/论坛、请进来或走出去的招商会、对国内外发布的有关融入“一带一路”倡议的行动计划等。如,时任中国商务部部长钟山、国家发改委主任何立峰、“一带一路”建设工作领导小组办公室综合组组长赵艾等都曾先后与澳方相关职能部门官员就“一带一路”合作问题展开会谈;广东省、浙江省、江苏省、四川省、安徽省、山东省等地方政府则通过经济项目合作、旅游开发、经济发展战略对接等方式与澳方各地方政府或企业在“一带一路”框架下开展合作。原国家旅游局和浙江省人民政府主办以“海岛愿景：新丝路、新机遇、新旅程”为主题的2017国际海岛旅游大会，邀请澳大利亚为主宾国；安徽省邀请澳方代表参加其承办的“2016美大地区友好论坛”，讨论多举措加快融入“一带一路”建设；成都市出台融入“一带一路”国家战略的企业“走出去”五年行动计划，将澳大利亚列为成都企业“走出去”的重点开拓地区。

（二）工商界及其传播途径

中澳两国在经贸领域的合作具有高度互补性，21世纪以来两国的经贸合作快速发展，中国企业对澳大利亚的投资在近十年间也快速增长（见图1）。2017年，澳大利亚成为中国第八大贸易伙伴，而中国则是澳大利亚第一大贸易伙伴、出口市场和进口来源地。2016年，中国企业在澳大利亚的投资金额达到114.9亿美元（约合153.6亿澳元）。其中，在基础设施和农业领域的投资再创新高。①

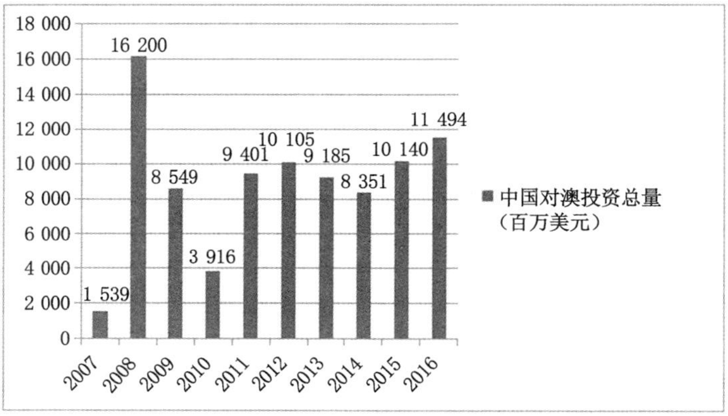

图1　2007—2016年中国对澳投资总量变化图*

*数据来源：毕马威（KPMG）和悉尼大学联合发布的《2016中国企业在澳投资报告》

中国工商界主要通过项目合作、经贸往来、经济会议/论坛、人员交流等经济活动向澳大利亚传播“一带一路”倡议，其传播主体以国有企业尤其是央企为主，也有一些做得比较成功的民营企业。2013年以来，中国企业在澳大利亚投资呈多元化趋势，其中，基础设施投资成为中澳在设施相通方面合作的亮点。比如，作为“一带一路”经济合作的具体措施，中国招商局集团于2014年联合澳方企业以17.5亿澳元获得纽卡斯尔港98年运营权，民营企业山东岚桥集团于2015年

① 李雪飞.《揭秘中国企业在澳投资报告》显示中国企业在澳大利亚市场日趋成熟，基础设施和农业领域投资再创新高[EB/OL].[2017-5-9].http://www.sohu.com/a/139319791_180837.

以5.06亿澳元获得达尔文港土地和部分码头99年的租期。2016年,中国国家电力投资集团成功收购了澳大利亚太平洋水电公司和新南威尔士州塔拉贾风电公司。中国交通建设股份有限公司旗下的约翰·霍兰德公司中标澳大利亚首都堪培拉轻轨项目,中国中车股份有限公司与澳企联合中标墨尔本地铁列车制造合同,中国投资有限责任公司参与的国际财团获得墨尔本港50年租赁权。此外,中国企业在银行业、航空业和医疗行业的对澳投资也得到拓展。例如,中国银行和中国工商银行分别在阿德莱德和布里斯班开设分行,中信银行在悉尼开设代表处,海南航空和南山集团成功参股澳洲维珍航空公司,绿叶医疗集团和华润集团分别获批参股澳洲医疗保健公司和杰尼西斯肿瘤医疗公司。①

但是,工商界在澳开展有关"一带一路"的经济活动时,往往采取"政治搭台、经济唱戏"的方式,尚未主动承担起"一带一路"倡议对澳传播的使命。另外,由于走向海外的中国企业不太注重企业文化软实力建设,加上法律意识、文化意识、责任意识和共赢意识不强,未能充分发挥其在倡议传播中所具有的广度和前沿优势。

（三）学术界和新闻界及其传播途径

国内学术界和新闻界对"一带一路"倡议的关注度都很高,各高校、智库和媒体从不同侧面对倡议的国内和国际影响进行了研究和报道。当前,学术界主要通过发表论文、召开学术会议、创建网络平台、访学交流等方式传播"一带一路"倡议,而新闻界则主要借助报纸、期刊、网站、社交网络平台(如微信、微博、腾讯QQ等)、会议等途径宣传"一带一路"倡议。

文献发布是传播"一带一路"倡议最为正式和主流的形式,为了掌握其传播效果,笔者以"一带一路""澳大利亚"为主题词对国内最大的文献库中国知网(CNKI)进行了检索,共检索到期刊文章、研究生论文、会议通知与报道、报纸报道等相关文献164条。以上文献检索的截止时间为2017年11月,其主要来源包括《世界中医药》《中医杂志》《当代世界》《中国报道》《中国投资》《对外传播》《全国新书目》《中国中西医结合杂志》《当代广西》《人民日报》《人民日报海外版》《光明日报》《中国能源报》《中国服饰报》《南方日报》《经济参考报》等。单以"一带一路"为主题词对CNKI进行检索,则检索到49 340条文献,以"'一带一路'倡议"为主题词检索到4 365条文献,其中,关键词或标题中包含"一带一路"且文中涉及"澳大利亚"的文献仅为65篇。可见,专门针对"一带一路"倡议对澳传播的学术研究和纸媒体权威报道为数不多。

另外,为了了解国际学术界对"一带一路"倡议对澳传播情况的研究,笔者还

① 王宏森.中国企业走出去——中国对澳大利亚直接投资的初步考察[EB/OL].[2017-9-16].http://www.sohu.com/a/192440636_267106.

对 Elsevier ScienceDirect 文献库和 WILEY 全文期刊数据库中的相关文献进行了检索。研究者先以 belt and road initiative 为主题词进行了文献检索，在 Elsevier ScienceDirect 文献库中检索到 4 210 篇文献，在 WILEY 全文期刊数据库中检索到 5 070 篇文献。再以 belt and road initiative 及 Australia 为主题词进行检索，在 Elsevier ScienceDirect 文献库中检索到 1 208 篇文献，在 WILEY 全文期刊数据库中检索到 2 360 篇文献。但为了排除无效文献的干扰，笔者又以标题或关键词中是否含有 belt and road 进行了筛检，结果发现 Elsevier ScienceDirect 文献库中仅有 3 篇标题中含有 belt and road、文中涉及 Australia 的文献，标题或关键词中同时包含 belt and road 和 Australia 的文献数则为 0。WILEY 全文期刊数据库中仅有 2 篇标题中包含 belt and road、文中涉及 Australia 的文献，标题或关键词中同时包括 belt and road 和 Australia 的文献数也为 0，而且这些为数不多的文献主要由中国学者或华裔学者撰稿。由此可见，国际学术界专门研究“一带一路”倡议对澳传播的学术文献更为稀缺，或者说，中国学术界及新闻界对于“一带一路”倡议尤其是“一带一路”倡议对澳传播的国际宣传力度远远不够，其国际话语权和影响力人微言轻。

学术会议/论坛可以在有限的时间和空间内向与会者集中发布信息，并且可以集思广益，因此也是“一带一路”倡议对澳传播的重要形式。2017 年 10 月 28 日，云南财经大学主办了第二届“一带一路背景下东南亚南亚商务合作与发展”国际学术会议，来自美国、澳大利亚、泰国等国家和地区的代表参加了会议。2017 年 4 月 17 日，中国人民大学国家发展与战略研究院研究团队访问澳大利亚，与澳大利亚国立大学东亚经济研究所联合主办了题为“‘一带一路’与中澳经济关系的未来”的学术研讨会，重点探讨了智库作用、中澳双边经贸合作、未来双方重点合作领域和执行计划等内容。澳大利亚国内学术界也对“一带一路”展开了积极讨论，2015 年 8 月 14 日，题为“‘一带一路’——从‘有为中国’到世界繁荣”系列学术论坛在澳大利亚国立大学开幕，中国驻澳大使马朝旭、澳方政府官员、中澳关系研究专家等 300 多人与会，讨论了澳大利亚在 21 世纪海上丝绸之路建设中的重要地位和重大机遇。2016 年 4 月 7 日，澳大利亚国立大学中华全球研究中心主办了“中国:财富与权力”的学术研讨会，与会专家认为“一带一路”建设将会促进亚太地区的繁荣。可见，中澳双方的学术界都采用了学术会议或学术论坛的形式对“一带一路”的相关议题展开探讨，这有利于加深澳方对倡议内容和精髓的理解，是“一带一路”倡议对澳传播的有效途径。

在全球化的互联网时代，网络已经成为最高效的信息发布和传播渠道，国内学术界和新闻界也充分认识到了网络平台在“一带一路”倡议传播中的重要作用。目前，国内有关“一带一路”的网络平台主要有国家信息中心主办的中国一带一路网，由政府官员、专家学者、企业家、新闻界从业者等各界精英组成的“一带一路百人论坛”，由国内各地新闻媒体组建的“一带一路”新闻合作联盟，由国研网主办的“一带一路”战略支撑平台，由人民网打造的“一带一路”全媒体平台，由社会科学文献出版社创办的“一带一路”数据库等。这些网络平台在有关“一带一路”倡议的信息采集和发布过程中比传统媒体更加灵活高效，但其传播信度和对外(澳)传播效果仍需提高。

二、“一带一路”倡议对澳传播的对象及其效果

根据对上文所提到的中澳主流媒体有关“一带一路”倡议对澳传播报道的信息统计发现，倡议在澳大利亚的接收对象主要包括政界、工商界、学术界和媒体等(参见表2)。

表2 “一带一路”倡议对澳传播的对象及效果

传播对象	涵盖范围	传播效果
政界	现任及前任政府官员、政党领袖、政界智库	对倡议内容较为了解，但对其宗旨和效果仍持有疑虑
工商界	企业家、行业协会、市场分析人士、金融从业者、商界智库	关注倡议，评论和行动都较为积极、正面
学术界	高校科研人员、学术智库、非官方组织学者	重点解读倡议的政治、军事、经济和文化影响，立场由中性偏负面逐渐转为中性偏正面
新闻界	电视、广播、报纸、期刊、网站	对倡议的关注度有所下降，热衷于报道其政治和军事影响，立场由负面逐渐转为中性和正面
其他	澳大利亚国内普通民众	对倡议缺乏了解

(一) 澳大利亚政界及对其传播效果

政界既包括澳大利亚联邦政府领导人、联邦政府各部门官员，也包括地方政府及其官员。自“一带一路”倡议提出以来，澳大利亚政坛从不同侧面、以不同形式对倡议进行了关注和解读。2017年，时任澳大利亚总理特恩布尔曾多次会晤中国国家主席习近平，商谈中方“一带一路”倡议与澳方“北部大开发”计划有效对接的议题；澳大利亚外交部长朱莉·毕晓普(Julie Bishop)和驻华大使安思捷(Jan Elizabeth Adams)都曾表态支持“一带一路”倡议与“北部大开发”计划的对接；澳大利亚前总理陆克文也对“一带一路”给予了积极评价，他认为“一带一路”对于欧亚大陆和全世界都有很多积极意义，可以成为东西方文化交流、互相合作和学习的新路子。时任澳大利亚维多利亚州州长丹尼尔·安德鲁斯(Daniel Andrews)出席了2017年5月在北京举办的“一带一路”国际合作论坛，他将发展与中国的经贸关系看作维州的头等大事，倡议在“一带一路”框架下深化与中

方的合作，并认为对华合作要“超越贸易”，大力推进文化交流，增进了解与信任，建立长期伙伴关系。

不过，澳大利亚政界对于中国提出的“一带一路”倡议在认识上仍然存在矛盾和分歧。其矛盾性主要表现在既想获得“一带一路”带来的对外贸易和经济发展机遇，又担忧“一带一路”倡议会导致地缘结构和国际秩序发生改变，从而影响澳美关系及澳大利亚在亚太区域尤其是南太平洋的政治军事地位。其分歧既存在于澳方政界人士对“一带一路”倡议的个人认知上，也存在于不同层级、地域或部门的政府机构对“一带一路”倡议的态度上，还表现在不同时期对倡议的不同解读上。总体而言，澳大利亚政界对“一带一路”倡议所持的态度正负面皆有，但随着认识和合作的深入，正面评价正处于升势。

（二）澳大利亚工商界及对其传播效果

澳大利亚工商界对中国“一带一路”倡议所持的态度最为积极，他们迫切期望乘着“一带一路”的东风深化与中方的经贸合作。必和必拓前董事马尔科姆·布鲁赫特（Malcolm Brucht）在接受《澳大利亚人报》采访时曾表示，澳大利亚必须从心底接受“一带一路”倡议；力拓 CEO 山姆·威尔士（Sam Walsh）认为“一带一路”对澳大利亚矿产业是巨大利好；澳大利亚广播公司 2017 年 8 月 8 日发表了题为《尽管不愿加入“一带一路”，北领地工商界仍欢迎中国投资》的文章，提到尽管澳政府对于“一带一路”倡议与“北部大开发”计划对接的建议不够积极，但北领地工商界则积极寻求与中国的更多合作，呼吁政府推动两者的有效对接；澳中工商业委员会主席约翰·布伦比（John Brumby）认为澳大利亚要讲好中国故事，主动参与到中国经济发展当中去，他相信澳中自由贸易协定、亚投行及“一带一路”建设将为澳大利亚提供难得的合作机遇。

由此可以看出，澳大利亚工商界对于“一带一路”倡议总体上是持欢迎态度的，这也是多年来中澳合作的主流和基础。

（三）澳大利亚学术界和新闻界及对其传播效果

当前，澳大利亚学术界和新闻界对于“一带一路”倡议的解读具有多样性，既有正面的，也有中性和负面的，但以中性为主。这里大概有一个阶段性差异，其中 2013—2015 年以中性偏负面解读为主。国立澳大利亚大学研究员克里斯琴·布勒埃（Christian Bleuet）曾在 2015 年以中国和塔吉克斯坦在塔南部合作建设的“一带一路”项目为例指出，中国建设的项目具有中国政府特色，是要建立关系和影响力；[①]洛伊解读者网站、澳外交兼贸易部主办的《商务特使》杂志都曾

① 朱方雨. 外媒：中企将在塔吉克斯坦一座新城市建造“中国城”[EB/OL]. [2015-10-22]. http://www.xinhuanet.com/world/2015-10/22/c_128344768.htm.

在2015年撰文指出中国政府使用外交辞令推销“一带一路”倡议，担忧澳大利亚无法从中获得预期的利益。[①] 2016年以来，随着对“一带一路”倡议了解的深入和更多“一带一路”中外合作项目的落地，其解读逐渐转为中性偏正面。2016年7月26日，澳大利亚天空新闻台运营和数字化总监凯莉·梅里特(Carrie Merritt)在参加“一带一路”媒体合作论坛时表示，中澳经济结合日益紧密，海上丝绸之路有利于深化中澳两国的互联互通。2017年5月，澳大利亚东亚论坛网站曾发表英国学者戴维·瓦因斯(David Vines)的文章，指出“一带一路”倡议带来了巨大的机遇，但也存在风险，但还是应该“张开双臂拥抱它”。《悉尼先驱晨报》在有关“一带一路”国际合作高峰论坛的报道中指出，中国提出的“一带一路”倡议是具有远见卓识的发展理念，正在成为一个“世纪项目”。《澳大利亚人报》则认为，中国正在积极进行同时涵盖发展中国家和发达国家的全球议程设置，并在“一带一路”建设过程中倡导“平等透明、相互尊重”的精神，这将逐步打消一些邻国的疑虑，促使他们加强与中国的合作和交流。悉尼大学商学院教授汉斯·杭智科(Hans Hendrischke)在2017年接受采访时指出，“一带一路”倡议体现了中国的开放态度，澳大利亚应该参与其中，分享中国经济发展的红利。[②] 格里菲斯大学教授、中国问题专家马克林(Colin Patrick Mackerras)也肯定了“一带一路”倡议在推动国际合作中的作用，认为该倡议对未来数十年的基础设施建设、经济及社会发展将产生巨大影响。[③]

综上所述，“一带一路”倡议对澳传播的对象主要包括四大群体：政界、工商界、学术界和新闻界。其中，政界人士多聚焦于政策阐释，探讨“一带一路”倡议与澳大利亚全国性或区域性发展规划的对接，但他们仍对“一带一路”倡议持有疑虑；工商界响应最为积极，他们主要关注“一带一路”为澳大利亚经济发展带来的机遇；学术界和新闻界则主要评述倡议对澳大利亚及国际社会的政治、经济和文化影响。[④] 但是，有关澳大利亚普通民众对于“一带一路”倡议的解读则是缺位的，这说明澳国内普通民众对于“一带一路”倡议缺乏了解，“一带一路”倡议对澳传播的受众面较为狭窄。

---

① 朱方雨.澳媒担忧：澳无法从“一带一路”中获得预期利益[EB/OL].[2015-10-16].http://www.sohu.com/a/35985412_114911.

② 盛楚宜.澳专家盼澳大利亚搭乘“一带一路”快车[EB/OL].[2017-4-28].http://baijiahao.baidu.com/s?id=1565891263063408&wfr=spider&for=pc.

③ 宦翔.和平发展，中国在国际上赢得人心[EB/OL].[2017-9-25].http://www.sohu.com/a/194338257_114731.

④ 孙有中，江璐.澳大利亚主流媒体中的“一带一路”[J].现代传播(中国传媒大学学报)，2017，39(4)：37-41，84.

三、“一带一路”倡议对澳传播面临的问题及其对策

上述分析和国内外已有研究表明，当前“一带一路”倡议对澳传播的效果并不理想，仍然存在着传播主体作用发挥不充分、传播内容不全面不具体、传播方式不够灵活多样、传播受众面狭小等问题。

（一）传播主体作用发挥不充分

中国政界是“一带一路”倡议对澳传播的主力军，传播势头猛、频率高。自倡议提出以来，国家主席习近平、国务院总理李克强等国家领导人就曾多次会晤澳方领导人或亲自出访澳大利亚，积极推动中国“一带一路”倡议与澳大利亚“北部大开发”计划的有效对接。中国外交部、商务部、文化和旅游部、教育部、国家发展和改革委员会及各地方政府也都积极与澳方接触，商谈中澳各相关领域在“一带一路”倡议框架下开展合作的问题。但受制于澳美关系及地缘政治等因素，澳大利亚政界对于中国提出的“一带一路”倡议一直是雷声大雨点小，疑虑重重，内部分歧严重。根据澳大利亚广播公司的报道，截至 2017 年 10 月 23 日，对于是否加入“一带一路”倡议，澳政坛仍争论不休，最终决定推迟加入。澳方的顾虑除了以上提到的政治、军事因素外，还与中澳政策对接是否充分考虑了双方的重大利益关切、项目合作是否具有可行性和操作性有关。或许正如澳大利亚前总理特恩布尔所言：“‘一带一路’是个有目的的议程，我们显然欢迎符合外国投资规定的中国投资，但是我们更希望关注具体的项目和投资，而非笼统的参与。”[①]

中国政界对“一带一路”倡议的积极推广或许没有达到预期的效果，但工商界则没有充分发挥其传播主体的作用。经济合作是中澳合作的基础和主流，在一带一路倡议对澳传播的过程中，中国工商界可谓是近水楼台，具有最广泛的传播空间、最频繁的传播机遇、最具体的传播对象，“是塑造中国良好形象的主力军和先行部队”[②]。但是，近年来，中国企业走向海外的过程并不顺利。一方面，中国企业受到“中国威胁论”“资源掠夺”“输出过剩产能”等西方舆论的质疑；另一方面，中国企业自身也存在着各种问题。如企业文化价值观等软实力建设不足，企业走出去的国际视野和全球化思维薄弱，投资过程中专注于经济回报而不注重履行社会责任，对所在国的政治矛盾、种族冲突、宗教文化习俗差异缺乏足够认识，海外投资带有“财大气粗”“有钱任性”的盲目性、冒险性和随意性等。[③] 鉴于此，中国企业尤其是国有企业，不应只是埋头搞建设、闷声发大财，还要积极塑

① 高崧. 是否加入中国“一带一路”倡议？澳大利亚政坛仍在争论[EB/OL]. [2017-10-24]. http://world.huanqiu.com/exclusive/2017-10/11335328.html.

② 王秋蓉. 企业是我国国际形象建设的主力军[J]. WTO 经济导刊，2015(11)：90.

③ 李文. 中国企业在“一带一路”建设中应当文化价值观先行[J]. WTO 经济导刊，2016(11)：41-43.

造能够代表新时代中国形象的企业品牌和文化理念，认真履行社会责任，在经济活动中践行“一带一路”的“三共（共商、共建、共享）”原则和“五通（政策沟通、设施联通、贸易畅通、资金融通、民心相通）”模式，在打造“中国速度”的同时，竭力推广“中国质量”和“中国品牌”。

相比之下，中国学术界和新闻界在“一带一路”倡议对澳传播中发出的声音比较微弱。如前文所述，国内学界专门针对“一带一路”倡议对澳传播的研究十分有限，未能在国际学术界掌握话语权，其观点或研究成果很少被澳大利亚主流媒体引述。另外，国内学术界和新闻界在研究和报道的内容上也存在一些偏颇之处。比如，学术界更倾向于关注“一带一路”倡议诸如战略、思想、政策等宏观层面的问题，不太注重对“一带一路”沿线国家具体问题的研究，新闻界对“一带一路”相关议题进行选择性报道，“报喜不报忧”。[①] 这样的研究和报道，不利于国内企业对投资所在国的全面了解，也会干扰国内外决策层、企业界及普通民众对“一带一路”倡议的客观认知。因此，国内学术界一方面要加大对“一带一路”倡议对澳传播的专门性研究，积极拓展国际学术空间，提升“一带一路”涉澳议题的国际话语权；另一方面，未来应该投入更多的精力研究包括澳大利亚在内的“一带一路”沿线国家，诸如其宗教信仰、法律法规、地区结构、社会舆情、文化背景、种族部落关系等微观问题。新闻界则可以通过与澳方主流媒体开展定期业务交流、派员赴澳参加培训或交换项目、与澳方智库合作以拓展分析问题的异域视角、加强采编技能培训以制作更多面向澳方读者的可读性强的产品、注重中澳媒体的采编互动以提升对澳方涉华新闻的舆论引导、增强新闻工作者的国际问题研究能力、引进国际人才以提高外宣媒体的国际化水平等措施提升其“一带一路”倡议对澳传播的能力和效果。[②]

（二）传播内容不够全面具体

当前，在传播“一带一路”倡议的过程中，国内各界往往只讲“好故事”，很少提及或刻意回避“一带一路”建设过程中可能会遇到的施工难度大、运营成本高、资金保障难、利益冲突、环境污染等挑战和问题，这显然不符合凡事都有两面性的客观事实，也不利于彰显中国的合作诚意。而且，在传播“一带一路”相关议题时，国内倾向于大而化之的表述，缺乏针对性。反复向对方强调“一带一路”倡议的重大意义、合作原则、建设模式等，但是对于具体的合作领域、合作项目、合作方式以及合作的可行性和可能面临的困难则缺乏有针对性的分析。这种整体思

① 王晋. 联合早报：“一带一路”研究乱象丛生[EB/OL]. [2015-5-26]. http://www.mesi.shisu.edu.cn/08/07/c3713a67591/page.htm.

② 程云杰. 走出国门看“一带一路”的新闻攻坚[J]. 对外传播，2017(6)：26-28.

维模式影响下的中国式笼统表述，对于习惯了西式分析性思维和注重精确性的澳大利亚人来说，显得难以捉摸，不具有可操作性。

另外，由于受到政治、经济、环境及合作方履约能力、政策支持等因素的影响，目前中国在“一带一路”建设中能够及时充分落到实处的项目比较有限。比如，有学者以中国在印度尼西亚的投资为例指出，2005—2014 年，中国在印尼投资承诺的兑现率仅为 7%，而同时期日本的兑现率则高达 62%。①

因此，要提高澳方对“一带一路”倡议的信任度和接受度，国内传播主体还要在传播内容具体化上下功夫，深入澳大利亚国内各行各业去调研“一带一路”可以发挥作用的具体方面，并以对方能够听得懂的方式讲好“一带一路”倡议这个“中国故事”。与此同时，走出海外的投资主体在“一带一路”建设过程中要多做实际工作，少开空头支票，以实际行动提升投资者形象。

（三）传播方式缺乏灵活性和针对性

“一带一路”倡议传播要注重传播方式的差异性和融通性，尤其对仍然处于弱势地位的中国文化而言，过去那种以我为主、强势介入的文化输出模式很容易引起澳方的警觉和抵制。澳大利亚政界和学术界部分人士对“一带一路”倡议“资源掠夺”“经济渗透”“政治扩张”的忧虑以及 2014 年美国芝加哥大学和宾夕法尼亚大学先后叫停孔子学院事件已经给我们敲响了警钟，促使我们必须认真思考对外文化传播更为可取的方式。除了尊重文化差异、坚持平等交流之外，在传播价值观、意识形态等容易引起警觉和抵触的核心文化要素时，“要注重方法上的柔韧性、灵巧性，以及策略上的隐蔽性、曲折性”②。

同时，还要注重传播的实效，强调影响力而非送达率，不仅要根据澳大利亚的合作意向、投资需求、风俗习惯、消费倾向等因素选择具有针对性的项目、产品和传播渠道，还要在传播前后开展广泛的调查，以明确倡议传播的指向性和有效性。比如，有学者建议，通过分析大数据来跟踪对象国的民意变化，尤其是社交媒体上与“一带一路”有关的民意热点，并针对具体项目、具体领域、具体人群开展民意调查。③

（四）传播受众面狭小

如前所述，“一带一路”倡议对澳传播主要针对澳大利亚政界、学术界、新闻界和工商界的上层人士、社会精英或合作伙伴，而普通民众对于倡议则缺乏了解。然而，中国多年来对外合作的经验表明，如果政策传播只走“上层路线”“精

① 赵明昊.“一带一路”的政策传播：问题与应对[J]. 对外传播，2016(4)：23-25，1.

② 曾婕，沈壮海，刘水静. 中华文化“走出去”战略及其实践研究[J]. 江汉论坛，2016(2)：5-14.

③ 赵明昊.“一带一路”的政策传播：问题与应对[J]. 对外传播，2016(4)：23-25，1.

英路线”，而不能与对象国的社会民意有效联结，合作往往很难持久，经济利益也会遭受损失。中国企业在非洲、东南亚一些国家遭受的损失主要就是因为没有处理好与当地民众的关系。[①]

因此，“一带一路”倡议的传播不仅要覆盖到澳大利亚的政界、工商界、学术界，更要传递给澳国内的普通民众，尤其是涉及中澳合作项目地区的民众。为了克服地域跨度、文化差异等不利的传播因素，我们可以与在澳的华人社团、亲中的澳方民间组织、赴澳的中方留学生及学者等团体和个人合作，借助他们的地域、文化和语言优势向澳大利亚民众推介“一带一路”倡议。对于已经在澳开展合作的中方企业，除了要全面掌握澳方的经济政策、法律法规、商务礼仪等必要信息外，还要认真调研投资所在地的风土人情和社会民意，做到知己知彼。同时，还要及时培养精通当地语言、熟悉当地情况、具有较好的人脉关系和政策传播意识的人才，借助他们的力量做好社交公关和政策宣传，与当地民众建立起相互了解、相互信任的关系，打牢“民心相通”这个“一带一路”建设的社会根基。

四、结语

综上所述，“一带一路”倡议对澳传播的主体主要包括来自政界、工商界、学术界和新闻界的机构及个人，虽然人员众多、规模宏大，但各主体的作用发挥并不均衡。倡议的接受对象则主要涵盖了澳方的政界、工商界、学术界和新闻界，其中工商界的反响较为积极正面，但澳大利亚政界、学术界和新闻界对于“一带一路”倡议和中澳在“一带一路”框架下开展合作却存在认识上的分歧，而且澳大利亚普通民众对于“一带一路”倡议缺乏了解、反应冷淡，“民心相通”的社会基础并不牢固。此外，“一带一路”倡议对澳传播还存在着传播内容不够全面具体、传播方式不够灵活多样等问题。要提高“一带一路”倡议对澳传播的效果，社会各界需要协力克服以上问题，让更多的澳大利亚民众了解和体会“三共”原则、“五通”模式等“一带一路”倡议的核心内容。

作者简介

潘荣成 河南罗山人，中国矿业大学外国语言文化学院副教授，主要研究方向为跨文化交流。

① 赵明昊.“一带一路”的政策传播：问题与应对[J].对外传播，2016(4)：23-25，1.

日本国立大学“文科裁撤”改革的社会影响及启示

柳　玲

摘　要:2004 年,作为日本行政改革的重要环节,日本的国立大学实现了法人化管理,意味着国立大学拥有更高的独立性、自主性和自由裁量权。2015 年 6 月 8 日,日本文部科学省向国立大学发出了《国立大学法人等组织及全体业务的重新评估》的通知,提出了“文科裁撤”的建议,一时间在日本各界引起轩然大波。分析这场风波中来自日本媒体、学界和政界的反应及应对,可以映射出人文社会科学在日本这样的“文系社会”中的定位和重要性。

关键词:日本国立大学;文科裁撤;文部科学省;媒体;学界

作为日本行政改革的重要环节,2004 年日本的国立大学实现了法人化管理。2015 年 6 月 8 日,日本文部科学省向国立大学发出了《国立大学法人等组织及全体业务的重新评估》的通知,提出了“文科裁撤”的建议。

一、“文科裁撤”提出的背景

1919 年,一纸《第二次高等学校教育令》将当时日本高等学校中的专业划分成文科和理科两大类别,这一分类方式被广泛采纳。这一划分体系虽然多受诟病,但曲折之中也一直延续至今。

进入 21 世纪以来,由于日本政府财政紧缩以及 18 岁以下人口的减少,日本的大学正面临着前所未有的困难,这种困难在大学人文社会科学系体现得尤为明显。作为日本行政改革的重要环节,2004 年日本的国立大学实现了法人化管理,意味着国立大学拥有更高的独立性、自主性和自由裁量权。但大学的发展目标仍需在文部科学省的指示和认可下执行中长期计划,接受文部科学省下属的国立大学法人评估委员会审查,并定期向社会公开审查结果。

2015 年 6 月 8 日,日本文部科学省向日本国立大学发出了《国立大学法人等组织及全体业务的重新评估》[①]的通知(以下简称“《重新评估》通知”或“通知”),指示各所大学依据通知精神制订“第三期中期目标和中期计划”,指出国立大学的社会责任在于提高日本在世界的竞争力、创新科学技术和培养全球人力资源。对于人文社科类本科生、研究生院和师资培养方面,该通知第3页中寥寥4行的“裁撤人文社会系学科”[②]的指示引起了轩然大波:“特别是教师培养类专业和人文社科类专业的本科和研究生院,在制订计划实施改革方案时,应考虑到18岁人口的减少、人才需求、教学科研水平的确保以及作为国立大学的职责等要素,对相关组织予以裁撤或积极尝试转向社会需求度较高的学科领域。”[③]

《重新评估》通知一经出台,立刻引发国立大学强烈反响和舆论哗然。通知中的一些内容,特别是针对文科的“裁撤”和“废止”等字眼,立刻被解读成日本文部科学省计划“废除文科”的信息,经过日本各大知名媒体层层推波助澜,使得对通知的批判不断升级,包括日本政界、媒体、学术界、产业界均对这一事件反复批判。实际上,日本文部科学省这一纸通知的发出并非心血来潮,《重新评估》通知是日本国立大学改革的环节之一,2014年日本各界也曾传出“文科裁撤”相关的新闻,只不过当时只有《东京新闻》针对此事件进行了报道。

二、日本各界对“文科裁撤”的反应及其应对

(一)日本媒体的报道和批判

日本媒体对文部科学省《重新评估》通知的评论中以批判的声音居多,主要围绕《重新评估》通知中有关“组织的裁撤”等敏感字眼。

早在《重新评估》通知发出之前的2015年5月28日,日本《产经新闻》就抢先发布了题为“国立大学人文社科系、研究生院转向规模缩小——文部科学省草案提示”的文章,可以说为文科省后来下发的通知作了剧透。6月8日通知下发当天,日本《经济新闻》即刻发表了名为“文部科学省要求国立大学废除师范类等专业系部”的评论文章,指出《重新评估》通知会被误读成撤销那些“不能立竿见影的学科领域”,并呼吁文部科学省撤销在高等教育界引发混乱的通知。6月10日,《朝日新闻》发表社论《国立大学仅仅是为了发挥立竿见影的作用吗?》,这是一篇相当尖锐的批判文部科学省裁撤文科行为的文章。6月17日,在日本占据

---

① 総務省.国立大学法人等の組織・業務全般の見直しについて(通知)[EB/OL].(2015-9)[2020-3].https://www.soumu.go.jp/main_content/000019656.pdf.

② 根据文部省和日本学术振兴会的划分,人文社会系研究科分为人文学科和社会学科。

③ 日本文部科学省高等教育局.新時代を見据えた国立大学改革[EB/OL].(2015-9.[2020-3].https://www.mext.go.jp/component/a_menu/education/detail/__icsFiles/afieldfile/2015/10/01/1362382_2.pdf.

最高销量的《读卖新闻》发表社论《国立大学改革莫要草率废弃人文社科系》指出，如果误解了“社会需求”，抛弃人文社会科学的学问，大学教育很可能会变得非常肤浅。《每日新闻》分别在6月19日和7月24日发表《国立大学要废除文科？文科省促进组织改编》和《国立大学文科系正站在命运岔路口》两篇文章，继续对通知提出质疑和批判。6月25日，《东京新闻》似乎持更加强烈的批判态度，发表了《强烈要求国立大学人文社科系改编，是为了批判和限制大学权力吗?》，指出文部科学省的这一做法是对大学自治的束缚。

日本《经济新闻》在此基础上继续增加火力，分别于2015年7月29日和8月10日发表了《使大学面临衰退的文科废止通知的错误》和《变幻的社会、大学改革、国立大学文科再编通知的意图，问下村文科相》两篇文章。文章指出，文部科学省要求国立大学摆脱千篇一律的旧态，顺应全球化而建成各具特色的大学，这一要求的方向性本身无可厚非。然而，这次的通知单独将人文社会科学摘出并打出“废除”的言论就相当过分了。虽然文部科学省作出解释，并没有将着力点放在“废除”上，但由于国立大学法人化之后，文部科学省在一定程度上仍然握有对国立大学的生杀大权，这必然导致国立大学在强压之下如履薄冰、战战兢兢。文章以犀利的笔触和语气质问文部科学省。2004年国立大学法人化的时候，文部科学省提出要提高国立大学的自主性，如今又强迫国立大学进行整齐划一的“改革”，难道当年的约定只是一张废纸了吗?①

日本各大知名媒体针对“废除文科”所作出的如此炮火密集、一针见血的批判和讨论，牵动了日本各方神经，导致日本产业界和政界以及学术界不得不现身说法，对通知进行必要的补充和说明。由于日本《每日新闻》在发布报道时引用了文部科学省某官员的话，意在指出是经济界希望培养出能够立即学以致用的人才，舆论的矛头顿时指向了以日本经济团体联合会为代表的日本经济界。2015年9月9日，日本经济团体联合会立即发表了题为“关于国立大学改革的思考”的文章，强调“对所谓的立即能够学以致用的人才培养观并不认同”，并认为“经济学正是培养产业界对口需求人才的专业”，以证“清白”。

（二）日本学术界的批判和表态

对于此通知，学术界的反应极为强烈，反对浪潮相当高。首先是日本科学委员会于2015年7月23日发表秘书处《声明》，指出一个人应该追求的“综合知识”是通过“自然科学”和“人文·社会科学”的合作首次形成的。仅仅片面地将人文社会科学摘出来，并要求“取消组织或转入社会需求高的领域”这一做法本身十分可疑。自然科学（即科学）和人文·社会科学（即人文科学）相互依存、互

---

① 日本経済新聞.大学を衰弱させる『文系廃止』通知の非，2015-7-29.

相协调才能增加知识的密度。①

日本的文科学者更是掀起一片反对的浪潮。2015年6月15日，国立大学协会会长、东北大学校长里见进率先在国立大学协会总会上批评文部科学省此举“短视”且“过分注重短期成果”。② 京都大学校长山极寿一指出，京都大学的文科非常重要，“文科裁撤”会失去培养复合型人才的机会。一桥大学原校长石弘光指出，大学文科专业是产业界大量需要的财经类人才的培养基地，决不能弱化。滋贺大学校长左和隆光强调，大学教育的目的不仅是培养职业技能，也应该培养有思考力、判断力和表现力的人才，因此，完全不能接受“文科裁撤”的做法。一桥大学前任校长石弘光批判道：“如果仅仅从经济界所期望的‘对社会有实用价值’这一观点来进行大学改革的话，政府的干预程度将大幅度加强。”言外之意，这就完全失去了2004年日本政府对国立大学进行法人化改革的初衷，国立大学的独立性和自由裁量权将很大程度上被剥夺，“去行政化”也将不复存在。

2015年7月23日，日本召开了主题为“关于未来大学的应有状态——特别是师范类、人文社科系的应有状态的讨论”学术会议。此次学术会议以强烈的批判口吻发表声明称：“教育领域对人文社会科学的轻视，将会陷大学教育整体于肤浅的境地。”

（三）日本政界的反应

顺应以上来自各界的批判，日本的在野各党自然也要抓住抨击执政党政策的良机。日本共产党机关报《赤旗》旗帜鲜明地主张“绝不允许抛弃文科”，并直指内阁的大学改革方案“导致学问全面衰退”③。日本其他一些政界人物也纷纷跳出来发表反对意见。这源于日本政界的官僚及族议员几乎清一色地毕业于东京大学、京都大学等一些国立大学和早稻田大学等私立大学的文科系法学和政治学专业，因此自然要维护曾经自己出身的学科。

在日本媒体和学术界的巨大压力下，日本文部科学省不得不作出回应。文部科学省大臣下村博文亲自出马，接受《日本经济新闻》采访，称“文部省从来没说过不需要文科，也从未轻视文科”。但针对这种轻飘飘的回应，日本各界并不买账，继续炮轰文部科学省的通知。

在各方的巨大压力之下，文部科学省的官员表示，通知内的“裁撤”等措辞属于“文字错误”，还以“撰写文件的工作人员笔力不逮”为由将责任推卸到“临时

---

① 日本学術会議幹事会声明.これからの大学のあり方一特に教員養成・人文社会科学系の あり方一に関する議論に寄せて[EB/OL].(2015-7-23)[2020-4]. http://www.scj.go.jp/ja/info/kohyo/pdf/kohyo-23-kanji-1.pdf.

② 尹丹.日本：从“文系社会”到国立大学裁撤文科[N].文汇报，2016-4-22.

③ 尹丹.日本：从“文系社会”到国立大学裁撤文科[N].文汇报，2016-4-22.

工”身上。[①] 下村博文在记者会上亲自致歉:“裁撤对象不是人文社会专业。我没有一字一句地细读造成误解的(通知)。”

2015 年 9 月 18 日,文部科学省召开学术会议干事会,发布了《着眼于新时代的国立大学改革》。高等教育局局长常盘丰围绕通知的“真实内涵”作了长达 30 分钟的说明,他指出,“大学必须具备迎接未来预想的困难时期的生存能力。因此,如今的大学不能保持现状。少子高龄化导致孩子在不断减少,因此必须裁撤掉师范类课程中不把教师资格证的取得作为毕业条件的一部分课程。人文社会科学系的专业领域分类太过细化,过于闭塞,培养出来的人才类型不明确,因此有必要进行再编”,并强调了“真正的针对对象只是教师培养类专业”。

三、日本国立大学应对“文科裁撤”的方向选择

(一)《重新评估》通知发出后日本国立大学的反应

尽管日本媒体和国立大学都对“文科裁撤”表现出强烈的反对意见,然而此通知不是法令,因此不能撤回。名古屋大学副教授日比嘉高在博客中发表长文表示,文部科学省在没有和各校进行充分沟通之前,已经单方面推动了改革的进程。从日本半数以上拥有人文社会学专业的国立大学纷纷打算实施院系调整和裁撤来看,人文社会学科的萎缩趋势似乎已无可避免[②]。

此外,据统计,自通知发出后,文部科学省对文科专业的科研经费支持出现逐渐下降的趋势。纵观文部科学省和日本学术振兴会发布的 2004—2015 年科研费报告,人文社科专业所获补助占补助金总额之比稳定在 10%~12%。国立大学四成以上的经费仍然是从政府获得的,因此,国立大学的运营在一定阶段内,在一定程度上仍然是受制于政府[③]。据此,固然是对通知的下发抱有各种批判和不满情绪,一些国立大学,特别是综合实力和名气并不是名列前茅的国立大学,也已经在逐渐地按照通知的要求进行改革。

通知下发之初,文科向来强势的东京大学和京都大学等表示,目前还没有任何废止文科系的计划,而山口大学、佐贺大学、长崎大学、和歌山大学、高知大学等几所大学随后进行了系部再编,诞生了一些发挥地域性作用的新系部。

(二)国立大学改革的方向

《重新评估》通知下发以来,日本社会各界对国立大学的期待不断提高,国立大学应当肩负起社会的责任,充分发挥各大学的特色和强项,为地区、国家乃至世界的持续发展作出贡献。对此,日本国立大学协会于 2018 年 8 月 7 日召开了

① 尹丹.日本:从“文系社会”到国立大学裁撤文科[N].文汇报,2016-4-22.

② 尹丹.日本:从“文系社会”到国立大学裁撤文科[N].文汇报,2016-4-22.

③ 窦心浩.日本国立大学的去文科化改革[J].上海教育,2018(20):56-57.

专题会议，明确了高等教育中国立大学将来的定位，并探讨了为了实现这一定位而制定的诸策略，主要包括：① 财政改革；② 人事薪资改革；③ 产学官联合的共同研究推进事业改革。[①]

国立大学在未来的社会环境和竞争中要获得持续性发展，不得不考虑进行改编，并尝试如下发展路径和方向：① 日本国立大学将推进包含理工科在内的综合性、融合性的教育研究；② 日本的国立大学将重点支持理工科研究和转向适应社会需求的职业教育。日本国立大学在裁撤文科的同时也在增加理工科的师资力量和招生人数，相当于加大了对理工科的投入，专项培养更加实用的职业型人才。此后，日本国立大学出现了文理融合和单科大学合并风潮，一些学科单一的文科国立大学面临着发展空间不足的生存危机，不得不通过各种改革途径形成规模优势和综合优势以扩大自己的生存空间。

作者简介

柳　玲　中国矿业大学外国语言文化学院副教授。

① 一般社团法人，国立大学協会. 国立大学改革の方向性，2018-8-7.

试论殖民时期非洲的法语教学

吕玉冬

摘　要：非洲的法语教学伴随着法国的殖民活动而开始。殖民时期非洲的法语教学牢牢地掌控在殖民当局手中，教学的目的是为更好地实行殖民统治培养人才，承担教学任务的教师主要是传教士。法国人曾为非洲学生编写了多套法语教材。

关键词：法语教学；非洲；殖民时期

一、引言

自16世纪起，鲁昂、迪耶普、圣马洛等法国城市开始与非洲沿岸地区建立起联系。1659年，来自迪耶普的水手在位于非洲西海岸的塞内加尔河口登陆，创建了圣路易城。后来，圣路易城便成为一个专门贩卖黄金、阿拉伯树胶和奴隶的据点，并逐渐繁荣起来。圣路易城是法国人在非洲的第一个定居点。

进入19世纪，法国开始对非洲进行殖民征服。与此同时，法语与非洲当地的语言也发生了接触。为了更好地进行殖民统治，法国人开办学校，开展法语教学，以培养殖民政府所亟须的通晓法语和当地语言的人才。自此，非洲的法语教学便拉开了帷幕。

二、法属西非的法语教学

（一）肇始

非洲的法语教学首先兴起于圣路易城。1816年，法国国王路易十八派朱利安·施马尔茨(Julien Schmaltz)上校远赴塞内加尔担任总督。到任后的施马尔茨很快就发现，为了更好地实行统治，急需一些会讲法语并能用法语写作的非洲人。于是，他向法国海军和殖民部上书，请求他们派遣一名教师到塞内加尔来创办一所法语学校。被派来的这位教师就是让·达尔(Jean Dard)。

1817年3月，非洲的第一个法语班开课了。考虑到法语教师奇缺的现状，加之对非洲当地语言的重视，达尔采取了双语教学和互助教学相结合的方式。具体而言就是：学生先用非洲当地语言（沃洛夫语）学习读和写，然后再用法语进行学习；学得最好的学生在学业上帮助其他学生。这种教学方式的一大好处就是可使一位教师能够同时培养许多学生。

1819年，受到教会指责的达尔返回法国。事实上，达尔被排挤出非洲的根源是他对非洲当地语言怀有浓厚的兴趣，因为将沃洛夫语引入课堂就意味着赋予其与法语等同的地位，而当时的殖民主义者普遍认为非洲人所讲的是登不上大雅之堂的方言或土语，甚至还有人认为非洲语言不循规则，与猩猩的“语言”并无二致。

（二）教会学校

让·达尔的学校只招收男生，因此有必要创办女校以解决女童的教育问题。早在1818年，施马尔茨上校就已萌生了办女校的想法。最终，克吕尼圣约瑟夫修女会（Saint-Joseph de Cluny）的修女承担起了这一重任。自1817年起，该修会的修女就致力于在布邦岛、马提尼克、瓜德罗普、圭亚那、塞内加尔等地传教。她们在位于圣路易岛南端、距离男校不远的医院工作，同时也给几个女生授课。1826年，新任总督罗歇（Roger）男爵决定将三所女校的管理权交给圣约瑟夫修女会。其中两所设在圣路易岛（一所招收混血学生，另一所招收黑人学生），还有一所则设在戈雷（招收黑人学生）。由于修女并非职业教师且当地人也不太情愿让自己的女儿接受教育，女校的工作进展缓慢。随着更多教学能力强的修女的到来，自1843年起，女校的教学质量便超过了男校。

1843年2月9日，大卫·布瓦拉（David Boilat）被任命为塞内加尔的教学负责人，他创办了圣路易中学，招收最优秀的小学毕业生入校就读，并教他们学拉丁语。然而，此举却招致了普洛埃梅勒修士的反对，后者认为该中学抢走了本应担任其助教的好学生。1845年，阿尔塞纳·弗里杜瓦（Arsène Fridoil）神甫接替了布瓦拉，取消了拉丁语课程，但依然讲授法语和算术。1849年，圣路易中学被裁撤。视察过圣路易的学校后，居亚尔主教（préfet apostolique Guyard）在1851年5月2日的报告中写道：“学生的法语朗读能力不强，写作能力也一般。他们对于地理一无所知或几乎一无所知，历史知识也少得可怜，只会死记硬背。有几个学生算术挺好。总体而言，学生能较好地理解和运用法语语法规则，我对一班两三个老生的语法分析方式和逻辑分析方式很是欣赏。”[①]法国学者乔治·哈迪（Georges Hardy）认为，到了19世纪中叶，非洲的学校教育处于转折期，教会学校已无法适应时代的要求和当地的环境。他还认为，非洲的学校教育不仅要有

① Georges Hardy. L'enseignement au Sénégal de 1817 à 1854[R]. Bulletin du Comité d'études historiques de l'Afrique-Occidentale française, 1921: 342.

助于扩大法国的影响，而且要有助于开发当地的资源，促进当地的经济发展。[①]

（三）人质学校

1855年，时任塞内加尔总督路易·费代尔布（Louis Faidherbe）在圣路易创办了人质学校，招收部落酋长和显贵名流的子女入学，对其进行教育。费代尔布这样做，主要基于两点考虑：其一，将酋长和名流的子女扣作人质，即便不能控制住他们，至少也可以确保他们中立，“人质学校”便由此得名；其二，用法语培养未来的盟友及联通当地人和殖民政府的中间人，以便更好地利用当地传统的社会结构为自己服务。关于创办人质学校这件事，我们既可以从中看出法国人“尊重”当地文化和传统的意愿或利用其更好地实施统治的意愿，也可以将其视为要挟之举。该校曾于1871年被撤并，后于1892年重建，更名为“酋长子弟和翻译学校”。

1886年，时任法属苏丹总督约瑟夫·加列尼（Joseph Gallieni）在马里城市卡伊（Kayes）也开办了一所人质学校。1908年，该校迁移至法属苏丹首府巴马科。

费代尔布及其继任者一方面用铁腕镇压叛乱、维持稳定，另一方面则大力开办学校并改善办学条件。尽管他们中的某些人对当地的语言和文化颇感兴趣，但他们全都认为这些语言和文化不应进入课堂。

（四）教材

为了适应非洲当地的教学条件，法国人专门编写了相关教材，其中最著名的是安德烈·达韦内（André Davesne）所编著的《马马杜和比内塔》（*Mamadou et Bineta*）系列教材。1916年，路易·索诺莱（Louis Sonolet）等人编写了第一本专门针对非洲学生的法语教材——《穆萨和吉格拉——两个黑人儿童的故事》（*Moussa et Gigla, histoire de deux petits Noirs*），该教材一直使用到20世纪50年代。自1930年起，《马马杜和比内塔》系列教材陆续出版，它们继承了两个主角四处周游的模式，覆盖了整个小学阶段。这套教材堪称殖民地法语教材的典范，其使用范围也扩大到了法属赤道非洲。该系列教材不仅依照循序渐进的编写方式（从音节到词，再到句子，最后到篇章），而且清晰、具体地点明了每周的阅读课时并提供了教学建议。换言之，该教材也具有对教师进行培训、提高其教学能力之功能。这套教材使用了很长时间，直到2005年，马里依然在使用该教材。2010年，名为《马马杜和比内塔长大了》（*Mamadou et Bineta sont devenus grands*）的新版本问世。

---

① Ibid, p. 487.

三、法属赤道非洲的法语教学

（一）早期的教学

加蓬于1883年脱离几内亚，于1888年并入中央刚果。在此期间，有两位副总督（分别管理刚果和乌班吉-夏利领地）和一位刚果总专员负责治理这片日后被称作“法属赤道非洲”的土地。1908年，刚果总专员担任总督。

1910年1月15日，加蓬、中央刚果、乌班吉-夏利和乍得共同组成了法属赤道非洲，首府为布拉柴维尔。法属赤道非洲的学校教育分为三个阶段：

① 乡村学校。在一年级，学生学习口头法语，接下来教师选出优等生一直上到四年级。

② 地区学校。这类学校学制为三年，教授初级和中级课程。

③ 高级小学。这类学校毕业生的水平相当于现在法国五年级（相当于中国的初一）的水平。

这种架构令人想到了法属西非的学校体系，它几乎就是后者的翻版。此外，与法属西非一样，法属赤道非洲的教育高度集中，总督掌管着一切，他每年都会收到乍得、乌班吉-夏利、加蓬等地副总督寄来的教育报告。

从法属赤道非洲成立直至20世纪50年代，只有公立学校坚定不移地选择法语作为教学语言，教会学校的教学语言问题始终存在。1938年，法国殖民部长向总统递交了一份有关法属赤道非洲私立教育的报告，建议以法属西非为榜样，制定法属赤道非洲私立教育条例。时任总统阿尔贝·勒布伦（Albert Lebrun）签署法令，规定未经行政当局允许，不得开设任何私立学校；只能用法语授课，严禁使用当地方言；伊斯兰教经文学校和教理学校可以用当地方言进行宗教教学，这些学校并未被视作教学机构。

从该法令的出台可以看出，各类学校在教学语言的选择上还不统一，此前所颁布的相关法令并未得到有效实施。

亨利·齐格勒（Henri Ziéglé）在《法属赤道非洲》（*Afrique-Équatoriale française*）一书中写道：“直到1937年，专门的教育管理部门还不存在，其正常的职权由政治事务领导部门来行使。在几十万适龄儿童中，只有七千人到公立学校就读。老师有一半是能力不足的助教。教学大纲、上课时间和教材都不确定，也没有督导。当地教师兼任译员，欧洲教师兼任邮局职员或会计……私立教育与公立教育同等重要，直到1945年后，后者才稍稍超过前者。法属赤道非洲并未颁布《世俗法》（Loi de séparation des Églises et de l'État），教会获得了各种各样的补助。”①

---

① Henri Ziéglé. Afrique-Équatoriale française[M]. Paris: Berger-Levrault, 1952: 183-184.

法属非洲的教育大权全部掌握在总督手里,学校隶属于法国殖民部而非国民教育部,因此掌管教育者并不一定都是最有能力的人。这个问题阻碍了法属西非和法属赤道非洲法语教学的发展。

(二) 殖民当局的管理

对于教育和语言问题,殖民当局似乎并未进行过认真思考并作出前后一致的决定。让·达尔在圣路易创办了非洲第一所法语学校,然而自他走后,该校所发挥的作用微不足道,远远不如普洛埃梅勒修会和克吕尼修女会所办的学校。加蓬和刚果的情况也是如此,在很长一段时期,天主教教士和新教教士垄断了学校教育。殖民当局并未有意识地作出选择,它们只是顺水推舟。为了传教,传教士乐意承担教学工作,而殖民当局则顺势将教学事务全部交由传教士负责,唯一的要求就是用法语授课。在非洲的教育体系中,语言并未成为教育目的,它仅仅是一种治理工具和交际工具。

法国于 1905 年实现政教分离后,法属非洲也开始面临政教分离的问题。随后,殖民当局开办了一些用法语授课的公立学校,并向私立学校施加压力,迫使其也使用法语授课。我们从殖民当局要求各类学校使用法语授课这一点上看出语言政策的影子,看出行政机关在涉及语言和社会关系的问题上所作出的有意识的选择。修士和修女的首要目标是传播福音,他们认为用本地语言施教更简便、更有效;而政府官员首先要考虑的问题是进行治理、发展贸易、扩大领土等,他们更注重法语作为通用语的有效性。

此外,在绝大多数情况下,学校倾向于提供短期的、速成的、最低限度的教育,塞内加尔小学的优等生不能进入中学继续学业而是留校担任助教这一事实便是明证。只有在培养神甫和修女时,学校才考虑提供长期教育。学校毫不重视学生人文精神的培养,只想着如何为经贸、农业、资源开发等服务。“无论是在安的列斯群岛(Antilles)、圣皮埃尔和密克隆群岛(Saint-Pierre-et-Miquelon)还是在非洲,殖民当局都着重强调培养对其国家经济有用的青年之必要性。”①

最初,法国人所注重的并不是传播法语,而是培养粗通法语、能胜任工作的中间人,以解燃眉之急。瓦莱丽·施佩特(Valérie Spaëth)在分析了 1924 年 5 月 1 日颁布的一个关于法属西非教学的决议后认为,语言主要是一种政治手段,包括司法机关、议会、行政机关在内的整个殖民大厦都建立在使用法语的基础

① Nathalie Rezzi. Quel enseignement pour quelles colonies? (1880-1914)[EB/OL]. http://colonisation-enseignement.ens-lyon.fr.

上。从语言的角度对殖民地进行治理是一个颇为重要的问题。[①]

四、比属刚果的法语教学

在1885年举行的柏林会议上，比利时国王利奥波德二世获得了刚果的所有权，随即将该国更名为“刚果自由邦”(État indépendant du Congo)，定都博马。1908年，刚果更名为“比属刚果”，从理论上而言，官方语言为法语和弗拉芒语(Flamand)。从一开始，刚果的教育就由传教会负责。教学大纲的制定主要依据两份官方通报：一份是1929年在布鲁塞尔发布的《传教会协助下的比属刚果和卢旺达-乌隆迪的自由教育组织》(*Organisation de l'enseignement libre au Congo belge et au Ruanda-Urundi avec le concours des sociétés de missions nationales*)，另一份是1938年在比属刚果发布的《传教会协助下的自由教育组织》(*Organisation de l'enseignement libre avec le concours des missions nationales*)。

《传教会协助下的比属刚果和卢旺达-乌隆迪的自由教育组织》明确指出，比属刚果的学校分为三种：

① 第一阶段的小学：这类学校分布在城市和乡村，文学教育被缩减到最低限度，学制可缩短至两年。

② 第一阶段和第二阶段的小学：这类学校设在已欧洲化的中心城镇，文学教育开展得较多，第一阶段的小学学制两年，第二阶段的小学学制三年。

③ 专科学校：这类学校培养办事员、教师和手工业者，学制平均为三年。

对分布在乡村的第一阶段的小学而言，教授非洲方言或用非洲方言授课足矣，学生只要会用他们的方言读、写和计算就足够了。

第二阶段小学的校长为传教士，他监督和指导黑人教师的工作，必要时弥补他们的不足，并亲自讲授“法语”之类的基础课程。

专科学校又可细分为三类：一类是培养未来的办事员的学校，一类是师范专科学校，还有一类是职业学校。办事员学校的学生在校期间要学好法语，法语和算术是教学重点。法语教学内容丰富，第一年的教学内容包括看图说话、回答问题并表达(先口头后书面)、语法练习、听写，等等。第二年的教学内容包括用法语有感情地朗读，此前要对材料进行简短的文学分析，对两个或具体或抽象的事物进行比较，记述往事，书信写作，接着第一学年的内容深入学习语法知识。此外，所有的课程都用法语授课，唯一的例外是在学生还未掌握足够法语知识的入门阶段。师范学校以培养堪为学生和民众楷模、能够教化他人的黑人教师为己

① Valérie Spaëth. Généalogie de la didactique du français langue étrangère, l'enjeu africain[M]. Paris: Didier Érudition, 1998: 101.

任,师范生用母语学习语法描写的基本概念,用法语练习对话,做语法练习和听写、写作等。职业学校的目标是培养工人、手工业者、工头等,学生会复习在小学阶段学过的法语知识,学习用法语写信,就所学专业上的问题进行表达等,但以使用当地语言为主。

《传教会协助下的自由教育组织》认为,刚果远非一个语言统一的国家,光通用语就有四种,若要取得丰硕的教学成果,就得使用学生的母语或通用语施教。在第二阶段的小学和专科学校教授一门"民族语言"(事实上就是法语)是有用的,"民族语言"有助于在当地精英和宗主国之间建立起联系。此外,该文件还着重强调了乡村学校和城市学校的区别:在乡村学校,通用语作为第一语言教授;在城市学校,通用语作为第二语言教授;在乡村学校,法语是选修课;在城市学校,法语是必修课,作为第一语言教授。城乡学校的差别是比属刚果整个教学体系的基础所在,操着法语与白人经常交流的未来精英正是城市学校培养出来的。

五、结语

殖民时期,非洲的法语教学完全掌握在殖民当局手中,殖民者对于非洲当地语言多持贬抑态度,客观上促进了法语教学的发展。具体的教学任务主要由教会来承担,因此教会在非洲法语教学史上发挥了颇为重要的作用。人质学校这一特殊事物的出现,反映了殖民当局控制当地上层人士为殖民统治服务的意愿。与法属殖民地国家相比,比属刚果当局对于非洲当地语言在学校教学中的运用更加宽容,城市学校和乡村学校之间的差别则是该地区教学体系的显著特征。

作者简介

吕玉冬 博士,上海海事大学外国语学院副教授,研究方向为法非关系。

毛里塔尼亚女性教育问题初探

李炜婷

摘　要:女性的受教育机会与程度和该社会的发展水平密切相关,毛里塔尼亚这一西非的伊斯兰国家,其人权问题与女性教育一直为世界所关注。受其历史遗留问题与宗教信仰等多重因素影响,在奴役制度、传统社会价值观与旧风陋习的压迫下,毛里塔尼亚的女性普遍受教育水平较低,文盲率较高。本文基于毛里塔尼亚的基本国情,初步探讨其女性群体的社会地位,同时关注在传统习俗,尤其是早婚习俗影响下,女性在受教育机会、受教育时长以及自我价值实现方面的困境,以及教育在这一问题上所发挥的重要作用。

关键词:毛里塔尼亚;女性教育;早婚

毛里塔尼亚伊斯兰共和国(简称毛里塔尼亚),为非洲西北部的多民族国家,具有游牧民族历史,其人口大部分为摩尔族(黑摩尔、白摩尔)和黑非族(图库勒、颇尔、班巴拉、沃洛夫、索宁克)。阿拉伯语、法语是全国的官方语言。伊斯兰教为国教,全国人民约有99%以上的人口信仰伊斯兰教。

一、毛里塔尼亚的女性教育现状

1. 多方协助,通力合作改善

毛里塔尼亚的女性教育问题一直较受国际关注。近年来,随着各国际机构的发声和相关条约的颁布,以及非政府组织的协助,毛里塔尼亚在人权和女性教育方面取得了一定的进步。例如,非政府组织全球教育伙伴关系(Global Partnership for Education, GPE)一直致力于资助毛里塔尼亚基础教育部门。在这个项目的实施过程中,毛入学率从88%上升到97%,基础教育完成率从53%上升到71%。2016年,有21 168名未成年女性进入初中接受教育,而2014年仅为7 400名[①]。另外,联合国儿童基金会还与毛里塔尼亚政府结成伙伴关

① Sam Kennedy. Girls' Education in Mauritania[EB/OL]. (2019-8-17)[2021-3-1]. https://borgenproject.org/girls-education-in-mauritania/.

系，提升教育质量并为学校提供资源，在联合国儿童基金会的协助下实现所有毛里塔尼亚儿童接受并完成中等教育的目标。在普及基础教育以外，还有一些非政府组织通过培养年轻女性的个人技能与职业素养，帮助女性实现个人独立，发展谋生手段。

2. 政府发力，多项政策并行

1960 年至 1999 年期间，毛里塔尼亚政府曾设立五个教育计划，最后一个计划目标之一是不仅要在全国范围内提高对女性教育问题的关注度，而且要支持社区为改善女童教育所做的一切工作；通过建立若干的政府事务部门与组织，女童和女性事务秘书处（Secretariat for the Condition of Girls and Women）、女童基金会（Fund for the Support of Girls）和其他相关机构的工作，使女童和女性的生活与就业状况得到改善，并且传统的政治和宗教领袖也参与其中①。除颁布相关政策以外，毛里塔尼亚政府还建立了一个妇女促进培训中心（the Training Centre for Women's Promotion），该中心在努瓦克肖特有三个分支机构，每年可培训 240 名女孩。该中心旨在确保为来自贫困城市和农村的边缘化失学女童提供职业培训，从 2006 年到 2013 年已培训了 2 700 多名女童，涵盖缝纫、理发、面点、烹饪、计算机维护等职业培训，帮助已接受职业培训的女性开展属于自己的事业，提升女性的自我价值认知与实现。另外，自 2014 年起，毛里塔尼亚的女性在决策职位任职的数量有所增加②。截至 2021 年 2 月，议会中有 20.3%的席位由女性担任③，虽然这一数据距离女性赋权的平均水平还相差较远，但对于毛里塔尼亚这一国家来说已有一定的进步。

在过去几年中，毛里塔尼亚政府也试图通过发布国家战略政策，颁布相关法律与建立相应的实施机构来更积极地解决女性生存问题，例如成立针对女性的暴力犯罪、家庭虐待行为以及女性割礼的国家级和地区级委员会，包括社会事务和家庭部（the Ministry of Social Affairs and Family）。毛里塔尼亚的伊斯兰学者也通过自身影响力集合发布了一项"法特瓦"（fatwa）（一种宗教法令，对伊斯兰教法做出不具约束力的法律解释），以试图通过缺乏宗教依据的角度来解决女性割礼给毛里塔尼亚女性所带来的健康与心理问题。

虽然毛里塔尼亚政府意识到改善女性相关权益与提高女性教育程度的重要

① The World Bank. Girls' Education: The Role of Educational Policies in Mauritania and Guinea [R]. 2000.

② UNFPA. Promoting Women and Girl's Empowerment in Mauritania[EB/OL]. (2014-1-12)[2021-1-11]. https://wcaro.unfpa.org/en/news/promoting-women-and-girl%E2%80%99s-empowerment-mauritania.

③ UN Women. https://data.unwomen.org/country/mauritania.

性与迫切性，并且女性的受教育程度与实现女性赋权以及两性平权呈正相关关系①，但是在毛里塔尼亚这一社会进步与发展较为缓慢的国家，距离真正实现两性平等与解放女性还有相当一段距离，并且未来发展依旧会较为缓慢。

二、毛里塔尼亚的女性早婚与教育问题

毛里塔尼亚的女性，尤其是年轻女性，在接受教育和完成教育方面存在较大挑战，而早婚问题则进一步加剧了女性受教育的困境。1991 年，毛里塔尼亚批准了《儿童权利公约》，该公约规定最低结婚年龄为 18 岁，并于 2001 年加入了《消除对妇女一切形式歧视公约》，该公约规定各国必须确保自由和充分的意愿才可结婚。2014 年，毛里塔尼亚在人权理事会签署了一份联合声明，呼吁就童婚问题作出决议，并承诺到 2030 年消除儿童早婚和强迫婚姻。但实际情况来看，到 2017 年，在毛里塔尼亚仍然有 37%的女孩在 18 岁之前结婚，14%的女孩在 15 岁之前结婚。主要原因包括经济贫困、受教育程度低与一些社会旧习等②。

三、政策建议

毛里塔尼亚国内关于女性教育问题与早婚问题存在已久，在本国自身的努力和各方支持下，现在情况已经有所改善。但长远来看，从真正层面上提高女性权益、受教育机会及质量以及废除早婚问题仍旧有很长的一段路要走，这是由毛里塔尼亚本国的特殊国情和宗教文化等复杂因素交替影响下所决定的。

首先，要改善毛里塔尼亚这一问题，政府需要进一步完善相关法律与政策，采取一切必要措施，确保女性有受教育机会。包括建立一个严格的监管机制，严密跟踪女童的教育并确保她们完成学业；确保妇女获得健康教育（计划生育），为儿童建立性教育体制；提高女性对人权的认识，对全社会以及所有女性进行女性权益培训，包括政府、法官、律师、警察、宗教和传统社区领袖，为女性权益受害者提供亲民便捷的法律援助服务；整合公民教育和人权教育，并纳入学校课程，提高全民对于人权的意识；废除一切旧风陋习，如女性割礼和催肥等非人道主义行为。

其次，要利用教育的力量和作用，多维度地发展教育。在优先发展教育的基础上，扩大学校数量，使更多的适龄学生，不仅仅是女性，有更多的教育资源，进一步发展职业教育，树立女性自我教育的选择权，减弱门槛教育的制约性，使得女性能够走出家庭，有更多机会接受不同的教育，并且能够掌握谋生技能，同时

---

① Minority Rights Group International. Still Far From Freedom: The Struggle of Mauritania's Haratine Women[R]. 2015.

② UNICEF. Child Marriage: Latest Trends and Future Prospects[R]. 2018.

也为国家经济发展作出贡献。

最后，毛里塔尼亚需要继续加强与各个国际组织和援助机构间的合作，在已实施和正在实施的项目基础上，针对本国的具体国情，作出适当规划与展望，并监督相关项目或政策规划的部门及其工作进展，通过国际力量获得更多的经济支持与人员和资源的援助。

作者简介

李炜婷 硕士，天津职业技术师范大学非盟研究中心研究员，研究方向为非洲职业教育与非洲女性主义。

A. G. 斯蒂芬斯文学批评思想研究[①]

张加生　彭青龙

摘　要：A. G. 斯蒂芬斯是澳大利亚文学批评的拓荒者，对澳大利亚文学批评有着举足轻重的影响。斯蒂芬斯知识渊博，学术素养深厚，因此其文学批评思想具有兼收并蓄的包容性；同时，斯蒂芬斯的文学批评呈现出澳大利亚本土地域与文化特征，具有鲜明的“澳大利亚性”。斯蒂芬斯文学批评的这两种特征主要受到马修·阿诺德的影响。他强调文学批评的包容性和“澳大利亚性”目的在于推动澳大利亚本土文学的发展，这一思想为澳大利亚文学尤其是民族主义文学发展作出了不可磨灭的贡献。

关键词：斯蒂芬斯；文学批评；包容性；澳大利亚性；马修·阿诺德

A. G. 斯蒂芬斯（A. G. Stephens，1865—1933）是澳大利亚文学批评的拓荒者，对澳大利亚文学批评产生了“决定性”的影响，为澳大利亚文学的发展作出了难以估量的贡献。斯蒂芬斯的文学编辑与文学批评生涯与其家学渊源不无关系。据作家约翰·肖·尼尔森（John Shaw Neilson，1872—1942）回忆，“斯蒂芬斯的祖祖辈辈都从事过文字编辑工作，只是‘他们善于考察别人的作品，自身没什么创作才能’”[②]。他的父亲（S. G. Stephens）是《大岭区杂志》（*Darling Downs Gazette*）的合资人兼编辑，曾创办过一所专门教授学生拉丁文和英语语法的学校，斯蒂芬斯“在该校学习期间，就表现出与众不同的文学天赋”[③]。斯蒂芬斯专事文学批评前曾先后在《金皮矿工》（*Gympie Miner*，1888—1890）、《凯恩斯阿尔戈斯》（*Cairns Argus*，1891—1892）和《回飞镖》（*The Boomerang*）等多家杂志担任编辑，这样的经历为他后来从事文学批评和文学编辑生涯打下了坚实的基础。1894 年，他担任成立于 1880 年的澳大利亚民族主义杂志《公报》（*The Bulletin*）

① 基金项目：国家哲学社会科学基金一般项目“亨利·劳森丛林书写与民族想象研究”（17BWW054）；国家哲学社会科学基金重大招标项目“多元文化视野下的大洋洲文学研究”（16ZDA200）。

② Chaplin H S. A Neilson Collection[M]. Sydney: The Wentworth Press, 1964: 55.

③ Toowoomba Grammar School Magazine and Old Boys Register[Z]. Jubilee Number, VI. 1926: 2.

副主编，1896 年任该杂志增设的文学专栏“红页”(Red Page)主编。在 1896—1906 年的十年间，他作为“澳大利亚文学仲裁者”[①]成功将专栏创办为澳大利亚文学的汇聚园地。在此期间他大力推介亨利·劳森(Henry Lawson)的澳大利亚丛林主题的系列诗歌小说、斯蒂尔·拉德(Steele Rudd)的澳大利亚选地主题的系列故事、乔瑟夫·弗菲(Joseph Furphy)的《人生如此》等，这些作品都成了澳大利亚文学史上的经典之作。1906 年他离开《公报》，专职为新西兰《惠灵顿邮电晚报》(*Wellington Evening Post*)供稿两年(1907—1909)。此后，他重新经营由他创办的文学杂志《书虫》(*Bookfellow*)，直至 1925 年停刊。斯蒂芬斯在长达 30 多年的杂志编辑生涯中创作了大量的文学批评，在一篇研究他的学位论文中，作者在文后列出的斯蒂芬斯批评文章条目长达 170 多页。斯蒂芬斯对澳大利亚文学批评的贡献堪称拓荒性和引领性的，由于这些文学批评的造诣远超先辈，他被诗人克里斯托弗·布伦南(Christopher Brennan，1870—1932)尊奉为“澳大利亚文学教皇”[②]。本文从“包容性”“澳大利亚性”阿诺德批评思想影响”三方面系统分析和考察了斯蒂芬斯的文学批评思想，在阐释他文学批评思想的深刻性和复杂性基础上，对其文学批评思想有一个整体的认识。

一、斯蒂芬斯文学批评思想的包容性

兼收并蓄的包容性是斯蒂芬斯文学批评思想最为显著的特征。一方面，他对各科知识的博览群书和对世界文学尤其是欧美文学见微知著的洞察使得他的文学批评庞博精深，幽微深远；另一方面，他长达 30 多年的杂志编辑和文学批评生涯使得他对文字有着独特的敏锐性，也使得他的文学批评视野宽广开阔。斯蒂芬斯孩提时接受的学校教育很少，15 岁离开父亲创办的语法学校后，便到印刷厂做了 6 年学徒，他深厚的知识积累几乎全靠自学。他在年轻的时候，凭借着超强的记忆力，阅读了大量政治、道德、哲学、大众科学、文学等方面书籍。他后期的文学批评更是深受亨利·乔治(Henry George)的政治经济学理论著作《进步与贫困》(*Progress and Poverty*)、弗里德里希·尼采(Friedrich Nietzsche)的《查拉图斯特拉如是说》(*Thus Spoke Zarathustra*)、威廉·詹姆斯(William James)的《彻底的经验主义》(*Essays in Radical Empiricism*)、赫伯特·斯宾塞(Herbert Spencer)的《综合哲学系统》(*System of Synthetic Philosophy*)、查尔

① Palmer V. A. G. Stephens—His Life and Work[A]. Melbourne:Robertson & Mullens Ltd.,1941:26.

② Wilkes A G. The Eighteen Nineties[A]. In Grahame Johnson. Australian Literary Criticism. Melbourne: Oxford University Press,1962:34.

斯·达尔文(Charles Darwin)的《物种起源》(*The Origin of Species*)[①]等经典理论著作的影响。

斯蒂芬斯的文学阅读涉猎范围之广令人惊叹,他对欧洲大陆各国文学都熟稔在心。他曾熟读德国诗人海涅的诗、法国文艺家泰纳的评论文章、法国左拉和福楼拜等人的小说,更曾在"红页"上向澳大利亚读者介绍屠格涅夫、高尔基和托尔斯泰等俄国作家。至于英国文学,他更是无所不读、无所不晓。在诗歌方面,他熟读莎士比亚的十四行诗、英国骑士抒情诗、浪漫主义诗歌,对同时代的维多利亚诗歌几乎烂熟于心;在小说方面,他深谙英国中世纪以来的各类题材的文学作品,对英国维多利亚时期批判现实主义小说尤其赞赏有加;在戏剧方面,他阅读了莎士比亚与谢立丹所有剧作。斯蒂芬斯对欧美文学尤其是英国文学的深厚知识储备为他的文学批评打下了坚实的基础,渊博的跨学科理论知识则使他的文学批评高屋建瓴、思想深刻,也造就了其文学批评思想兼收并蓄的包容性。休·麦克格雷(Hugh McCrae)曾这样赞赏斯蒂芬斯的博览群书和超强记忆:他文学知识渊博,堪称文学的变色龙。他在谈论文学时,可以在拉丁文学与现代意大利文学之间随意切换,足见他对世界经典文学的熟稔。另外,得益于渊博的文学知识,他的批评文章对世界经典文学的引经据典往往是信手拈来,自然得当,毫无矫揉造作之感。他非凡的记忆力让他得以敏锐地捕捉到澳大利亚作家对吉卜林、彭斯、戈登、布伦南等人作品的借用(剽窃)。[②]

斯蒂芬斯的文学批评思想具有深广的包容性,这主要表现在三个层面:其一,斯蒂芬斯的文学批评涉猎广泛,撰写了大量英、美、法、俄等世界优秀文学作品的评论文章,并将这些优秀作品作为标杆指引澳大利亚文学创作。他撰写文章指出世界各国文学传统的不足之处为澳大利亚作家提供借鉴和增加他们的创作自信。他曾指出:"美国文学缺乏法国左拉那样专注和勤勉的作家。美国文学在短时间内取得的文学高度虽令人惊艳,但在表现人类内心持久而痛苦的挣扎方面表现力度不够。"[③]在批评英国作家乔治·艾略特的作品时,他认为她的小说情节安排过于简单,小说中厄运连连的人物形象不符合真实生活,"淹死男女主人公就像淹死一只猫,缺乏内疚和怜悯,而且很不自然"[④]。关于勃朗特三姐妹,他的评论更是卓尔不群、视角独特:"显而易见,勃朗特家族有一种残忍的道

① Lee S E. Introduction, VII-XI. In The Self-Made Critic: A Literary and Biographical Study of A. G. Stephens[D]. Sydney: Sydney University, 1977: 8.

② Toowoomba Grammar School Magazine and Old Boys Register[Z]. Jubilee Number, VI. 1926: 51.

③ Lee S E. Introduction, VII-XI. In The Self-Made Critic: A Literary and Biographical Study of A. G. Stephens[D]. Sydney: Sydney University, 1977: 133.

④ Stephens A G. Bulletin[N]. 1895-2-23(7).

德观：为了创造一个天才，勃朗特先生可谓不惜一切手段，包括娶一个血统不好、易兴奋、有些神经质的老婆，然后生下十几个孩子，这些孩子中只要有一半能活过青春期，就大概率会出现一个天才，也许两到三个。"①其二，为了更好地推动澳大利亚文学发展，他对澳大利亚文学批评态度坚定而明确。他反对形式上堆积华丽辞藻、内容上华而不实的浪漫主义文学，推崇现实主义文学。他以宽广的批评胸襟和严谨的批评态度推动澳大利亚现实主义文学创作。在文学选材上，他既欢迎和欣赏拉德以选地农家庭日常生活为题材的小说，也不排斥尼尔森情感强烈、文字质朴的自然抒情诗；他既不反对哈里·莫兰特(Harry Harbord Morant)关于澳大利亚丛林马背上的诗谣，也欢迎弗朗西斯·梅耶斯(Francis Mayers)充满反思和思辨的散文；他既鼓励澳大利亚作家的本土文学创作，也欢迎诗人布伦南对法国印象派诗作的介绍文章。其三，他对"为文学而文学"的批评思想和对世界文学批评流派的虚心接纳也是他文学批评包容性的体现。他鼓励和提倡澳大利亚作家大力从事现实主义文学创作，但他并不排斥俄苏形式主义和欧美新批评的文本中心理论，并鼓励和发表肯尼斯·斯莱塞(Kenneth Slessor)、肯尼斯·麦肯齐(Kenneth Mackenzie)等诗人基于英美"新批评"理论创作的现代主义诗歌，客观上推动了澳大利亚现代主义文学的到来。

文学批评从本质上来说，是连接艺术与公众之间的一座桥梁。文学批评的功能在于设立相应的艺术审美标准，提供评价文学作品的标尺。斯蒂芬斯提出了一个合格的批评家应当具备的三大要素：①"一个好的批评家应该了解公众阅读心理和阅读需求，了解公众的需要"②；②"一个合格的批评家，一定是涉猎广泛、熟悉文学领域方方面面、熟读爱思的人；一定是一个能够持续思考、广泛比较，有自己批评思想的人"③；③"文学批评家应该具备高超的审美素养。因为文学批评是对艺术作品最初、最原始的反应，体现了人类对崇高和美学的必要追求。"④斯蒂芬斯在文学批评概念、批评功能等议题方面也颇有建树。对于什么样的文学作品才是经典，他曾指出，"一部经典作品一定是关于人类最原始本性、基于人类共同道德准则、关于人类普适性问题的作品"⑤，因为只有这样的作品才能经久不衰。

有评论认为斯蒂芬斯的文学批评是同时代澳大利亚作家的幸运礼物，斯蒂

① Stephens A G. The Bronte Family[N]. Bulletin. 1896-10-3(8).

② Backer K. Unpublished Articles on Stephens[Z]. In the Papers of Constance Robertson, ML MSS 1105/1, item 2:223.

③ Stephens A G. Bulletin, Red Page[N]. 1899-7-1(11).

④ Stephens A G. Bulletin, Red Page[N]. 1904-3-24(12).

⑤ Stephens A G. Bulletin, Red Page[N]. 1897-2-13.

芬斯文学批评思想的包容性鼓舞和促进了澳大利亚不同流派、不同风格、不同题材文学的共同发展。悉尼大学知名学者、作家约翰·布莱莱顿(John Le Gay Brereton),新西兰诗人阿诺德·沃尔(Arnold Wall),著名诗人、社会活动家、记者伯纳德·欧都德(Bernard O' Dowd)等人曾表达他们对斯蒂芬斯的"崇高敬意",诗人麦格雷更是称他为"我的文学之父"。得益于斯蒂芬斯的慧眼、才识和力排众议才得以出版的《人生如此》的作者弗菲,在斯蒂芬斯去世后悲痛不已,直言"您的离去犹如一个北方佬在庄稼成熟的季节失去了他的父亲,缺少您的审读,一首完美的乐曲也会多出几份伤痕"①,以此表达他的悲伤、失落和惆怅。无疑,这些来自社会不同领域的记者、诗人、社会活动家、学者对斯蒂芬斯不约而同的盛赞,也从另一侧面证明了其文学批评思想的包容性以及他对澳大利亚的巨大影响。

二、斯蒂芬斯文学批评思想的"澳大利亚性"

如果说,斯蒂芬斯文学批评思想的包容性促进了澳大利亚文学从浪漫主义向现实主义和现代主义快速发展,那么他文学批评思想中的"澳大利亚性"则为澳大利亚本土文学创作的繁荣与发展注入了无限生机与活力。斯蒂芬斯之所以被称为澳大利亚文学批评的拓荒者,不仅因为他宏观把握并深入了解世界各国优秀文学,还因为他对澳大利亚本土作家以及当时海外文学发展状况了然于胸,精准地把握到当时澳大利亚文学的脉象,发现了澳大利亚本土文学存在的问题,以及澳大利亚文学作为世界文学分支的潜在价值。

在负责文学杂志《书虫》期间,他将欧美文学批评思想融入澳大利亚文学批评时,敏锐地发现澳大利亚社会上广泛弥漫着"文化犬儒主义"的阴霾。1895 年 7 月 6 日,他在《公报》杂志上刊登了一篇关于澳大利亚文学的评论文章。在比较澳大利亚诗人布朗顿·斯蒂芬(Brunton Stephens)的长诗《曾经的囚犯》(*Convict Once*)与英国诗人威廉·瓦特森(William Watson)《海颂》后指出:"长诗《曾经的囚犯》显然比《海颂》好,因为前者具备了一首好诗所具备的真实和力量,而后者则不过是珠光宝气的华丽辞藻。"②在此基础上,斯蒂芬斯指出澳大利亚文学应当丰富而多彩地呈现澳大利亚本土地域与文化特征,即创作出具有"澳大利亚性"的文学精品。"澳大利亚作家的作品当然要有澳大利亚印记,如果一部作品的人物和创作灵感不是源自他的实际生活体验,而是来自书本,这样的作

① Dutton G. The Literature of Australia[A]. Ringwood, Victoria: Penguin Books Ltd.,1976:320.

② Lee S E. Introduction,VII-XI. In The Self-Made Critic:A Literary and Biographical Study of A. G. Stephens[D]. Sydney:Sydney University,1977:134.

品一定是空洞无物、毫无价值的。”[①]他强调澳大利亚文学的“澳大利亚性”，是希望澳大利亚作家从世界优秀文学中吸收养分，以世界优秀文学为创作准绳，创作出具有普适性的佳作。因而，斯蒂芬斯强调的具有“澳大利亚性”的优秀作品，是指立足澳大利亚本土但又摆脱了狭隘的地域束缚的优秀文学作品。

斯蒂芬斯主张用世界经典文学标准衡量和评价澳大利亚本土文学，在强调“澳大利亚性”的基础上，注重作品的审美性和美学思想。他阐明什么样的作品才是优秀的澳大利亚作品：“一般而言，很多英语小说结尾不够有力，冗长的情节铺垫使得叙事效果弱化。《公报》杂志追求文风简洁、既有虎头也有豹尾的文学作品。”[②]他进一步明确，只有能够“细腻地捕捉到令读者敏感神经刺痛”[③]的作品方为佳作。然而，“颇为遗憾的是，自马库斯·克拉克以来，澳大利亚只有劳森的作品具有感人的艺术魅力”[④]。关于劳森，他曾切中肯綮地指出：“如果用世界文学标准来看，澳大利亚文学任重道远，即便当下最能代表澳大利亚文学成就的亨利·劳森，在世界文学殿堂，也只能算是一个二流的诗人。”[⑤]这个评价一方面表达了斯蒂芬斯对劳森作品的赞赏，另一方面也道出了他对当时澳大利亚文学缺乏优秀作家、作品的无奈。在斯蒂芬斯看来，劳森是澳大利亚民族主义文学的奠基人，是澳大利亚民族文学的自豪。劳森的作品堪称“澳大利亚性”的典范，因为他着眼于澳大利亚广袤荒野丛林创作的诗歌和故事，如实再现了澳大利亚早期丛林人在充满血与火考验的丛林中求生的苦难、困境和艰辛，深切地表达了对无数被澳大利亚丛林吞噬的英雄的丛林人的尊敬。不过从另一方面看，劳森的丛林故事更多的是对生活在澳大利亚丛林人的粗线条勾勒和形象的简单素描，缺乏栩栩如生的人物刻画，缺乏对丛林人丰富复杂内心情感的关注。所以斯蒂芬斯指出，尽管劳森是澳大利亚文学的杰出代表，但在世界文学的殿堂，还很难占据一席之地。出于对澳大利亚文学未来的私心，斯蒂芬斯对劳森的作品推崇有加，因为尽管他明白劳森的作品还难以比肩世界文学经典，但他从劳森的作品中看到了澳大利亚作家可以创作出伟大文学的希望和可能。也正因为如此，当斯蒂芬斯看不到同时具有“澳大利亚性”和审美韵味的优秀澳大利亚作品时，内心

---

① Stephens A G. The Local Muse，Red Page[N]. 1896-10-10.

② Lee S E. Introduction，VII-XI. In The Self-Made Critic：A Literary and Biographical Study of A. G. Stephens[D]. Sydney：Sydney University，1977：134.

③ Lee S E. Introduction，VII-XI. In The Self-Made Critic：A Literary and Biographical Study of A. G. Stephens[D]. Sydney：Sydney University，1977：134.

④ Lee S E. Introduction，VII-XI. In The Self-Made Critic：A Literary and Biographical Study of A. G. Stephens[D]. Sydney：Sydney University，1977：134.

⑤ Maguire C J. An Analysis of the Criticism of A. G. Stephens on the Red Page of The Bulletin 1894-1906[D]. Canberra：Australian National University，1972：519.

甚是焦虑，在评价澳大利亚文学时，有时不得不违心地修正和调和自己的文学价值标准。应该说，帕特里克·怀特（Patrick White）于1973年获得诺贝尔文学奖，可谓是实现了他一直以来怀揣的澳大利亚同样可以创作出经典和伟大文学的梦想，那时入土已经四十年的他倘若九泉有知，一定会感到无比欣慰。

斯蒂芬斯文学批评思想的"澳大利亚性"不仅体现在他对澳大利亚文学围绕本土文化和地方特色进行创作的高标准、高要求，还体现在他对澳大利亚年轻作家的提携和扶持上，希望澳大利亚作家能够早日在世界文学舞台上展现风采。斯蒂芬斯曾不遗余力地扶持和培植澳大利亚年轻作家，比如罗德里克·奎恩（Roderic Quinn）、路易·麦克（Louise Mack）、胡伯特·丘奇（Hubert Church）、罗伯特·克劳福德（Robert Crawford）、詹姆斯·赫布尔思韦特（James Hebblethwaite）等。这些当时名不见经传的年轻作家都受到斯蒂芬斯的点拨和提携，得以在《公报》杂志上发表诗歌，逐渐在澳大利亚文坛崭露头角。弗菲的《人生如此》这部澳大利亚经典小说更是归功于斯蒂芬斯不顾他人的强烈反对，力排众议，才得以出版。要知道，"在1910年之前，澳大利亚只有弗菲的《人生如此》和亨利·汉得尔·理查德森（Henry Handel Richardson）的《智慧的获得》（*The Getting of Wisdom*）可以称得上澳大利亚经典"①，从这里我们可以看到斯蒂芬斯独到的文学鉴赏力，以及不拘一格力荐文学新人的能力、勇气和胸襟。

三、阿诺德批评思想影响

斯蒂芬斯的文学批评思想的包容性和"澳大利亚性"对于澳大利亚文学发展意义非凡，深入挖掘斯蒂芬斯文学批评思想与欧美文学传统的文学批评思想渊源，有助于我们从更深广的文学源头上理解斯蒂芬斯的文学批评思想。不得不说，斯蒂芬斯的文学批评思想深受欧洲19世纪早期浪漫主义文艺思潮影响。读者一定会产生疑惑：斯蒂芬斯既然深受浪漫主义文艺思潮影响，却又积极倡导澳大利亚的现实主义文学创作，这两者岂不矛盾？事实上，斯蒂芬斯认同浪漫主义文学是因为浪漫主义文学实现了对古典主义文学的超越，但他并不完全认同浪漫主义文学创作思想。他曾写过不少文章讨论彭斯、布莱克等英国浪漫主义诗人，但主要是讨论他们诗歌的种族问题，并曾尝试将澳大利亚人作为文学的一个"种族类型"②进行研究。这一尝试体现了斯蒂芬斯对诗歌种族类型、文学传承和文学功能等问题的总体思考，而这一思考背后反映的是英国著名文学与文化学家马修·阿诺德（Matthew Arnold，1822—1888）文化思想对他的深层影响。

---

① Dutton G. The Literature of Australia[A]. Ringwood，Victoria：Penguin Books Ltd.，1976：149.

② Jane C. An Original Reaction from Art：An Analysis of the Criticism of A. G. Stephens on the Red Page of The Bulletin 1894-1906[D]. Canberra：Australian National University，1972：492.

阿诺德是一个“几乎凭借着一己之力，将英国批评从后浪漫主义的沉闷中解救出来”①的文化批评学家。他“兼具学术思想和审美韵味”②的专论《凯尔特文学研》(*The Study of Celtic Literature*，1867)系统论述了凯尔特文学特征、小民族文学等问题，对爱尔兰文学的复兴和欧洲现代主义文学产生了深远影响，这种影响同样延伸到了长期以来奉英国文学为正统的澳大利亚文学。在该专论中，阿诺德以“种族与文学”“文如其人”“文学的自然魔力”“反对浪漫主义”等为议题，对凯尔特文学进行了系统的阐释。斯蒂芬斯曾遍读阿诺德《凯尔特文学研究》《文化与无政府主义》《文学与教条》等文学与文化批评著作。“自然魔力”是阿诺德提出的一个重要诗歌批评理念，是指伟大的诗人能够将自然魔性与道德教化完美融合。③ 斯蒂芬斯曾借用阿诺德“自然魔力”一词撰文比较英国诗人济慈与斯温伯恩的诗歌，足见阿诺德诗学思想对他“润物细无声”的影响。事实上，斯蒂芬斯文学批评思想与阿诺德的文化批评思想渊源甚是深厚，或者说，他的文学批评思想有着鲜明的阿诺德印记。

首先，阿诺德作为英国文化与文学批评家，其批评思想的一个重要特征就是强调文化与文学之间互为关切的关系。阿诺德提出文化考量是判断一部文学著作是否能成为经典的重要依据。阿诺德曾经明确提出一个优秀的文学批评家应当具备的专业素养：① 从大量文学作品中遴选出具有文化价值判断的经典作品；② 区分良莠；③ 批评语言和风格要保持纯洁性。因此，学识渊博并且历经大百科式文学训练的人方能称评论家。评判一个评论家是否优秀的试金石是看他是不是很少犯错，是不是能完全摒弃个人喜好去评价作品，是不是能做到不因一个亮点或者一个瑕疵而草率地评价一部作品，更为难能可贵的是看他是否能在烟波浩瀚的书海中甄别出真正的优秀作品。简言之，一个卓越的批评家具备在纷纭复杂的文学世界里自信而举重若轻地将一个作者、一部著作归之于文学殿堂应有位置的独特能力。④

阿诺德对文学批评和批评家的标准和要求，也成了斯蒂芬斯文学批评实践的准则。“毫无疑问，斯蒂芬斯接受了(阿诺德)将文化作为评定优秀作品的一个

---

① RENÉ Wellek. A History of Modern Criticism 1750-1950：The Later Nineteenth Century[M]. London：Cape，1966：180.

② Super R H. The Complete Prose Works of Matthew Arnold[A]. Arbor，Ann：University of Michigan Press，1962：495-496.

③ 阿诺德认为，英国浪漫主义诗人中只有华兹华斯和济慈的诗歌具有“自然魔力”，而即便写出“西风颂”这样伟大自然诗篇的雪莱也缺乏这种“自然魔力”。参见 Olsen，Flemming. Literary Criticism of Matthew Arnold：Letters to Clough，the 1853 Preface，and Some Essays[M]. Brighton：Sussex Academic Press，2014：63.

④ Stephens A G. The Local Muse，Red Page[N]. 1896-10-10(105).

重要标准，并且将区分澳大利亚文学的良莠和保持批评语言与风格纯洁性。”① 斯蒂芬斯觉察到英国殖民者于1780年踏上澳洲大陆后的一百多年里，澳大利亚整个社会弥漫着浓郁的“文化犬儒主义”氛围。而且这一文化自卑犹如幽灵一般挥之不去，这也间接解释了澳大利亚早期文学创作总是显得不自信、总是跟在英国文学传统后面亦步亦趋的原因。在他看来，澳大利亚作家必须摒弃这种文化不自信，立足澳大利亚本土文化，方能创作出具有“澳大利亚性”的文艺佳作，这与阿诺德强调的文化是文学的根基思想一脉相承。

其次，阿诺德认为，优秀的文学作品从本质上说是那些具有一定想象天赋、具有批评意识、具有文化意识的作家们，对“人们是谁，来自哪里，生活的希望为何”②等人类生存命题作出深刻思考的艺术作品。批评家应当从文本中去挖掘作品的这些深刻命题，从文本中去探寻作品的放之四海、具有无限包容性的命题。他的“批评家应该客观对待小说文本”的观念，也成为俄国形式主义和美国新批评派“以文本为中心”批评思想的源头。斯蒂芬斯的文学批评文章基本都突出了文本中心思想，他曾对英国作家鲁德亚德·吉卜林(Rudyard Kipling)的小说《鼓之前后》(*The Drums of Fore and Aft*)与美国作家斯蒂芬·克莱恩(Stephen Crane)的《红色英勇勋章》(*The Red Badge of Courage*)作了精细的文本细读和比较，指出吉卜林的小说平实自然，不事修饰，而后者则明显浮夸。他将吉卜林这种不加修饰、真实自然的创作风格作为“红页”遴选文学作品的标准，并以翔实的文本例证将班卓·帕特森(Banjo Paterson)、劳森、拉德等围绕澳大利亚本土文化与地域风貌进行描写的作品作为当时澳大利亚文学典范，催生了澳大利亚20世纪90年代蔚然成风的丛林文化书写传统。

最后，19世纪中后期曾经盛极一时的英国浪漫主义文学日渐式微，现实主义、现代主义文学创作成为时代的宠儿，阿诺德在此背景下提出了文学批评使命、文学批评精神、文学批评功能等重要命题。这些文学命题归根到底体现出他对现实主义文学的推崇。阿诺德“竭力推崇维多利亚现实主义文学，是最有影响力的现实主义文学倡导者；他的文学批评思想有几个核心要义，即‘兼具世界性知识和思想的才是最好的(文学批评)’‘让理智和上帝意志普照人间’‘甜蜜与光亮’等都映衬了他强调文学应当‘如实再现客观现实的’现实主义宗旨”③。阿诺德认为浪漫主义诗歌普遍缺乏“道德教化”功能，指出“人性是文学的伟大主题，

① Stephens A G. The Local Muse, Red Page[N]. 1896-10-10(105).

② William E B. On the Study of Celtic Literature: A Critical Reconsideration[J]. Victorian Poetry, 1989, 27(1): 68.

③ Peltason T. The Function of Matthew Arnold at the Present Time[J]. College English, 1994, 56(7): 750-751.

如果想从意识深处、批评深处、比较深处了解自身,(现实主义)文学(批评)比其他任何途径都更能接近这样的目标”[①],因而他推崇狄更斯、乔治·艾略特、特罗洛普等英国作家,推崇立足社会现实、聚焦生活细节、关注民众疾苦、具有道德教化功能的现实主义文学。19世纪末英国浪漫主义文学创作思潮呈日暮黄昏之势,但依旧是澳大利亚文学创作的主流。斯蒂芬斯凭借他对文学的敏锐感知,批评了澳大利亚诗人为了迎合英国读者而对澳大利亚丛林自然和丛林生活主观想象的浪漫主义文学创作。阿诺德对现实主义文学的提倡也成为斯蒂芬斯担任《公报》杂志文学专栏“红页”和《书虫》主编期间遴选澳大利亚文学作品的主要标准,更是他躬身力行的文学批评准则。阿诺德认为具有“高度严肃性”的作品才能够称为伟大的艺术,斯蒂芬斯则强调诗歌应当关注“爱情、抗争、生死”等关于人类生存的普遍主题,因为“只有那些传递人文关怀、普世价值观、自然美学的文学作品才是具有永恒价值的作品”[②]。

由上可见,斯蒂芬斯文学批评思想深受阿诺德文化诗学思想影响,正是在阿诺德隐形光芒的照射下,斯蒂芬斯成为澳大利亚文学批评的拓荒者,为澳大利亚文学尤其是现实主义文学发展作出了独特贡献。他担任“红页”栏目负责人十年后,“澳大利亚开始有了自己的文学”[③],而“所有澳大利亚文学研究学者,尤其是探究1890—1920年间文学的研究学者,都要感激斯蒂芬斯留下的巨大宝贵的文学财富”[④],这些恰如其分的评价充分肯定了他对澳大利亚文学批评的拓荒性贡献。

四、结语

斯蒂芬斯30多年的编辑生涯和文学批评成就对澳大利亚文学产生了“决定性影响”[⑤],他推动了澳大利亚文学从最初肤浅、狭隘的向内看的殖民文学向民族主义时期的现实主义文学和战后现代主义文学的发展。万斯·帕尔玛曾客观评价他对澳大利亚文学的贡献:“斯蒂芬斯批评对澳大利亚的价值体现在哪里呢?他的贡献不在于他的批评作品,他对澳大利亚文学的主要贡献是在他的批

① William E B. On the Study of Celtic Literature: A Critical Reconsideration[J]. Victorian Poetry, 1989,27(1):68.

② Stephens A G. Bulletin, Red Page[N]. 1897-2-13.

③ Stephens A G. Bulletin, Red Page[N]. 1896-6-27.

④ Lee S E. Introduction, VII-XI. In The Self-Made Critic: A Literary and Biographical Study of A. G. Stephens[D]. Sydney: Sydney University, 1977: 419.

⑤ Stephens A G. The Local Muse, Red Page[N]. 1896-10-10(12).

评传播和对同时代作家的影响力上。”①帕尔玛进一步指出:“他(斯蒂芬斯)开创了澳大利亚文学批评事业,很难在短时间内用回报来衡量他的贡献,他的勇气、洞见和诚实给澳大利亚文学作出了无可比拟的奉献。”②1935 年斯蒂芬斯去世时,澳大利亚著名女作家玛丽·吉尔默以“最后一个巨人”为标题发布讣告,“只有真正感受过他知识和人格魅力的人,只有真正读过他的文章、了解他的人,才能真正体会‘他去世了’这句话意味着什么”③。如果可以用一句话来概括他对澳大利亚文学的伟大贡献,那就是“就澳大利亚文学而言,没有哪一个评论家比拥有卓越才华和杰出文采的斯蒂芬斯对澳大利亚文学影响更为强大、深广和泽被后世”④,一向以严谨、严厉著称的澳大利亚文学评论家格林的这句话无疑最具有说服力。今日看来,斯蒂芬斯的文学批评思想的丰富深广,对第二次世界大战后澳大利亚新现实主义文学以及一直以来的澳大利亚丛林书写传统一直发挥着指引性作用。这也正是我们梳理和挖掘斯蒂芬斯文学批评思想的意义所在。

作者简介

张加生　江苏东台人,南通大学外国语学院副教授,文学博士。

彭青龙　陕西西安人,上海交通大学外国语学院教授,博士生导师,文学博士。

本文原载于《南通大学学报(社会科学版)》,2020 年第 36 卷第 4 期,收录本书时略有改动。

---

① Wilkes A G. The Eighteen Nineties[A]. In Grahame Johnson. Australian Literary Criticism. Melbourne:Oxford University Press,1962:34.

② Wilkes A G. The Eighteen Nineties[A]. In Grahame Johnson. Australian Literary Criticism. Melbourne:Oxford University Press,1962:34.

③ Stuart Lee. Alfred George Stephens(1865-1933)[Z]. Australian Dictionary of Biography, National Centre of Biography, Australian National University, 1990. [2019-3-10]. http://adb.anu.edu.au/biography/stephens-alfred-george-8642/text15107.

④ Green H M. A History of Australian Literature:Pure and Applied(1923-1950)[M]. Sydney: Angus and Robertson,1961:710.